1492
« L'ANNÉE ADMIRABLE »

Dans la même collection :

Denis Richet : *De la Réforme à la Révolution.*

BERNARD VINCENT

1492
« L'ANNÉE ADMIRABLE »

AUBIER

© Aubier, 1991
ISBN :2.7007.2234.5
Printed in France

INTRODUCTION

Le coup d'envoi date de 1981. Le 10 avril de cette année-là, en Espagne, en vertu d'un décret, fut créée une Commission nationale pour la célébration du cinquième centenaire de la Découverte. Le 12 octobre 1982, par la constitution d'un Comité national pour les célébrations du cinquième centenaire de la Découverte de l'Amérique, l'Italie emboîtait le pas. Et dans la foulée furent mises sur pied d'autres instances similaires, principalement dans des pays du continent américain, si bien qu'à la réunion internationale tenue à Saint-Domingue en 1984 assistaient les représentants de vingt commissions nationales, des Bahamas au Chili, de la Jamaïque à l'Argentine, plus l'Espagne. Le 23 septembre 1986, l'assemblée générale de l'Organisation des Nations unies débattait de la célébration du cinquième centenaire. Depuis, un peu partout, les initiatives commémoratives et les rencontres se sont multipliées. Et elles ont provoqué de belles polémiques.

L'intitulé même des comités ou commissions a été critiqué. Tous ou presque parlent de découverte. Des voix se sont élevées pour dénoncer l'idéologie européocentrique et colonialiste sous-jacente à l'emploi du terme. Non seulement, rappellent-elles, rien n'a été découvert en 1492 puisque le continent américain était habité, mais encore des cultures florissantes (nahuati, maya, inca...) s'y étaient développées. Le mot de rencontre serait plus adéquat. Les partisans de la proposition initiale ont fait valoir qu'il n'y avait pas eu rencontre mais affrontement et que la notion même de découverte avait été imposée par l'histoire. Finalement, beaucoup d'organismes officiels, à commencer par l'ONU, ont décidé de retenir le terme de *rencontre* soit pour le substituer, soit pour l'accoler à celui de *découverte*.

Il existe un troisième courant hostile à toutes les positions précédentes. En 1492, il n'y aurait eu ni découverte ni rencontre mais *invasion*. Pour le Conseil mondial des peuples indigènes, principal porte-parole de cette opinion, nous nous apprêtons à commémorer de manière festive le deuil des populations indiennes. C'est pourquoi, en août 1990, l'assemblée générale de ce conseil a souhaité que 1992 soit « l'année mondiale de la dignité et des droits indigènes ».

On le voit, le débat est à la fois riche et passionné. Les Européens seraient bien inspirés d'y participer davantage tant il invite à une meilleure connaissance et à une meilleure compréhension de notre passé et de notre présent. Il montre à merveille à quel point toute commémoration – l'idée de célébration est à écarter – peut être partielle, partiale, ambiguë. Et pourtant, malgré son indéniable qualité, la controverse nous fait courir le danger d'occulter une partie importante du legs de 1492.

De quels événements cette « Année admirable », pour reprendre une expression qui a fait fortune, a-t-elle été faite? L'un des objets de ce livre est précisément de tous les rappeler et de tenter de tenir entre eux un équilibre qui, *a priori*, n'est pas évident. La faute à Christophe Colomb! Le risque est grand de limiter 1492 à la geste du Génois. Les hommes de la fin du XXe siècle, béats devant les traversées de l'Atlantique à la voile d'aujourd'hui, auraient mauvaise grâce à ne pas saluer l'exploit de l'illustre précurseur. Et l'unification entre deux continents qu'il réalise, la multiplication des échanges et des emprunts qu'il a entraînée en font sans nul doute l'une des grandes dates de l'histoire universelle. La portée du voyage est incommensurable et je tenterai d'en apporter quelques preuves. Mais le poids et l'opulence du monde occidental d'une part, l'attirance indéniable qu'exerce une personnalité complexe et par bien des aspects mystérieuse d'autre part, peuvent nous faire croire que 1492 est contenu dans la seule journée du 12 octobre, date à laquelle Colomb a abordé à l'île San Salvador, l'une des Lucayes.

L'adjectif *admirable* s'applique également à la prise de Grenade par Isabelle de Castille et Ferdinand d'Aragon le 2 janvier 1492 et à l'expulsion des juifs d'Espagne décidée par les mêmes souverains le 31 mars. Le premier des deux événements est peu connu. Pourtant il signifie la disparition du dernier État musulman d'Espagne. Or on sait à quel point la civilisation d'al-Andalus – nom qui désigne l'ensemble des territoires espagnols sous domination musulmane – a été brillante tout au long du Moyen Age. Et pour les musulmans, l'« Andalousie » est une terre mythique, le paradis perdu. Chaque 2 janvier, les membres de la communauté musulmane de Grenade se réunissent au pied de l'Alhambra, pour clamer leur douleur. Le 2 janvier est aussi, tout simplement, un épisode important dans les relations entre islam et chrétienté. La façon même de le qualifier montre à quel point l'événement est chargé de sens. Il faut à coup sûr bannir le terme de reconquête de Grenade, souvent utilisé, et qui ne veut rien dire. J'ai employé le mot *prise* qui correspond à l'espagnol *toma* qui s'est peu à peu imposé. Mais peut-être vaudrait-il mieux recourir au mot *reddition* (*entrega*), qui correspond à la réalité des faits.

L'expulsion des juifs est à peine mieux connue. En la circonstance, l'Espagne suivait, avec un temps de décalage, l'exemple des autres pays d'Europe occidentale, celui de l'Angleterre à la fin du XIIIe siècle, celui de la France à la fin du XIVe siècle. Pourtant l'alignement espagnol a pris de court les intéressés. Ils n'eurent que quelques mois pour choisir entre l'exil et le baptême. Une minorité opta pour la deuxième solution, très inconfortable malgré les apparences, puisque l'Inquisition traquait depuis 1480 les judéo-convers coupables de pratiques hérétiques. La plupart, cent cinquante mille environ, préféra ne céder en rien et donc emprunter le chemin de l'exil. La communauté que Sefarad avait si longtemps abritée se dispersa à travers le monde. L'Espagne des trois religions avait vécu.

Ajoutons aux trois événements précédents la parution de la grammaire castillane de Nebrija que l'on néglige systématiquement. L'ouvrage constitue pourtant la première grammaire en langue vernaculaire publiée en Europe. Le voyage de Colomb, annonciateur de la conquête et de l'exploitation du Nouveau Monde, offre d'immenses possibilités à l'expansion des langues européennes. L'humaniste Nebrija a, de son vivant, été très apprécié pour ses travaux en latin. La grammaire castillane ne rencontra alors aucun écho. Avec elle pourtant est franchi un premier pas qui conduit au triomphe des langues vernaculaires sur le latin. Et un outil est forgé qui contribuera très largement à la domination européenne en germe dans l'entreprise colombine.

L'unité de temps est parfaite entre les quatre événements. Une dizaine de mois sépare le premier, la prise de Grenade, du dernier, l'arrivée de Colomb aux Caraïbes. La présentation de la grammaire de Nebrija faite à Isabelle, reine de Castille, en présence de l'archevêque de Grenade, Hernando de Talavera, n'a pu avoir lieu au-delà du mois de mai. Et si l'on s'en tient à l'assurance de l'appui d'Isabelle et de Ferdinand enfin obtenue par Christophe Colomb, les quatre phares de 1492 tiennent en moins de cinq mois car les Capitulations qui lient les deux parties ont été rédigées et paraphées entre le 17 et le 30 avril. Invraisemblable accumulation due au hasard ou enchaînement logique ? Je tenterai de montrer dans les pages qui suivent à quel point les liens sont étroits d'un événement à un autre, comment ils se complètent, combien en particulier le voyage de Colomb a dépendu de la résolution des autres questions qui se posaient aux souverains espagnols à l'orée de 1492.

Unité de temps mais aussi unité de lieu. Colomb ou les siens se sont adressés aux cours d'Angleterre, de France, du Portugal ou d'Espagne. Je rappellerai pourquoi c'est cette dernière et non une autre qui a approuvé le projet. Mais globalement, pour accomplir un effort militaire d'une dizaine d'années, se priver de dizaines et de dizaines de milliers de sujets actifs, habiles et efficaces sans que l'économie en eût beaucoup pâti, mettre sur pied une expédition coûteuse dont les bénéfices n'étaient pas évidents, il fallait un pays en plein essor, un État aux fondations solides, une conviction inébranlable jusqu'à l'absurde. L'Espagne d'Isabelle et de Ferdinand réunit ces conditions. C'est pourquoi, en l'espace de cinq mois, un bout de territoire, de Grenade à Santa Fe en Andalousie, a été le nombril du monde. Là, tout à coup, l'Espagne s'est fermée aux influences méditerranéennes, s'est ouverte aux influences atlantiques. Et l'univers a été entraîné dans ce mouvement. Cela mérite examen et réflexion.

CHAPITRE I

LES ÉVÉNEMENTS

La reddition de Grenade

Santa Fe est le nom que portent au moins deux grandes villes américaines : l'une est la capitale du Nouveau-Mexique, l'un des États méridionaux des États-Unis, l'autre, sise sur les bords du Salado del Norte, face à Parana, est l'une des principales villes d'Argentine. Mais qui sait qu'elles doivent leur appellation à une autre Santa Fe, cité andalouse modeste mais riche d'une immense postérité matérielle et symbolique ? S'il y prête un peu attention, le voyageur qui va de Malaga à Grenade ou de l'aéroport de Grenade à celle-ci lira à une dizaine de kilomètres de la ville de l'Alhambra, à l'entrée d'un petit noyau urbain que la route contourne, un panneau indiquant « *Santa Fe, cuna de la hispanidad* », « Santa Fe, berceau de l'hispanité ». Cette étrange mention fait référence à l'accord intervenu le 17 avril 1492 entre Isabelle et Ferdinand, les souverains espagnols, et Christophe Colomb. Le texte alors adopté définissait les conditions de l'expédition colombine et de l'exploitation des terres à découvrir.

Santa Fe est beaucoup plus que le lieu d'un événement aux conséquences alors insoupçonnées. Santa Fe, Sainte Foi, le nom même est une proclamation et un défi. La ville est une construction de toutes pièces, décidée par Isabelle et Ferdinand selon toute vraisemblance au milieu de l'année 1491. Installée au milieu de la plaine, elle menace et nargue Grenade, capitale d'un petit État musulman. De celle-ci le chroniqueur Pietro Martire de Anghiera disait qu'elle était « une cité ceinte de murailles-tours de pierre, d'une solidité exceptionnelle » et ajoutait que selon les marchands qui y demeuraient elle ne pouvait « être conquise ni par la force ni par par l'habileté des soldats, ni par aucune machine ». Aussi « fallait-il lui couper peu à peu les membres qui lui restaient, et les ailes étant brisées, arracher le reste des plumes afin que se voyant impuissante et poussée par la nécessité, elle vienne spontanément se prosterner aux pieds des souverains [1] ».

C'est qu'en 1491, Isabelle et Ferdinand sont engagés dans une guerre qui dure depuis plus de dix ans. En effet, en décembre 1481, une expédition musulmane avait été conduite au-delà de la frontière, à quelque deux cents kilomètres à l'ouest de Grenade, contre le château de Zahara. Les assaillants avaient tué un bon nombre de chrétiens et emmené plus de cent personnes en captivité. L'affaire était en principe banale. Sans doute signifiait-elle la rupture d'une trêve signée entre Grenade et la Castille en 1478. Mais depuis le milieu du XIIIe siècle, époque à laquelle la domination musulmane en Espagne avait été limitée à un royaume de trente mille kilomètres carrés établi au sud-est de la péninsule ibérique, les escarmouches de part et d'autre de la frontière avaient été permanentes. On ne compte plus les assauts de forteresses et les incursions au cours desquelles cavaliers et fantassins détruisaient les récoltes et s'emparaient d'un substantiel butin. Parfois les chrétiens s'étaient aventurés, par exemple en 1431, jusqu'aux abords de Grenade mais ne s'y étaient pas attardés [2].

Cette fois-ci la réplique des chrétiens fut plus vigoureuse. En février 1482, ils prirent pour cible la ville d'Alhama, étape importante sur la route de Grenade à Malaga. Ils s'emparèrent de la place, faisant trois mille prisonniers. La contre-offensive du souverain musulman, Abu al-Hasan, échoua. L'entreprise de Ferdinand et Isabelle, dès lors, était claire. Prenant position à l'intérieur du domaine de leur rival, ils avaient l'intention de le faire passer totalement sous leur contrôle. Les circonstances leur étaient favorables. Mariés depuis 1469, Isabelle et Ferdinand avaient longtemps été accaparés par la guerre civile en Castille. Reine depuis 1474, Isabelle n'avait été reconnue de tous que cinq ans plus tard, au moment même où son époux accédait au trône d'Aragon. Ils pouvaient donc consacrer toutes leurs forces à une opération particulièrement ambitieuse : en finir avec la domination musulmane en Espagne. Or la famille nasride, au pouvoir à Grenade, était déchirée par des querelles dynastiques. Ainsi l'émir Abu al-Hasan fut, après la défaite d'Alhama, évincé au profit de son fils que l'histoire a retenu sous le nom de Boabdil.

La guerre dura pourtant dix ans. Les chrétiens jouèrent admirablement des dissensions de l'adversaire, par exemple en libérant immédiatement Boabdil fait prisonnier en 1483. Mais la résistance des musulmans n'en fut pas moins déterminée. L'âpreté des sièges, événements majeurs de l'affrontement, en témoigne. Les habitants de Malaga, malgré le harcèlement ennemi, les privations et le typhus, tinrent en 1487 pendant trois mois et demi. Les vainqueurs réduisirent toute la population, plus de dix mille personnes, en esclavage. A Baza, au nord-est du royaume, en 1489, le siège dura six mois. Bien organisés et bien ravitaillés, les assiégés livrèrent cependant la place au début de décembre pour éviter le sort des défenseurs de Malaga. L'étau se resserra en trois temps. De 1482 à 1484 les opérations furent limitées au nord-ouest du royaume grenadin. Le contrôle d'Alhama était le principal enjeu. De 1485 à 1487, la pression chrétienne s'accentua, Ferdinand d'Aragon étant souvent à la tête des troupes. La place forte de Ronda puis celle de Malaga tombèrent ; les musulmans perdaient le tiers occidental de leur territoire. De 1488 à 1491 le rythme fut moins intense car les deux camps étaient épuisés par les efforts déployés à Malaga. La reddition de Baza entraîna cependant la perte, pour les musulmans, de la partie orientale du royaume. En 1490, les troupes de Boabdil harcelèrent les positions chrétiennes. C'est alors que Ferdinand et Isabelle, impatients d'en finir, s'attaquèrent à la capitale. Ils réunirent une énorme armée qui, selon les chroniqueurs, comprenait entre soixante mille et quatre-vingt mille hommes et s'installèrent en avril 1491 dans la plaine de Grenade.

Santa Fe fut d'abord un immense campement à l'abri des débordements du Genil, l'affluent du Guadalquivir, et des sorties audacieuses des Grenadins. Mais, soucieux de faire la preuve de leur détermination, les souverains prirent la décision de transformer le camp en ville. L'incendie des installations précaires en juillet entraîna l'accélération des travaux. Selon Pietro Martire, une foule d'ouvriers, carriers, maçons, charpentiers s'activa sans relâche. L'affaire fut rondement menée mais il est probable que la nouvelle cité ne fut pas terminée avant le printemps 1492. Le chroniqueur composa un quatrain qui fut gravé dans le marbre et placé sur la porte occidentale :

REX FERDINANDUS REGINA ELISABET, URBEM
QUAM CERNIS, MINIMA CONSTITUERE DIE
ADVERSUS FIDES ERECTA EST, UT CONTERAT OSTES
HIT CENSET DICE, NOMINE SANTA FIDES [3].

* * *

Le 1er janvier 1492, Ferdinand et Isabelle portèrent plus d'une fois leurs regards vers Grenade. Depuis huit mois, la colline rouge de l'Alhambra était leur horizon. Mais en cette nouvelle année l'interminable attente s'était muée en une sereine certitude. La ville dont ils avaient tant rêvé allait se livrer à eux. Probablement étaient-ils depuis quelque temps assurés de leur supériorité, sinon, pourquoi le maître Rodrigo Alemán aurait-il gravé dans le bois des stalles de la cathédrale de Tolède, dès 1489, les épisodes d'une guerre qui n'était pas finie [4] ?

Les périodes d'abattement et d'exaspération étaient oubliées depuis qu'un accord avait été signé entre les adversaires. En effet, le 25 novembre 1491, Boabdil, Ferdinand et Isabelle avaient adopté le texte qui énumérait les conditions de la reddition de la capitale de l'État musulman [5]. Le texte est capital à plus d'un titre, nous y reviendrons. Contentons-nous, pour le moment, d'en rappeler les principales dispositions. La souveraineté des chrétiens serait effective sur la ville de Grenade dans un délai de soixante jours, et sur son territoire, pour l'essentiel la zone stratégique des Alpujarras, le versant méridional de la sierra Nevada, dans un délai de quatre-vingt-dix jours. La livraison de cinq cents otages musulmans servirait de garantie au respect du calendrier. En contrepartie, les Grenadins obtenaient des assurances importantes : sécurité des personnes et des biens et même reconnaissance de la propriété du butin effectué pendant la guerre ; liberté du culte (les chrétiens passés à l'islam et les musulmans enfants de chrétiennes ne seraient pas menacés) ; libre disposition des mosquées, des minarets, des biens cultuels ; maintien des boucheries et des marchés musulmans, des organes administratifs, du régime fiscal, franchise fiscale pendant trois années pour les citadins, liberté du commerce en particulier avec l'Afrique du Nord ; examen des litiges entre musulmans et chrétiens par une juridiction mixte ; pas de port de signe distinctif ; liberté d'émigration en Afrique du Nord après avoir vendu ses biens ; libération de tous les prisonniers dans un délai de cinq mois pour ceux qui résidaient en Andalousie, de huit mois pour ceux qui se trouvaient en Castille ; enfin, possibilité de conserver armes et chevaux. Cette dernière mesure avait une forte signification symbolique car c'était de la part de Ferdinand et Isabelle ne pas considérer leurs futurs sujets comme des vaincus. En somme, un texte généreux assorti de faveurs accordées à des notables et en tout premier lieu à l'émir Boabdil à qui était promis à titre héréditaire une immense seigneurie couvrant l'ensemble des Alpujarras en plus d'une confortable dotation financière [6].

Les événements se déroulèrent avant l'accomplissement des délais prévus. Le 30 décembre 1491, les souverains chargèrent Juan de Robles, alcalde de la ville andalouse de Jerez, de recevoir les cinq cents Grenadins garants des Capitulations. Ceux-ci arrivèrent à Santa Fe le 1er janvier. Boabdil, inquiet des répercussions de ce mouvement chez ses sujets, demanda aux rois de Castille de hâter les opérations. Dans la nuit, des troupes placées sous le commandement de Gutierre de Cardenas, grand commandeur de León et homme de confiance d'Isabelle depuis la première heure, gagnèrent Grenade par un chemin détourné et, à l'aube, investirent l'Alhambra.

Tous les acteurs de la journée du 2 janvier 1492 ont eu le sentiment de vivre un événement de grande portée. Mais cédons plutôt la parole à l'un de ceux qui, nombreux, en firent le récit :

« Les prouesses de nos seigneurs Roi et Reine étant si glorieuses et si conformes à leur grandeur, peu de chose peut être consigné oralement ou par écrit. Moi qui suis un authentique témoin de toutes ces choses, pour y avoir été présent, souhaite rapporter à votre Seigneurie quelle est la situation.

« Pressés par la faim et la force des armes, les musulmans de Grenade se rendirent au Roi et à la Reine le 2 janvier 1492 et pour que les souverains puissent entrer en toute sécurité dans la cité, les musulmans envoyèrent en otage le fils de leur Roi, accompagné de six cents cavaliers et des deux principaux chefs de cette ville. Les otages furent confiés aux membres les plus éminents de l'armée. Le jour suivant, à l'aube, le grand Commandeur de León, à la tête de cinq cents cavaliers et quatre cents fantassins, se mit à la recherche de celui qui était le chef, lequel était en compagnie du fils du gouverneur de la ville et d'autres notables. Vint à sa rencontre un certain Zabi qui le conduisit jusqu'à la forteresse jusqu'à une porte de fer close. Prenant les clefs dudit Zabi, ils l'ouvrirent et le Commandeur répartit ses gens en deux groupes prenant position sur les lieux stratégiques dudit château ; puis se rendit au palais royal où il trouva le Roi avec trois cents hommes armés. Ces derniers quittèrent le château par une porte dérobée au moment de l'entrée du Commandeur. On dressa aussitôt un autel pour célébrer la messe. Ce palais est d'une telle ampleur que sa partie la plus grande est plus vaste que l'ensemble du palais de Séville. Dès l'arrivée, dix-sept étendards chrétiens furent déployés, dont un vieux de plus de cent cinquante ans qui, comme les autres, avait été perdu par les chrétiens. A la fin de la messe et du sacrifice divin, en ce lieu qui avait été profané pendant huit cents ans, le Roi et la Reine, à la tête de dix mille cavaliers et cinquante mille fantassins, firent une solennelle et pacifique entrée. On ordonna immédiatement de libérer les prisonniers qui étaient au pouvoir des musulmans. Ils vinrent en procession avec la Croix et l'image de la bienheureuse Vierge qu'ils portaient avec leurs chaînes. Je les conduisis jusqu'au Roi qui en Prince chrétien les reçut et me demanda d'attendre la Reine qui arrivait avec les autres gens. Elle était accompagnée du Cardinal d'Espagne; la Reine les reçut avec respect et ordonna de les emmener au château de Santa Fe. Et moi, je me trouvais en toutes ces choses pour avoir été avec le Commandeur depuis la première entrée dans ladite forteresse. Les gens s'approchant du château, un religieux prit une croix et monta à la tour la plus haute où se trouvaient l'archevêque de Cagliari, l'évêque de l'Aquila, l'évêque de Guadix, l'évêque de Malaga et beaucoup d'autres ecclésiastiques. Et la Croix levée très haut, tous chantèrent d'une voix " *O crux ave spes unica* ". Le frère du comte de Cifuentes tenait dans ses mains l'étendard de Saint-Jacques et l'étendard royal, et trois fois les étendards furent inclinés devant la Croix. A la fin de l'hymne, un héraut du Roi se hissa sur ladite tour et cria trois fois : " Saint Jacques, Grenade et Castille. Avec ton secours, ces villes sont placées sous l'empire du Roi et de la Reine qui par la force ont amené à la foi catholique cette ville de Grenade, ses forteresses, tout son royaume avec l'aide de Dieu, de la Vierge Marie et de Saint Jacques, et d'Innocent VIII, avec les prélats, les gens, les villes, les peuples desdits Roi et Reine et de leurs royaumes. " Puis retentirent les trompettes et crépitèrent les salves de bombardes en présence du Roi et de la Reine qui, entourés de la foule et du clergé, agenouillés et les mains jointes, rendirent grâce à Dieu en chantant le *Te Deum laudamus*. Le roi musulman baisa alors les mains de notre Roi et de notre Reine qui firent amener le fils dudit Roi, retenu en otage, et le firent rendre à sa mère. Le grand Commandeur et le comte de Tendilla demeurèrent en ladite forteresse avec deux mille cavaliers et cinq mille fantassins. Dans cette forteresse étaient emmagasinées trente mille charges de farine et vingt mille charges d'orge et au château de Santa Fe s'installèrent don Juan de Sotomayor et le majordome Santangel avec leurs gens. Le jour suivant, le Roi et la Reine regagnèrent leur résidence. Quelques jours plus tard eut lieu la procession depuis le château jusqu'à la ville de Santa Fe. Le Roi et la Reine y participèrent avec quatre cents religieux et prêtres. Ici vinrent des prisonniers au nombre de sept cents. Le Roi et la Reine leur donnèrent des vêtements et des présents et à toutes ces choses je fus présent. Faite à Grenade le 7 janvier 1492. *Bernardo del Roi*[7]. »

Il a été prouvé que ce récit est très fidèle au déroulement réel des événements. Il est pourtant un aspect intéressant sur lequel le témoin se trompe[8]. Chargé comme il le dit d'accompagner les captifs à Santa Fe, il n'a pas assisté à la rencontre entre les souverains chrétiens et musulman. Or l'émir, contrairement à ce qu'il affirme ou à ce que suggère le sculpteur Rodrigo Alemán à la cathédrale de Tolède, où l'on voit Boabdil agenouillé remettre les clefs de sa capitale au roi d'Aragon juché sur sa monture, n'a pas baisé les mains d'Isabelle et de Ferdinand et ne s'est pas prosterné devant eux. Après avoir consenti que leurs adversaires conservent leurs armes, les vainqueurs administrèrent une nouvelle preuve de leur magnanimité. Accédant au désir de Boabdil, il n'ont introduit aucun geste humiliant dans le cérémonial. En fait, à leurs yeux ce ne sont là que détails sans importance. Leurs décisions et leurs attitudes sont soigneusement pesées, leur magnanimité calculée, comme le souligne une autre relation datée du 8 janvier : « Ce texte [il s'agit des Capitulations] est tout à l'avantage des musulmans mais quand on veut terminer une affaire dans l'honneur et la dignité, tout ce qu'on fait est bien fait. Leurs Altesses tiennent maintenant Grenade comme c'était leur volonté[9]. »

Revenons au récit de Bernardo del Roi. Il n'est pas avare en mentions de noms de personnages, du moins du côté chrétien car les musulmans sont évacués du texte comme de la ville. Seul compte l'émir Boabdil parce que sa présence est indispensable au transfert de la souveraineté et rehausse le prestige de ses adversaires. Mais les membres de son entourage, sa femme Moraima, son fils que l'on libère, Ahmad, les deux principaux chefs de la ville, probablement le vizir Yusuf ibn Kumasa et l'homme de confiance Abu'l Quasim al-Mulih, auteur des négociations qui ont conduit aux Capitulations, n'ont droit qu'à des indications vagues. Le seul musulman nommément cité, « un certain Zabi », dit le narrateur, n'est pas identifiable. En revanche, que de précisions quant aux vainqueurs! Bernardo del Roi est en reportage.

Si nous ne savons pas grand-chose de don Juan de Sotomayor, visiblement chargé de l'intendance, tous les autres héros désignés ont effectivement joué un grand rôle auprès d'Isabelle ou de Ferdinand. Gutierre de Cardenas bien sûr, maître d'hôtel d'Isabelle avant 1470, puis *contador mayor*, enfin grand Commandeur de León. Pedro de Silva, frère de Juan, comte de Cifuentes et assistant de Séville, participa à toutes les péripéties de la guerre de Grenade depuis 1482. Fait prisonnier, comme son frère, non loin de Malaga en 1483, il passa deux années en captivité. Le cardinal d'Espagne, Pedro Gonzalez de Mendoza, et le comte de Tendilla, Iñigo Lopez de Mendoza, sont aussi frères. Le premier a joué depuis 1473 un rôle essentiel auprès des souverains, d'Isabelle surtout, dont il est le conseiller privilégié. Ce n'est pas par hasard si le chroniqueur nous le montre aux côtés de la reine. Depuis 1482, il est archevêque de Tolède et donc primat de l'Église espagnole. Iñigo Lopez de Mendoza a pris une part très active à la plupart des grandes entreprises militaires du règne, à Toro contre les Portugais en 1476, à Alhama en 1482. Ferdinand apprécie ses qualités, et c'est tout naturellement à lui que sont confiés en 1492 la capitainerie générale du royaume de Grenade et le gouvernorat de la forteresse de l'Alhambra. Luis de Santangel enfin, appartenant à une famille de juifs convertis depuis le début du XIVe siècle, était un intendant général de la couronne d'Aragon très écouté de Ferdinand. On le voit, les familiers du roi et de la reine tiennent le devant de la scène au cours des cérémonies du 2 janvier. En ce jour solennel les souverains associent à leur triomphe ceux qui ont depuis longtemps accordé leur soutien et manifesté leur fidélité [10].

Mais ces grandes familles que sont les Mendoza, les Silva, les Cardenas – le frère de Gutierre, Alonso, est lui-même grand maître de l'ordre militaire de Saint-Jacques – sont aussi les représentants de toute l'aristocratie regroupée derrière les souverains. La fine fleur de la société est présente à Grenade le 2 janvier 1492. Ils sont tous là. Ceux qui avaient été longtemps des ennemis irréductibles comme Diego Fernandez de Cordoba, comte de Cabra, et Alonso de Aguilar, *alcalde mayor* de Cordoue, ou Enrique de Guzman, duc de Medina Sidonia, et Rodrigo Ponce de Leon, marquis de Cadix ; ceux qui avaient chaleureusement soutenu la cause de Jeanne « la Beltraneja », nièce et rivale de la reine Isabelle : Diego Lopez Pacheco, duc d'Escalona et marquis de Villena, Juan de Zuñiga, grand maître de l'ordre d'Alcantara, et Alonso Tellez Giron, comte d'Urueña, tous ralliés après 1476 moyennant d'importantes concessions. La guerre de Grenade a été l'occasion de canaliser et de discipliner la puissante et remuante noblesse castillane.

L'aristocratie n'est pas seule à participer à la fête. Bernardo del Roi fait état d'un premier détachement de cinq cents cavaliers et de quatre cents fantassins lors de l'expédition nocturne, de dix mille cavaliers et de cinquante mille fantassins derrière les souverains. Chiffres considérables et pourtant dignes d'attention. Ils correspondent d'assez près aux effectifs connus de l'armée lors de la campagne de 1491. Peu importe si l'auteur du récit se laisse emporter par l'emphase et l'enthousiasme, il souligne deux faits importants : tous ceux qui ont participé aux opérations ont pu assister à la reddition de Grenade et voir, de leurs yeux, flotter la bannière de Saint-Jacques sur la tour de la Vela, à l'avant de l'Alhambra. A travers eux la prise de Grenade a été vécue par l'ensemble de la société espagnole.

Au cours de la guerre, l'effort humain a été considérable. Les effectifs des troupes royales ont été renforcés par les contingents levés par la noblesse et les municipalités. Il est vrai que l'effort financier a été général. Le montant des dépenses occasionnées par la guerre de Grenade, côte chrétien, a été estimé à huit cents millions de maravédis, somme colossale que l'État était bien incapable d'assumer puisque ses revenus étaient alors de l'ordre de cent cinquante à deux cents millions de maravédis par an. Isabelle et Ferdinand avaient obtenu du pape l'autorisation de percevoir directement la bulle de la Croisade que payaient les fidèles. Le clergé fut très sollicité, sous la forme de dons du subside. Il prêta en 1489, en trois fois, 1,95 million de maravédis. Le duc de Medina Sidonia avança 21,3 millions de maravédis, également en trois fois, entre 1487 et 1489. Parmi les prêteurs de 1491 figurent pêle-mêle l'archevêque de Saint-Jacques-de-Compostelle, les marchands de Burgos, Alonso de Aguilar, Gutierre de Cardenas, le cardinal Pedro Gonzalez de Mendoza, le judéo-convers Luis de Santangel et le juif Isaac Abravanel [11].

Tous ces hommes d'origines et de conditions diverses sont mus par un même élan : s'emparer de Grenade, c'est achever une guerre de dix ans; plus encore, c'est mettre un terme à une lutte de huit siècles entre islam et chrétienté à l'intérieur de la péninsule ibérique. La dernière phase de la Reconquista a tout autant que les précédentes été vécue du côté chrétien comme une croisade. Le pape n'avait-il pas abandonné le produit de la bulle de la Croisade, précisément, aux souverains espagnols? Et s'il est un domaine géographique où cet esprit né au XIe siècle n'est pas tombé en désuétude, c'est bien celui de la terre *hispanica*. Le climat d'exaltation religieuse qui émane de notre texte n'est pas une invention du narrateur. La messe a été célébrée pour les membres de l'avant-garde de l'armée, l'érection de la croix au sommet de la colline de l'Alhambra, l'invocation de saint Jacques Matamore, patron de l'Espagne chrétienne, le *Te Deum* chanté par l'assistance, la procession finale en sont autant de manifestations éclatantes. Et le clergé est omniprésent. Un archevêque et trois évêques près de la croix : un archevêque qui ne quitte pas la reine, des prêtres et des moines partout, la journée du 2 janvier 1492 fut une interminable liturgie.

*
* *

L'affaire eut un immense retentissement bien au-delà du territoire espagnol. Dans l'armée chrétienne tout d'abord, où les étrangers n'étaient pas rares. Les mercenaires allemands et surtout suisses apparaissent dans les comptabilités de 1482 à 1484 et de nouveau en 1491 [12]. On peut penser que les derniers étaient au pied de l'Alhambra le 2 janvier 1492. Des certificats pour d'anciens combattants sont signés au cours de l'année 1492, en faveur d'Allemands venus de Cologne ou d'Ulm, de Français venus de Bourges ou de Reims, d'Anglais venus de Northampton [13]... Parmi les artilleurs, principalement parmi les bombardiers, beaucoup étaient français ou bretons : vingt et un d'entre eux sont recensés en 1485, lors de l'assaut à Ronda. Et Bernardo del Roi, dans sa relation, ne manque pas de souligner que deux évêques venus d'Italie, ceux de Cagliari et de l'Aquila, assistent aux cérémonies de la prise de Grenade. Il est certain que leur participation, probablement souhaitée par Ferdinand, répond à une logique simple puisque Sardaigne et royaume de Naples relevaient alors de la couronne d'Aragon. Mais ne doutons pas qu'elle contribua à l'« internationalisation » de l'événement.

Celui-ci fait l'objet d'une rare publicité par le biais de relations riches et immédiates. Deux chroniqueurs espagnols, parmi les plus importants, Hernando de Baeza et Alonso (ou Alfonso) Fernandez de Palencia, ont rapporté ce qu'ils avaient vu au cours de la mémorable journée [14]. Le second narre les faits à l'adresse de l'évêque d'Astorga dans une lettre datée du 8 janvier 1492. Du même jour date une autre lettre destinée à l'évêque de León et dont l'auteur pourrait être un parent du comte de Cifuentes. Mais au moins trois autres récits sont dus à des étrangers. L'un d'eux est bien entendu Bernardo del Roi dont la missive fut envoyée à la seigneurie de Venise, le deuxième est un anonyme italien dont le correspondant est un prélat résidant à Rome, le troisième est un anonyme français, auteur d'une « très célébrable, digne de mémoire et victorieuse prise de la cité de Granada » rédigée le 10 janvier. Tous ces textes, qui ont souvent fait l'objet d'emprunts et de citations, ont eu un grand retentissement [15].

Dans ces conditions, il n'est nullement surprenant que l'événement ait été célébré partout dans la chrétienté. A Rome, bien sûr, où se déroula une procession d'action de grâces, où figuraient les cardinaux. Mais aussi à Venise, d'où partit prestement une ambassade chargée d'apporter un message de félicitations aux souverains espagnols; ceux-ci, dès le 7 avril, remercient le doge Agostino Barbarino de sa démarche [16]. Et encore à Paris où l'Université se réjouit, le 29 septembre 1493, qu'il ait été mis un heureux terme à une entreprise vieille de plus de six cents ans et que « le riche royaume de Grenade ait été conquis [17] ». Enfin à Londres, où, à la réception des lettres de Ferdinand et Isabelle, le roi Henri VII fit lire, à l'église Saint-Paul, un texte par le lord Chancelier. « Il y avait bien longtemps, disait-il, que les chrétiens n'avaient gagné des territoires nouveaux sur les infidèles ni élargi ni reculé les limites du monde chrétien. Cet acte vient d'être accompli grâce à la vaillance et à la dévotion de Ferdinand et Isabelle, souverains d'Espagne qui, à leur éternel honneur ont recouvré le grand et riche royaume de Grenade et pris aux infidèles la puissante capitale moresque dont les musulmans étaient maîtres depuis des siècles [18] ».

La prise de Grenade n'eut pas moins de retentissement dans le monde mulsuman. La relation française de l'entrée des chrétiens dans la ville insiste sur le bruyant désespoir des habitants : « A chaque élévation de la croix le peuple infidèle des Maures étant dedans ladite cité braillait et hurlait et était grands pleurs et lamentations. » Une grande partie des vaincus prit le chemin de l'exil, suivant en cela l'exemple de l'émir Boabdil qui, à une dizaine de kilomètres au sud de Grenade, se retounant une dernière fois sur sa capitale perdue, fut apostrophé par sa mère : « Pleure comme une femme ce que tu n'as pas su défendre comme un homme. » Le « Soupir du Maure » – nom qui resta attaché au lieu – fut répercuté comme une onde par les émigrés tout autour de la Méditerranée. Grenade était pour l'islam tout autant chargée de valeur et de sens que pour la chrétienté. Les voyageurs venus d'Orient qui l'avaient abordée en avaient célébré la beauté. « C'est une grande ville, de forme circulaire, d'un aspect charmant : les arbres, les pluies, les eaux courantes, les jardins, les fruits y abondent ; elle est peu exposée aux souffles du vent qui n'y parvient que rarement car elle est entourée de tous côtés par les montagnes », avait souligné au XIVe siècle l'Egyptien al-Umari[19]. Un siècle plus tard, son compatriote Abd al-Basit ratifiait le propos : « [Grenade] a une situation merveilleuse, des édifices splendides, elle est belle et agréable, elle a un site admirable. J'y ai vu toute une série de choses ingénieuses et elle ressemble à Damas de Syrie. J'ai aussi vu des eaux courantes, des vergers, des jardins, des vignes... Elle a la superficie de Damas mais elle est plus peuplée et ses habitants figurent parmi les plus valeureux des hommes. » De fait, Grenade était une très grande cité de plus de cinquante mille habitants au moment de la conquête chrétienne[20]. Dès lors, elle symbolisa le paradis perdu. Écoutons le poète Yahya al-Qurtubi :

« Où est donc Grenade, foyer de la guerre sainte ? Combien nombreux étaient les cavaliers qui au combat sont pareils à des lions !
« Où est donc son Alhambra magnifique qui évoque par les splendeurs de sa décoration les jardins de l'Eden ?
« Les jets d'eau jaillissent dans les cours de ses châteaux parmi ses parterres embaumés. Sa douce rivière déroule ses filets qui brillent au soleil tels des sabres de l'Inde.
« Où est donc la célèbre mosquée ? Tant de fois de tout temps, les versets du Coran y étaient récités !
« Combien nombreux y étaient les savants qui indiquaient aux ignorants le droit chemin et y enseignaient avec maîtrise toutes les sciences !
« Combien y étaient les hommes pieux, adorant Dieu et l'implorant tandis que sur leurs joues coulent des larmes en abondance[21] ! »

Les accents des chroniqueurs ne sont pas différents même si les détails, quant aux dates ou aux hommes, sont souvent imprécis ou erronés. Déjà le Maghrébin Mohammed ben Abd el Rahmaân Sahkâwi laissait présager une évolution irrémédiable. Il narre comment, grâce à leur force mais aussi à leur fourberie, les chrétiens firent, en 1489, pencher en leur faveur le sort des armes, jusqu'alors incertain. Aux habitants de Guadix, de Baza et d'Almeria ayant échappé à la mort, « il ne resta plus, soit par peur soit à cause du pillage, qu'à s'en aller et à se disperser en emportant ce qu'ils purent charger [22] ». Depuis le Caire, Ibn Iyas est un annaliste attentif. Il qualifie la chute de Malaga de « catastrophe irréparable » puis situe la perte de Grenade en 1490. Mais il y revient, de manière plus juste, en 1492, en termes lapidaires : « On apprit qu'en Occident, Alphonse [sic], prince de Castille, s'était emparé définitivement de Grenade, capitale de l'Espagne : c'est une des catastrophes les plus terribles qui aient frappé l'islam [23]. » Et al-Makkari, né à Tlemcen, qui écrit au XVIIe siècle, a encore ce cri : « Puisse Dieu leur rendre les terres de l'Andalous et y rétablir les lois de leur saint prophète [24]. »

Du Caire à Londres, chacun a le sentiment que le 2 janvier 1492, à Grenade, a été écrite une page majeure de l'histoire. Vainqueurs et vaincus l'ont lue comme le revers de celle qui avait été rédigée à Constantinople, en 1453, lorsque les Ottomans s'étaient emparés de la ville du Bosphore. 1453-1492 : un nouvel ordre est né en Méditerranée ; à l'est domine la puissance ottomane, à l'ouest la puissance espagnole. Dans l'irrésistible ascension de cette dernière, Grenade est plus qu'une étape, c'est l'épisode fondateur. C'est bien le sentiment de Machiavel qui, vingt ans plus tard (1513), écrivant *Le Prince*, prend Ferdinand pour modèle. « De petit roi il est devenu par gloire et renommée le premier Roi de la Chrétienté », dit-il pour ajouter aussitôt : « Duquel si on considère les faits, on les trouvera tous très grands, et quelques-uns même extraordinaires. Au commencement de son règne, il assaillit le

pays de Grenade, et fut cette entreprise le fondement de
ses États [25]. » Soyons équitable, si pour les uns les mérites
de l'affaire grenadine appartiennent à Ferdinand, d'autres
placent Isabelle au premier plan. Parmi eux, Balthasar
Castiglione qui dans *Le Courtisan* dresse un portrait flatteur de la reine. « A elle seule, affirme-t-il, on peut accorder l'honneur de la glorieuse conquête du royaume de
Grenade [26]. »

Isabelle ou Ferdinand, la querelle est oiseuse. Il est certain que la volonté, la ténacité, l'ambition étaient
communes. De ce point de vue, le titre de « rois catholiques » décerné en 1494 par le pape Alexandre VI, et
bientôt partout utilisé, traduit bien la réalité de l'identité
de vues. L'important est la référence obligatoire et systématique à Grenade. Le pape, en distinguant les souverains
espagnols et en les mettant au rang du roi très chrétien de
France, y songeait certainement. Un modeste sculpteur
anonyme de Castille (ou plusieurs) a, en la matière, un
langage clair et net : la porte du chœur de l'église Saint-Hippolyte de Tamara de Campos, dans l'actuelle province
de Palencia, est ornée de plusieurs grenades. A Torremarte, à quelques kilomètre de là, sur la base de la chaire,
figure une simple inscription : « Cette œuvre a été faite en
1492, l'année où fut gagnée Grenade. » Le sculpteur avait
peut-être participé aux opérations militaires. Sa phrase est
une manière de dire : « J'y étais. » Il pensait, comme tous
ses compagnons, avoir participé à une grande geste. Il est
vrai que la guerre fut, du côté musulman comme du côté
chrétien, l'occasion d'une débauche d'énergie, de dépenses
incommensurables et aussi de lourdes pertes. Un autre
témoignage artistique illustre à quel point la jeunesse des
deux camps a payé un lourd tribut à la guerre. A la cathédrale de Sigüenza, toujours en Castille, on peut admirer
l'un des plus beaux tombeaux qui soient. Le commandeur
Martin Vazquez de Arce, mort lors d'une escarmouche
devant Grenade, en 1486, est représenté dressé sur le côté,
accompagné d'un ange qui s'apprête à l'enlever. L'œuvre
est connue sous le nom du *Doncel*, le damoiseau.

Curieusement, nombre de personnages ayant participé
à la guerre et ayant assisté au triomphe chrétien du 2 jan-

vier 1492 ne devaient pas survivre longtemps. La liste est étonnamment longue des membres de la noblesse disparus dans les mois qui suivirent. Le 8 février, Pedro Enriquez, *adelantado mayor* d'Andalousie, mourut près d'Antequera, sur le chemin de Séville. En août disparurent à trois jours d'intervalle le duc de Medina Sidonia et le marquis de Cadix, et en juillet 1493 Alfonso de Cardenas, maître de l'ordre militaire de Saint-Jacques. En janvier 1495, le cardinal Mendoza décédait. L'historien Luis Suarez Fernandez parle de la disparition d'une génération épuisée par l'intensité et la violence de l'effort [27]. Dans ces conditions, la joie des vainqueurs, le désespoir des vaincus le 2 janvier 1492 sont aisément compréhensibles. Le moment tant attendu par les uns, tant redouté par les autres était arrivé. Pour tous l'événement était une fin. Mais cette année n'avait que deux jours !

L'expulsion des juifs

Santa Fe encore ! Ou plutôt Santa Fe et Grenade, villes désormais jumelles, capitales pendant près de cinq mois, jusqu'au 25 mai 1492, des royaumes d'Espagne. Ferdinand et Isabelle n'ont cessé de se partager entre les deux cités. Qu'on en juge. Ils regagnent Santa Fe le soir du 2 janvier et y demeurent le 3. Les voici de nouveau à Grenade le 4 pour quelques heures puis du 5 au 7. A partir de là ce sont d'incessants allers-retours, beaucoup effectués au cours d'une même journée. Mais le plus souvent ils passent la nuit à Santa Fe. Cet étrange va-et-vient permanent entre l'ancienne capitale nasride et la petite ville sortie promptement de terre mérite explication.

Nul doute que Grenade a séduit ses nouveaux maîtres et les membres de leur suite. Les termes flatteurs employés par les voyageurs musulmans du temps révolu se retrouvent spontanément sous la plume des auteurs chrétiens qui abordent la ville de l'Alhambra. Pietro Martire de Anghiera, dans une lettre adressée au cardinal Pedro Gonzalez de Mendoza, laisse déborder son enthousiasme. Soulignant les vertus du climat, la beauté du site, la

richesse de la plaine qui l'entoure, il compare Grenade à
Milan, Venise, Florence et Rome pour trancher : « A mon
avis, de toutes les villes que j'ai vues sous le soleil, Grenade est ma préférée [28]. » Les voyageurs étrangers qui se
sont succédé à la fin du xve ou au début du xvie siècle,
l'Allemand Monetarius en 1494, le Flamand Antoine de
Lalaing en 1502, le Vénitien Navagiero en 1526, ne
s'expriment pas autrement.

Le palais de l'Alhambra est, chez tous, l'objet de
longues pages dithyrambiques. « Je crois qu'il n'y a rien
de semblable en Europe car tout est si magnifique, si
majestueux, si délicieusement travaillé que celui qui
contemple ne peut certifier ne pas être au paradis », avoue
Monetarius [29]. Nous n'avons pas en revanche de témoignage direct du sentiment des Rois Catholiques. Nous ne
pouvons cependant pas douter qu'ils ont été séduits. Ils
chargèrent très vite, dès le mois de janvier 1492, un architecte aragonais, Maestro Ramiro, de réparer les tours et
les murailles de la forteresse. Ils créèrent, de manière tout
aussi immédiate, les fonctions distinctes d'*alcaide* de
l'Alhambra et d'*alcaide* du Generalife, donnant ainsi un
statut particulier et une administration propre aux deux
édifices musulmans et à leurs dépendances, bel exemple
de l'importance et de la considération accordées aux
constructions musulmanes. On ne dira jamais assez que
les soins incessants apportés à l'Alhambra et au Generalife à l'instigation des Rois Catholiques et de leurs successeurs Habsbourg ont préservé pour notre plaisir des
joyaux dont la fragilité est l'une des caractéristiques
essentielles. Monetarius n'a pas manqué, en 1494, de
constater que de nombreux ouvriers s'affairaient au Generalife pour restaurer bâtiments et décors selon les techniques traditionnelles.

Et pourtant, Isabelle et Ferdinand ne se sont pas installés sur la colline. Leur admiration et leur respect pour des
réalisations prestigieuses étaient mêlés de gêne. La ville
entière de Grenade leur était fondamentalement étrangère. La population était majoritairement musulmane,
même si des milliers de chrétiens venus de toutes les terres
de la couronne de Castille en ont bientôt fait une cité

mixte. Le paysage urbain déroute les nouveaux arrivants. Le lacis apparemment confus et inextricable de rues étroites, l'absence de tout ordonnancement, l'accumulation anarchique des maisons étroitement imbriquées suscitent la répulsion et entretiennent l'insécurité. Alors est mis sur pied un vaste programme de transformations visant à dégager des places, à élargir les rues, à aligner les maisons. Entreprise ambitieuse qui s'étalera sur des décennies et ne parviendra qu'à des résultats partiels.

Santa Fe est en quelque sorte l'anti-Grenade. Bien sûr, ses dimensions réduites, quatre cents pas de long sur trois cent douze de large, n'en faisaient pas matériellement une rivale potentielle de sa puissante voisine. Mais, étrange verrue au milieu du tissu urbain d'al-Andalus, Santa Fe répond aux canons de la ville castillane. Son plan rappelle celui des camps romains de l'Antiquité et des bastides médiévales. La référence précise, en la circonstance, est la cité de Briviesca, au nord de l'actuelle province de Burgos. Les rues rectilignes se coupent à angle droit. Au terme des deux rues principales se trouvent les quatre majestueuses portes. A leur intersection, au centre, s'étale la *plaza mayor*. Les édifices principaux, un hôpital destiné aux voyageurs, une église collégiale et la maison royale accolée à l'église donnent sur la place. Un dépôt de grains jouxte le *decumanus maximus*. Ici tout est ordonné, hiérarchisé, même si la maison royale étonne par ses dimensions modestes. Elle n'offre, rez-de-chaussée et étage confondus, qu'une superficie utile de deux cents mètres carrés auxquels s'ajoutent soixante-dix mètres carrés destinés aux écuries. C'est pourtant cette résidence que les souverains ont souvent occupée, de préférence à l'Alhambra [30].

Entre Grenade et Santa Fe, Isabelle et Ferdinand se sont évidemment beaucoup préoccupés de l'organisation de leur nouveau territoire et du sort de ses habitants. Ils n'ont cessé de multiplier les dispositions incitant à l'émigration des musulmans et à l'immigration des chrétiens. C'était une manière habile de rendre, à plus ou moins long terme, inopérantes les clauses généreuses des Capitulations de 1491. Et si celles-ci furent pour la plupart respectées – on peut songer à la libération rapide des captifs –, certaines parmi les plus chargées de sens symbolique restèrent lettre morte.

La ville de Grenade connaissait de grandes difficultés quant au ravitaillement en céréales. A la suite de négociations menées entre Hernando de Zafra, secrétaire des souverains, et Mohammed el Pequeni, représentant de la communauté musulmane, il fut décidé, le 6 février 1492, d'annuler l'article autorisant la possession d'armes [31]. En contrepartie de l'assurance d'un approvisionnement satisfaisant, les musulmans devaient remettre leurs armes. Seuls les candidats à l'émigration pouvaient les conserver mais à condition de les faire disparaître de la cité dans un délai de six jours. Ainsi apparaissent les premières lézardes dans l'édifice des Capitulations. La communauté musulmane grenadine, et avec elle l'ensemble des communautés musulmanes, est en sursis.

Mais dans ce climat défavorable aux minoritaires, ce sont les communautés juives qui font l'objet de la mesure la plus drastique. Le 31 mars 1492 est promulgué, à Grenade, l'édit d'expulsion d'Espagne les concernant. Pourtant, en apparence, rien ne semblait annoncer une décision aussi radicale. Selon le Polonais Nicolas de Popielovo, observateur attentif en 1484-1485, « la reine Isabelle faisait davantage confiance aux juifs baptisés qu'aux chrétiens [32] ». En 1487, dans une missive des juifs de Castille à leurs coreligionnaires de Rome, Isabelle était qualifiée de reine « juste et charitable [33] ». L'un des articles des Capitulations de novembre 1491 stipule que tous les juifs de Grenade, du quartier de l'Albaicin, des faubourgs de la ville ou des autres lieux du royaume de Grenade bénéficieront de l'ensemble du texte à l'égal des musulmans. Il est même précisé que les chrétiens convertis au judaïsme auront un mois pour pouvoir émigrer dans le territoire de leur choix. On sait enfin que la communauté juive s'est réjouie de la prise de Grenade par les chrétiens, le 2 janvier. L'édit d'expulsion la prit au dépourvu.

Le texte du décret, long de cinq pages, comprend deux parties [34]. D'abord un exposé des motifs : de nombreux chrétiens céderaient aux arguments de juifs prosélytes, et le mal ne cesserait de progresser. Ni la mise en place en 1478 de l'Inquisition, destinée à pourchasser et condamner les judaïsants, ni l'ordre donné en 1480 d'enfermer les minoritaires dans des ghettos n'ont donné les résultats attendus. Et l'avertissement lancé en 1483 sous forme d'expulsion des juifs d'Andalousie n'aurait pas été entendu. Aussi les Rois Catholiques, après de nombreuses consultations, ont décidé d'expulser de leurs territoires – couronne de Castille et couronne d'Aragon – tous leurs sujets de religion juive sans exception. Sont alors énumérées les normes qui devront être appliquées. Un délai est consenti jusqu'au 31 juillet. Les contrevenants, qu'ils soient restés sur place ou revenus clandestinement, seront passibles de la peine de mort et de la confiscation de leurs biens. Les chrétiens qui les auraient aidés dans cette entreprise seraient eux-mêmes sanctionnés par la perte de leur patrimoine. Les juifs pourront librement circuler et disposer de leurs biens jusqu'au 31 juillet et emporter tout ce qu'ils voudront sauf or et argent, armes et chevaux. Du 31 mars au 31 juillet, ils seront placés sous la protection royale.

Cet édit cherchait à mettre fin à une présence vieille de près de deux millénaires. Les intellectuels juifs du XIIe siècle allaient jusqu'à affirmer que leurs ancêtres étaient présents sur le territoire de Sefarad (*Espagne* en hébreu) depuis la prise de Jérusalem par Nabuchodonosor en 587 avant Jésus-Christ. Les chroniques de l'exil au XVIe siècle, celle de Salomon ibn Verga principalement, renchérissent en prétendant que les juifs d'Espagne descendent de la tribu de Juda. De toute manière les diasporas successives de 70 avant Jésus-Christ et de 135 de notre ère n'ont pu que renforcer des communautés peut-être antérieures. Longtemps, malgré des périodes difficiles – le temps des Wisigoths après l'abandon de l'arianisme (VIe-VIIe siècles), celui des Almoravides (XIe siècle) ou des Almohades (XIIe siècle) –, les juifs furent tolérés, bénéficiant en terre d'islam du statut de *dhimmi* réservé aux minoritaires, gens du Livre. Portant un signe distinctif et payant un impôt particulier, ils sont protégés par le souverain, calife ou émir, et jouissent de la liberté religieuse.

Leur sort n'est pas fondamentalement différent en terre chrétienne. A la fin du xve siècle les juifs sont présents à peu près partout en Espagne. On compte leurs communautés par centaines. Il y en avait deux cent seize en Castille en 1474, vingt-deux en Aragon, plus d'une douzaine dans le ressort des évêchés de Cordoue et de Séville, etc. La plupart étaient riches de quelques centaines de personnes, cinq cents au moins à Caceres en Estrémadure, sept cents à Talavera de la Reina, huit cents environ à Gérone en Catalogne, plus de mille à Valladolid. Au total plus de deux cent mille personnes, peut-être trois cent mille, 4 % à 5 % de la population [35].

Les juifs sont donc regroupés en communautés que les textes désignent sous le nom arabe d'*al-djamaa*. Chacune est régie par des ordonnances établies par ses responsables. Elle a un rabbin, un trésorier, un circonciseur, un égorgeur rituel, un célébrant des mariages. Elle est confinée dans un quartier – parfois deux, notamment à Avila – généralement excentrique telle la *juderia* (mot employé en langue castillane) que l'on peut encore voir à Hervas en Estrémadure et parfois au cœur de la ville comme le *call* (mot de langue catalane utilisé en Catalogne, aux Baléares et en Roussillon) très évocateur de Gérone. Les éléments essentiels de la *juderia* sont naturellement une synagogue, ou plusieurs si la communauté est nombreuse comme à Tolède, le bain et l'abattoir. Nous savons que le conseil de l'*aljama* de Gérone a vendu, en 1492, le terrain de la synagogue : accolés à celle-ci se trouvaient l'école des hommes, l'école des femmes, les bains et l'hôpital [36]. Le cimetière était au nord de la cité. Les délégués des *aljamas* se réunissaient de temps à autre pour examiner les problèmes d'ensemble et plus particulièrement les modalités de la répartition des impôts, dont le *servicio y medio servicio* payé exclusivement par ces juifs et s'élevant à quatre cent cinquante mille maravédis au cours de la seconde moitié du xve siècle. En Castille, le grand rabbin représentant de l'ensemble des *aljamas* servait de lien avec le souverain, protecteur des minoritaires.

On a beaucoup insisté sur le rôle important joué par les juifs dans l'économie de la Castille ou de l'Aragon tout au long du Moyen Age. Béatrice Leroy souligne la qualité des médecins [37]. A la fin du XIVe siècle, le roi Charles III de Navarre ne se sépare guère de son médecin Josef Orabuena, originaire de la petite ville de Tudela, ni le roi Henri IV de Castille au milieu du XVe siècle de Semaya Lubel. C'est encore un juif, Abiatar ben Crescas, qui opère Jean II d'Aragon de la cataracte en 1468. Sa mort est marquée par un deuil général à Barcelone. D'autres sont trésoriers ou comptables des finances royales, Abraham Benveniste auprès de Jean II d'Aragon ou Josef ibn Shem Tov auprès d'Henri IV de Castille. Sous le règne d'Isabelle et de Ferdinand, les fonctions ou les activités de leurs coreligionnaires ne sont pas moins importantes. Le médecin Salomon Byton soignait Isabelle. L'Aragonais Gento Silton avait la charge des affaires privées de Ferdinand. Samuel Aboladia fut responsable du ravitaillement des troupes pendant la guerre de Grenade. Vidal Astori fut orfèvre du roi. On a déjà indiqué les prêts fournis par Isaac Abravanel. Abraham Senior, grand rabbin de Castille, originaire de Ségovie, avait été d'une grande aide à Isabelle lors de ses démêlés avec Henri IV. En récompense il reçut un *juro* de cent mille maravédis, somme considérable. Le 18 mars 1488, quatre ans donc avant le décret d'expulsion, il fut nommé grand trésorier de la *hermandad*, sorte de gendarmerie rurale.

Pourtant, il convient de ne pas surévaluer l'influence et la richesse de la population juive espagnole à la fin du XIVe siècle. Qu'en est-il, en réalité, de ses activités? Nous pouvons nous reporter au témoignage du chroniqueur Andres Bernaldez, curé de Los Palacios, d'ailleurs repris mot pour mot par son émule Alonso de Santa Cruz. La citation est d'autant plus importante qu'elle est généralement tronquée. « Ils sont presque tous marchands courtiers, collecteurs d'impôts, intendants de la noblesse, fonctionnaires, tailleurs, cordonniers, tanneurs, tisserands, épiciers, colporteurs, marchands de soieries, forgerons, joailliers et autres métiers analogues. Aucun ne travaillait la terre parce que tous recherchaient des métiers reposants pour pouvoir vivre tranquillement et pouvoir s'enrichir en travaillant peu, parce qu'ils étaient gent très subtile et vive qui d'ordinaire obtenaient des bénéfices et pratiquaient l'usure au détriment des chrétiens [38]. »

On ne peut être plus explicite. L'énumération des métiers est conforme à ce que nous montrent les textes de l'époque, mais le chroniqueur, excellent porte-parole de la *vox populi*, insiste sur l'absence des tâches agricoles et sur les gains illicites des hommes d'affaires. Double affirmation gratuite. Les exemples ne manquent pas de juifs agriculteurs près de Tudela en Navarre ou de Saragosse en Aragon. Ou encore de Buitrago en Castille où Mosse de Cuellar possédait, en 1492, cinquante-sept prés, huit *huertas*, vingt-quatre maisons, une vigne, trois terrains, une entreprise d'élevage. Et les riches administrateurs, marchands et financiers, facilement repérables bien sûr, sont peu nombreux. Maurice Kriegel rappelle que l'on trouve soixante-douze juifs parmi les fermiers des impôts royaux en Castille au milieu du XVe siècle [39]. Même en admettant que chacun pouvait avoir dix ou quinze personnes sous ses ordres, les juifs impliqués dans le recouvrement des revenus royaux étaient environ un millier, soit moins de 1 % de la population minoritaire de l'époque. Entre 1480 et 1490, les juifs de Puerto de Santa Maria, avant-port de Séville, n'investissent ni dans la construction navale ni dans l'affrètement des navires. L'immense majorité des communautés est constituée « d'humbles artisans, de camelots et de petits prêteurs ». Ou, comme le dit Béatrice Leroy, « en 1492 comme en 1250, la vie des Juifs des royaumes espagnols est semblable à celle de leurs voisins chrétiens [40] ».

Une minorité laborieuse qui se gouverne largement elle-même, un isolement social accusé, des membres éminents et proches du pouvoir, tels sont les traits majeurs de la communauté juive de Sefarad à la fin du XVe siècle. Mais il n'y a là rien d'original. Les exemples fournis plus haut l'attestent, la situation des juifs n'a pas connu de modification sensible sous le règne d'Isabelle et de Ferdinand. On ne peut que souscrire aux conclusions mesurées de Maurice Kriegel quant à la politique des Rois Catholiques à leur égard. Le traditionalisme foncier des souverains les conduit à respecter l'autonomie interne des communautés; leur orientation mercantiliste les pousse à encourager l'activité économique et à utiliser – avec modération – les compétences en matière d'administration et de finance; leur goût d'un ordre social presque figé les amène à appliquer strictement le code de ségrégation sociale. Mais alors pourquoi le décret d'expulsion du 31 mars 1492?

On a déjà vu le ressentiment populaire exprimé par le chroniqueur Andres Bernaldez s'en prenant à la pratique de l'usure. Nicolas de Popielovo en rajoute lorsqu'il affirme que la reine a confié « aux juifs baptisés » tous ses cens et rentes. « Ils sont ses conseillers, ses secrétaires, de même qu'ils le sont du roi, ce qui ne les empêche de haïr leurs souverains au lieu de les respecter. » Voilà lâchée une accusation fondamentale. Non seulement les juifs occupent des positions privilégiées mais de surcroît leur ingratitude est avérée. Nul doute que le voyageur polonais exprime la conviction de beaucoup. Mais toutes les recherches récentes ont montré qu'il n'y avait là rien de bien nouveau. Sans le savoir, lorsqu'il emploie le terme « juifs baptisés », Popielovo soulève la question essentielle, celle des *conversos* ou juifs convertis.

L'existence de ces derniers s'explique dans une très large mesure par la permanence et la vivacité du sentiment antijuif. Quelques jalons significatifs peuvent en être donnés. En 1285 les habitants de Barcelone dressés contre le roi Pierre III s'en prennent à la communauté juive, pillant les maisons du *call*, s'emparant des lettres de créance et imposant le baptême aux minoritaires. En 1328, la petite ville navarraise d'Estella est le théâtre d'un pogrom. Mue par les paroles enflammées d'un franciscain, la population s'abat sur la *juderia*, détruit, pille, tue. En 1348, dans plusieurs villes d'Aragon que la peste ravage, les juifs sont violemment mis en cause. En 1391, le mouvement prend une singulière ampleur. Le point de départ se situe à Séville. Le franciscain Fernando Martinez, archidiacre d'Ecija, prononce de violents sermons contre les juifs coupables de déicide. La réaction populaire est immédiate, la *juderia* est saccagée, ses membres massacrés ou poussés sous la menace à la conversion. A partir de là, c'est la traînée de poudre. De Murcie à León, de Ciudad Real à Logroño, les mêmes scènes d'émeute se répètent [41].

S'il n'y eut pas, au xve siècle, de vague aussi étendue, le phénomène n'en est pas moins récurrent. Ainsi, Valladolid connaît à plusieurs reprises une situation extrême. Les prêches du dominicain Vincent Ferrier, en 1412, provoquent de nombreuses conversions [42]. Le franciscain Alonso de Espina prononce, en 1454, vingt-deux sermons sur la vie de Jésus où il dénonce les crimes du peuple élu. Des violences à l'encontre de la communauté juive ont encore lieu en 1464 et 1470. Et à León en 1449, à Medina del Campo en 1461, à Cervera en Catalogne en 1462, à Sepulveda en Castille en 1468.

On comprend dès lors que le nombre des *conversos* n'ait cessé d'augmenter depuis le xiiie siècle et que, en particulier en 1391 et dans les années suivantes, beaucoup de juifs aient, sous la contrainte, reçu le baptême. Certains d'entre eux devinrent de zélés renégats et entreprirent de brillantes carrières. C'est le cas de la famille Levi, de Burgos, devenue Santa Maria, nom d'emprunt éloquent. Salomon ha Levi, rabbin de Burgos, franchit la frontière religieuse en 1391. Il devint plus tard évêque de sa ville. Son frère Alvar Garcia de Santa Maria, chroniqueur de Castille, possédait une riche bibliothèque où ne figurait aucun élément de culture juive. Alfonso, fils de Salomon, fut lui-même évêque de Burgos puis de Carthagène et participa au concile de Bâle entre 1434 et 1439 [43]. La famille Santangel, originaire d'Aragon, s'est convertie au début du xve siècle à la suite des prédications de Vincent Ferrier. Parmi ses membres on trouve Pedro, évêque de Majorque, et Martin, magistrat *(zalmedina)* à Saragosse. Le plus célèbre de tous est Luis, marchand valencien brassant d'énormes affaires, banquier du roi Ferdinand et ami de Christophe Colomb qu'il aidera de ses deniers.

Pourtant, les *conversos* ne sont pas plus épargnés que les juifs. Ils sont les cibles des événements sanglants de

Tolède en 1449 et 1467, de Ciudad Real et de Jaen en 1473, de Cordoue en 1474... La réussite évidente et spectaculaire de certains d'entre eux suscite rancœur et jalousie. Surtout, leur foi, aussi sincère soit-elle, est mise en doute. Le *converso* ne serait qu'un faux juif d'autant plus dangereux qu'il n'a pas rompu avec ses anciens coreligionnaires. Ceux-ci exercent une influence néfaste et sont responsables de nombre de retours au judaïsme. Il est vrai que, dans l'ensemble, la culture juive s'est bien maintenue. A la veille de l'expulsion, les écoles rabbiniques étaient florissantes en divers lieux, en particulier à Tolède, autour d'Isaac ben Josef Caro et d'Isaac Aboah (1433-1494), célèbre pour ses commentaires et homélies sur le Pentateuque, ou à Zamora où les disciples d'Isaac ben Jacob Campanton, grand spécialiste du Talmud et de la kabbale, mort en 1463, furent nombreux. Les débats furent parfois vifs entre mystiques et rationalistes. Au premier courant appartenait Isaac Abravanel qui, outre ses talents de financier, était un brillant exégète et moraliste ; au second, Isaac ibn Sem Tob ben Sem Tob et son neveu Sem Tob ben Josef ibn Sem Tob, fervents défenseurs des œuvres d'Aristote et de Maïmonide. Les uns et les autres prêchent dans les synagogues. Le grand rabbin Abraham Senior organisait des tournées de prédicateurs, encore en 1490. Les membres des communautés respectaient le shabbat et les fêtes du calendrier, principalement le Yom Kippour (Grand Pardon), la Soukkot (fête des cabanes) et la Pâque. Ils mangeaient kasher ; les mariages et les enterrements étaient célébrés selon le rite juif, les enfants étaient circoncis. Les prières étaient récitées régulièrement.

Il est un seul domaine, capital il est vrai, celui de la langue, où le recul a été, semble-t-il, très sensible avec le temps. Il est possible que seule une élite, dans la seconde moitié du XVe siècle, comprenne et parle l'hébreu. Même si, ici ou là, par exemple à Ejea de los Caballeros, en Aragon, on relève l'existence de bibliothèques chez des particuliers, beaucoup ne pratiquaient que le castillan ou le catalan. C'est du moins ce que prouve Dolors Bramon à propos des juifs du royaume de Valence. Il n'empêche, les juifs restent juifs et les *conversos* judaïsent [44]. Cette certitude est nourrie par quelques affaires retentissantes. La plus remarquable concerne un *converso* éminent, Pedro de la Caballeria. Appartenant à la puissante famille des ben Labi de Caballeria passée au christianisme au début du xve siècle, Pedro avait occupé des charges municipales à Saragosse, était devenu contrôleur général à la cour d'Aragon, avait représenté la reine d'Aragon aux cortès de 1436-1437. Il était allé jusqu'à écrire un pamphlet intitulé *Zelus Christi contra Judaeos et Sarracenos*. Mort en 1461, il fut jugé par l'Inquisition dans les années qui précédèrent l'expulsion. Le procès posthume révéla qu'il menait une vie double et qu'en secret il observait toutes les lois juives.

Sur fond d'animosité populaire se déroule au xve siècle un véritable débat entre ce que nous pouvons appeler deux courants d'opinion. Ennemis et défenseurs des juifs opposent leurs arguments, incitent la foule à la violence ou la retiennent, interviennent auprès de toutes les instances municipales, corporatives, religieuses. A l'un et à l'autre appartiennent pêle-mêle des clercs, des nobles, des membres des oligarchies urbaines, y compris des *conversos*. Du côté des minoritaires, Alonso Fernandez de Madrigal, un franciscain, évêque d'Avila pour qui le juif ne peut être déicide; Alonso de Cartagena, ce *converso* qui, dans son *Defensorium unitatis christianae*, s'attache longuement à montrer que l'efficacité du baptême purifie tous les hommes de tous les péchés; Lope de Barrientos, évêque de Cuenca qui encourage Fernan Diaz de Toledo à écrire, en 1449, une *Instruction en faveur de la nation juive*. L'auteur y soutient que le sang juif est répandu dans la plupart des grandes familles nobles et jusqu'à la famille royale. De nombreuses familles de la haute noblesse protègent les juifs. En 1473, à Jaen, en Andalousie, les émeutiers tuent le connétable Miguel Lucas de Iranzo qui s'interposait. L'année suivante, à Cordoue, Alonso de Aguilar et Gonzalo Fernandez de Cordoba, le futur Grand Capitaine, échappent de justesse à un sort identique. Vers 1745-1480, à Cuellar, en Castille, la tante du duc d'Albuquerque va écouter, tous les vendredis, le rabbin prêcher à la synagogue. En 1487, Garcia Fernandez Manrique, seigneur d'Aguilar, prend la défense d'Abraham Harache, accusé de blasphème. Harache est mis en liberté. Des municipalités manifestent aussi leur soutien : celle de Jerez de la Frontera, qui s'oppose, en 1483, au départ de ses juifs, celle de Teruel, en 1484, hostile à l'installation de l'Inquisition.

Du côté des adversaires des juifs, nous trouvons des dominicains comme le prieur du couvent Saint-Paul de Séville, Alonso de Hojeda ou Juan de Santo Domingo, appointé par la municipalité de Zamora, en 1484 et 1485, pour prêcher et convertir. Celui-ci, de retour dans la même ville en 1491, menace d'excommunier les chrétiens faisant commerce avec les juifs. Des hiéronymites comme Gonzalo de Toro, élu général de l'ordre en 1486, ou Niño de Arevalo, prieur du monastère de Guadalupe, des franciscains comme le *converso* Alonso de Espina, auteur d'un *Fortalicium fidei*, traité antisémite où est fait le catalogue des crimes des juifs et des judéo-convers (sacrifice d'enfants, profanation d'hosties, empoisonnement de chrétiens...). A la tête de municipalités se trouvent des édiles violemment antijuifs tel Pedro Sarmiento, *alcalde mayor* de Tolède lors des troubles de 1449. En de très nombreux lieux de la Tierra de Campos au nord-ouest de Valladolid, de la haute vallée du Duero, à Avila aussi, les oligarchies tentent de profiter de la loi très générale et très banale sur l'usure, promulguée en 1476, pour obtenir l'annulation de contrats passés avec des juifs. A Zamora, l'alcalde Sancho de San Martin fait en 1487 irruption dans la synagogue et agresse ceux qui y étaient réunis. Les statuts de pureté de sang furent l'un des enjeux majeurs de l'affrontement. Il s'agissait d'écarter les *conversos* des charges municipales ou des ordres religieux en imposant aux candidats de prouver la pureté de leur lignage. Deux temps forts dans ce débat. Tout d'abord, l'adoption du statut par la municipalité de Tolède en 1449. Bientôt annulé, il fut rétabli en 1467. Ensuite, le long conflit interne à l'ordre des hiéronymites, très puissant en Espagne et ayant accueilli de nombreux *conversos*. Finalement, en 1486, il fut décidé d'appliquer le statut et d'interdire toute responsabilité aux nouveaux-chrétiens, déjà membres de l'ordre[45].

* * *

Deux logiques, parfaitement résumées par Maurice
Kriegel, s'opposaient donc : « celle qui modelait l'attitude
vis-à-vis de la communauté juive en tant que corps particulier et celle qui s'appliquait à éliminer l'hérésie judaï-
sante, vue comme une tumeur maligne menaçant de
détruire le tissu de la société chrétienne [46] ». Les Rois
Catholiques s'en sont d'abord tenus à la première : aucune
des dispositions prises jusqu'en 1478 n'est venue la boule-
verser. Rappelons que les attendus du décret du 31 mars
1492 font expresse référence à l'installation de l'Inquisition en 1478, à la confirmation du confinement des juifs
dans les ghettos en 1480, à l'expulsion des juifs d'Andalousie en 1483. Pourquoi cette adhésion brutale à la
seconde logique ?

Le séjour des Rois Catholiques à Séville au cours de
l'hiver 1477-1478 est décisif. Dans une ville minée par les
luttes de clans, ils sont convaincus de la recherche effrénée de richesse et de pouvoir de la part des *conversos* et
surtout de l'ampleur inquiétante de leur apostasie. C'est
dans ce climat qu'ils en viennent à demander au pape
Sixte IV la possibilité de nommer des inquisiteurs. Le 1er
novembre 1478, la bulle *Exigit sincerae devotionis* le leur
accorde. Il faudra deux ans avant que le tribunal n'entre
en action à Séville précisément. Le premier autodafé eut
lieu le 6 février 1481 ; six personnes y furent brûlées.
Rapidement, d'autres tribunaux de district furent installés
à Cordoue, Saragosse et Valence (1482), Ciudad Real et
Jaen (1483). A cette dernière date, le dominicain Tomas
de Torquemada devenait inquisiteur général de Castille et
d'Aragon. Le but de l'institution est d'extirper l'hérésie.
Les nouveaux chrétiens qui retombent dans le judaïsme en
sont la cible principale pour ne pas dire unique en cette fin
du xve siècle [47].

A Ciudad Real en 1484-1485, quarante et une personnes furent condamnées à mort. A Tolède, les quatre-
vingt et une personnes condamnées entre 1481 et 1485 le
sont pour « avoir judaïsé », et aussi soixante-dix-sept des

soixante-dix-huit victimes du tribunal entre 1486 et 1490, et cinquante-sept des cinquante-huit entre 1491 et 1495. A l'autodafé du 10 juin 1491, à Barcelone, trois juifs furent livrés au bûcher et cent vingt-six le furent par contumace, en effigie. Aucune communauté ne fut épargnée. Les inquisiteurs parcouraient les campagnes comme les Sévillans Pedro de Belforado et Pero Ramo en 1491. Ces derniers réunissent le 18 septembre, à Almonte, lieu aujourd'hui célèbre pour être le centre du pèlerinage de la Vierge du Rocio, la population pour lui lire la sentence de réconciliation qui touche cent soixante-quatre juifs. Le texte énumère les délits : avoir changé de linge le samedi, avoir allumé des bougies le vendredi plutôt que les autres jours, avoir observé la Pâque juive, avoir mangé kasher, avoir récité des prières juives, avoir pratiqué l'aumône exclusivement à l'intérieur de sa communauté, ne pas avoir mangé de porc, etc. Nous en retrouvons un reflet dans le décret d'expulsion, indice supplémentaire du rôle éminent de l'Inquisition dans la décision du 31 mars 1492. En attendant, les judaïsants d'Almonte sont contraints à porter le fameux *sambenito* – vêtement de couleur brune avec des croix jaunes – et à payer des amendes pouvant s'élever à la somme respectable de quarante ducats, environ une demi-année du salaire d'un journalier agricole [48].

Les cortès de Tolède de 1480 avaient prescrit l'établissement de ghettos, partout dans les territoires de la couronne de Castille. Les juifs ne pouvaient avoir de maison qu'à l'intérieur de leur rue et ne pouvaient passer la nuit en dehors d'elle. La mesure n'était pas neuve et toutes les grandes villes ou presque possédaient un espace défini comme étant celui de la *juderia*. Cependant, elle fut appliquée avec une rigueur inusitée, et dans beaucoup d'endroits on s'ingénia à aller au-delà des instructions. A Burgos, les autorités locales voulurent, en 1485, limiter le nombre des familles juives. A Orense, en Galice, en 1488, on changea brutalement l'emplacement du ghetto, obligeant les intéressés à un transfert immédiat sous peine d'amende. A Bilbao, en 1490, la municipalité interdit aux juifs de passer la nuit à l'intérieur de la ville. Enfin, à Saragosse, ville appartenant à la couronne d'Aragon et

donc non concernée par les injonctions des cortès de
Tolède, des tentatives répétées pour enfermer les
membres de la communauté minoritaire en un espace restreint et pour clore les fenêtres donnant à l'extérieur se
succédèrent au cours de l'été 1481. Il fallut que Ferdinand
intervînt pour mettre un terme à ce processus illégal. Ces
faits et le rappel des dispositions des cortès de Tolède dans
le décret d'expulsion semblent montrer que les souverains
étaient peu enclins à voir bafouer leur autorité mais aussi
que, dans leur esprit, les accords de 1480 constituaient
une inflexion fondamentale de leur politique à l'égard des
juifs [49]. Politique dont ils assumaient, au moins *a posteriori*, toutes les conséquences, jusques et y compris les
débordements les plus flagrants.

L'expulsion des juifs d'Andalousie fut une autre initiative inquisitoriale [50]. Le 1er janvier 1483, le Saint-Office
décidait d'interdire aux minoritaires de résider dans
l'archevêché de Séville et les évêchés de Cordoue et de
Cadix. La Couronne donne son agrément, se contentant
seulement d'allonger le délai d'accomplissement. Il n'y
avait plus de juifs à Séville à la fin de 1484, à Cordoue à
la fin de l'année 1486. Le coup de semonce ne fut pas pris
au tragique par les exilés puisque beaucoup s'installèrent
à proximité de la zone interdite, dans la partie méridionale
de l'Estrémadure, comme s'ils étaient prêts, au premier
signe, à revenir. A tort, bien sûr. L'explication de cette
résolution est double. A la préoccupation religieuse, éviter
tout prosélytisme juif, imposer l'unité de foi, s'ajoutent les
conséquences du dessein militaire. Si les juifs andalous
étaient relativement nombreux, vingt mille peut-être, mais
proportionnellement moins qu'en Vieille-Castille, ils
étaient aussi proches du royaume musulman de Grenade.
On cherche à les éloigner du terrain des opérations, au
moins au cours de la première phase de l'affrontement.
Après la prise de Ronda, en 1485, il est interdit aux juifs
de vivre dans la ville ou d'y demeurer plus de trois jours [51].
Deux ans plus tard, les quatre cent cinquante juifs de
Malaga subissent un sort identique à celui de leurs concitoyens musulmans. Ils sont réduits en esclavage et transportés à Carmona, au nord-est de Séville. Ils sont finale-

ment rachetés grâce à la solidarité de leurs coreligionnaires castillans et autorisés à vivre librement en Castille ou à émigrer [52]. En revanche, à partir de 1489, le maintien sur place des communautés juives est prévu dans les Capitulations. Cela est vrai à Almeria, cela l'est encore, nous l'avons vu, à Grenade en 1491. Le changement d'attitude d'Isabelle et de Ferdinand ne peut s'expliquer que par la certitude, à la fin de l'année 1489, d'une victoire rapide. Les précautions sont devenues inutiles.

On a donc vu les souverains se laisser convaincre, entre 1478 et 1485, par les arguments du courant radicalement hostile aux juifs. Deux événements ont renforcé leur détermination. D'abord, le 16 septembre 1485, l'assassinat en pleine messe, à Saragosse, du dominicain Pedro de Arbues, inquisiteur. Le personnage était honni de l'ensemble de la population, mais l'on découvrit qu'il était tombé sous les coups de conjurés *conversos*. Parmi eux, des notables comme l'un des Santangel, Luis, bientôt arrêté, condamné et décapité, ou le conseiller Francisco de Santa Fe qui se suicida. D'autres réussirent à gagner la Navarre ou la France. La foule voulut saccager le quartier juif mais en fut empêchée par l'intervention de l'archevêque. En mai 1486, l'ordre fut donné de disperser les communautés juives de Saragosse et d'Albarracin, mais celui-ci ne semble pas avoir été suivi d'effet [53].

L'émotion populaire atteignit son comble avec l'affaire du saint enfant de la Guardia. En juin 1490, un *converso*, Benito Garcia, originaire de cette localité proche de Tolède, était arrêté dans le nord-ouest de l'Espagne. On trouva sur lui une hostie consacrée et il avoua avoir voulu revenir au judaïsme. Des complices furent arrêtés et transportés à Avila. Tous étaient accusés d'avoir participé au crime rituel d'un enfant à qui on avait arraché le cœur, avant de mêler son sang à l'hostie volée. Ils cherchaient de la sorte à répandre les épidémies parmi les chrétiens. Bien que plusieurs des impliqués aient été juifs, ils furent jugés par l'Inquisition, avec l'assentiment des autorités civiles, et condamnés à mort comme tous leurs compagnons. Ils furent brûlés vifs, le 16 novembre 1491. La plus grande publicité fut donnée à l'affaire et le culte de l'enfant martyr se propagea. Or l'accusation ne disposait pas de la moindre preuve. Le scandale avait été monté de toutes pièces pour attiser l'antijudaïsme populaire et obtenir l'extension des pouvoirs inquisitoriaux [54].

La reddition de Grenade couronne l'édifice. De l'autodafé d'Avila à la chute de la ville andalouse il n'y a qu'un mois et demi. L'exaltation a été soigneusement entretenue et l'on peut raisonnablement penser que l'effervescence était particulièrement grande au sein de l'armée. Après la participation à la liturgie du 2 janvier, les militaires dispersés ont propagé les ondes du triomphalisme. Inversement, le climat d'euphorie réduisait au silence les avocats du maintien d'une politique traditionnelle à l'égard de la communauté juive. La voie était libre pour une décision sans appel.

Les modalités de l'escalade qui conduit à la promulgation du décret du 31 mars 1492 ne font pas de doute. En revanche, nous n'avons aucune indication tangible du moment où les Rois Catholiques se sont décidés à franchir le pas. A s'en tenir à la lettre du document, les mesures de 1478 – création de l'Inquisition –, de 1480 – mise en quarantaine des communautés –, de 1483 – expulsion des juifs d'Andalousie – auraient été des avertissements non entendus. Rien n'aurait été irréversible. Mais, constatant l'enracinement de l'apostasie, les souverains auraient, au fil des années, perdu espoir et patience. Tout aurait basculé, en moins de deux ans, à partir de 1490.

Telle est la lecture la plus convaincante et la plus communément admise des événements. On ne peut cependant totalement écarter une autre interprétation, faisant la part belle à une vision moins émotionnelle, plus calculatrice, plus cynique d'Isabelle et de Ferdinand. Le calendrier est troublant. Le tribunal d'Inquisition est créé le 1er novembre 1478 alors que la guerre de succession touche à sa fin. La paix rétablie, les Rois Catholiques ont enfin les mains libres. De 1478 à 1483, le problème juif passe au premier plan. Puis il est mis en sommeil dès que l'engagement sur le front grenadin est important. On y revient à l'issue de l'affrontement. Dans ces conditions, le sort de la communauté juive n'était-il pas scellé dès le début des années 1480 ? N'y eut-il pas sursis uniquement parce qu'Isabelle et Ferdinand, en fins politiques, ne voulaient pas avoir à lutter contre une opinion insuffisamment préparée et parce que l'application du décret de 1492 requérait des moyens matériels qui, auparavant, faisaient défaut ?

Autre thème de débat, celui des conséquences immédiates du décret d'expulsion. Selon de nombreux spécialistes et principalement Luis Suarez Fernandez, les souverains ne croyaient pas à des départs massifs [55]. Ils auraient été surpris par le petit nombre de conversions au christianisme accomplies entre le mois d'avril et le 31 juillet, point ultime du délai accordé. A l'appui de cette thèse sont invoquées l'annulation de dettes en faveur de convertis et la publicité qui a entouré le baptême de quelques notables, à commencer par le grand rabbin Abraham Senior dont Isabelle et Ferdinand furent les parrains. Mais les arguments plaidant pour un exode massif souhaité ne manquent pas. Ainsi, lorsque surgissent des conflits à propos de dettes contractées par des juifs auprès de chrétiens, le Conseil royal prit toujours des résolutions favorisant le départ rapide des minoritaires. De surcroît, l'édit du 31 mars 1492 ne fait *aucune* allusion à la possibilité de la conversion. Sans doute chacun comprenait-il que l'alternative existait implicitement, mais le silence du texte est, à cet égard, éloquent.

Une comparaison avec le sort réservé, à la même époque, aux musulmans grenadins est éclairante. Ces derniers, nous l'avons vu, jouissaient, en vertu des Capitulations de Santa Fe de novembre 1491, d'un statut favorable. La population vaincue était, en somme, invitée à rester sur place. Or les autorités pratiquèrent un double jeu et s'ingénièrent à rendre l'émigration alléchante à beaucoup, en particulier à tous ceux qui auraient pu exercer quelque influence sur l'ensemble de la communauté. Déjà, les candidats au départ bénéficièrent de la gratuité du transport à condition de ne pas s'attarder. Surtout, le traitement réservé aux notables et en premier lieu à l'émir Boabdil est exemplaire. Installé en 1492 au sud de la sierra Nevada, disposant d'un territoire ample qui lui avait été concédé, l'ancien « petit roi » ne manifestait aucun empressement à déguerpir. Hernando de Zafra, le zélé secrétaire des Rois Catholiques, s'échina à rendre le départ inévitable. Après d'interminables négociations sur le montant de l'argent à remettre à Boabdil, l'objectif fut atteint en octobre 1493 [56].

Face aux deux minorités – et il importe de ne pas séparer l'une de l'autre –, Isabelle et Ferdinand ont longtemps balancé entre la politique d'assimilation et la politique d'exclusion. Ils se devaient de veiller au salut des âmes et donc d'attirer juifs et musulmans au christianisme. Mais, déçus par les maigres résultats de l'évangélisation, pressés par les partisans d'une ligne implacable, portés par le messianisme ambiant, soucieux enfin de consolider leur pouvoir, ils ont balayé tous leurs scrupules d'ordre religieux ou économique pour donner la priorité, sans ambiguïté, en 1492, à l'exclusion.

Ainsi toutes les requêtes visant à faire annuler, totalement ou partiellement, l'expulsion furent vouées à l'échec. Abravanel propose une considérable somme d'argent contre le rapport du décret. Il n'est pas entendu. Les Rois Catholiques se contentent de veiller à ce que son départ et celui des siens soient effectués dans de bonnes conditions. Le duc de Cardona intervient en faveur de ses vassaux. Peine perdue, aucune dérogation n'est accordée. Les souverains préviennent la moindre réticence. La notification de la mesure adressée au comte de Ribadeo se termine par une menace à peine voilée. On attend du destinataire qu'il obéisse sans tarder, qu'il procure à ses princes « service et plaisir [57] ».

Restent les manifestations de compassion ou de commisération. Les habitants de Vitoria, la ville basque, respectèrent la demande de leurs concitoyens juifs de ne rien construire à l'intérieur de leur cimetière. Un chroniqueur génois notait que « les souffrances [des juifs] semblaient justifiées selon notre religion mais elles étaient l'expression d'une grande cruauté si on ne les tenait pas pour des animaux mais pour des êtres humains, créés par Dieu à son image et à sa ressemblance [58] ». Le prêtre Andres Bernaldez résume le sentiment commun : « Ils allaient par les chemins et les champs, avec beaucoup de souffrance, tombant, se relevant, mourant ou naissant en route, contractant toutes les maladies. Il n'y avait pas un chrétien qui n'en ait eu pitié. Partout on les incitait à recevoir le baptême et certains, par lassitude, se convertissaient et demeuraient là, mais très peu d'entre eux. Leurs rabbins les encourageaient, faisaient chanter les femmes et les jeunes gens, faisaient jouer du tambour pour donner de la joie. C'est ainsi qu'ils sortirent de Castille [59]... »

Ces paroles d'humanité n'amoindrissaient pas la satisfaction dans le monde chrétien. Les félicitations de l'université de Paris, adressées à Isabelle et Ferdinand, associaient l'expulsion des juifs à l'entrée à Grenade. Et le pape Alexandre VI, octroyant aux souverains le titre de « Rois Catholiques », les louait d'« avoir complètement chassé tous les juifs, dont l'abondante multitude vivait dans ces royaumes, en leur laissant leurs biens, malgré l'incroyable préjudice [que cette générosité leur portait] et au dam de [leurs] sujets [60] ». Les réserves ne s'exprimèrent qu'à distance. Il faut attendre les années 1520 pour qu'un chroniqueur castillan présente l'expulsion comme une décision unilatérale des souverains ayant cédé aux conseils de Torquemada, au grand mécontentement des États du royaume [61]. Décision des souverains, dit-il. Non sans raison tant il est illusoire, une fois de plus, de chercher la responsabilité isolée de l'un ou de l'autre.

La remarque, trente ans après les faits, est d'importance car l'historiographie, invoquant en particulier les sources juives, a souvent accordé le rôle principal à Ferdinand. Mais selon Capsali, auteur juif du xvie siècle et héritier d'une tradition directe, c'est Isabelle « la perfide » qui aurait accompli un vœu formulé pendant le siège de Grenade : si Dieu donnait la victoire aux troupes chrétiennes, elle expulserait les enfants d'Israël. Et elle n'aurait cessé de combattre les réticences de Ferdinand. Renvoyons dos à dos ceux qui y voient l'intervention du roi et ceux qui y voient l'intervention de la reine. La terrible décision fut bien commune. En revanche, Capsali, comme l'université de Paris, sont parfaitement lucides lorsqu'ils établissent un lien direct entre la reddition de Grenade et le décret d'expulsion.

Le voyage de Colomb

Toujours Santa Fe ! Une carte représentant le monde à la fin du xve siècle et datée probablement de 1492 est ornée d'une trentaine de vignettes illustrant les villes les plus importantes : Venise, Gênes, Paris, Cologne, Jérusalem, Le Caire... Pour la péninsule Ibérique, l'auteur a retenu cinq lieux : Lisbonne, Saint-Jacques-de-Compostelle, lieu du tombeau du saint patron de l'Espagne, Séville, Grenade... et Santa Fe [63]. On ne peut mieux souligner la valeur symbolique attachée à la création des Rois Catholiques. Or cette carte a été souvent attribuée à Christophe Colomb. Que la preuve de la relation entre le Découvreur et le document n'ait jamais été formellement produite n'a pas grande importance. Elle est néanmoins plausible pour de nombreuses raisons, entre autres parce que Santa Fe a constitué une étape décisive dans l'aventure colombine.

Christophe Colomb a été un témoin extrêmement attentif à tous les faits dont il a été jusqu'ici question. Il a suivi de fort près les péripéties de la guerre de Grenade, et peut-être a-t-il compris que son projet ne serait pas entendu avant la fin des hostilités. Ainsi a-t-il assisté à la prise de Malaga en 1487 puis, à la fin de l'année 1489, au siège et à la reddition de Baza qui donna l'est du royaume nasride aux chrétiens. Fin 1491, il est à Santa Fe, attendant le dénouement des opérations. Et le 2 janvier 1492 il participe à l'entrée à Grenade. « En ce jour, je vis hisser les étendards royaux sur les tours de l'Alhambra, et le roi maure sortir des portes de la ville et baiser les mains de Vos Altesses », consigne-t-il dans son journal [64].

Son heure est arrivée ou presque. En effet, en janvier, Colomb s'empresse une nouvelle fois de présenter le projet qu'il avait déjà exposé à Isabelle et Ferdinand en 1486. Sans plus de succès, ses exigences paraissent excessives. Congédié, il s'éloigne, lorsqu'un émissaire de la reine lui demande de rebrousser chemin. Les ultimes négociations commencent alors que les souverains s'apprêtent à promulguer le décret d'expulsion des juifs. Christophe

Colomb, comme tant d'autres, applaudit la mesure à laquelle il fit plus tard deux allusions : une première, laconique et erronée quant à la date (janvier selon lui), dans le journal; une seconde, plus explicite, dans une lettre aux souverains qu'il félicite « d'avoir détruit ceux qui ne voulaient pas confesser le Père, le Fils et le Saint-Esprit ».

Le 17 avril, les Capitulations entre Isabelle et Ferdinand et le navigateur sont signées. Le 30, elles sont confirmées par lettres patentes et accompagnées de deux sauf-conduits destinés aux princes des terres que Colomb aurait à parcourir. Cet ensemble constitue le cadre normatif de l'aventure colombine. Elles « sont la grande charte de la découverte de l'Amérique [65] ». Elles ont été rédigées avec soin par le secrétaire aragonais Juan de Coloma et le franciscain Juan Perez, représentant de Colomb. On notera que les textes ont été enregistrés à la chancellerie aragonaise et non à la chancellerie castillane, indice sûr de l'intérêt que Ferdinand d'Aragon portait à l'entreprise.

Les Capitulations, au sens strict, comprennent un préambule et cinq articles qui énumèrent les honneurs et privilèges qui seront réservés au navigateur en cas de succès : les titres d'amiral, de vice-roi et de gouverneur « des îles et terre ferme » qu'il découvrirait, l'obtention du dixième de l'or, de l'argent, des perles, des épices, des pierres précieuses et autres denrées que l'on pourrait trouver; juridiction sur les procès nés du commerce avec les nouvelles terres; possibilité de contribuer pour un huitième aux frais de la flotte et d'en recevoir un huitième des bénéfices. Les concessions sont énormes, et l'on comprend pourquoi Christophe Colomb eut, sans oublier l'aspect financier, tant de difficultés à parvenir à ses fins. C'est lui qui, constamment, a l'initiative, lui qui convainc ses interlocuteurs. Et à l'usure, il arrache, le 30 avril, une ultime faveur : la transmission de la charge de vice-roi et gouverneur à ses héritiers, avantage qui lui avait déjà été octroyé le 17 avril pour la dignité d'amiral [66].

Peu de textes ont fait l'objet d'autant de gloses. On a justement insisté sur la recherche effrénée d'une reconnaissance sociale par Colomb. Son nom est, tout au long du texte, précédé du terme de *don*, synonyme de noblesse. Le marin, qui a une haute idée de sa valeur et de sa mission – n'a-t-il pas écrit : « L'humilité me montrait le peu que j'étais, mais sachant de quoi j'étais porteur, je me sentais l'égal de l'une et de l'autre couronne » –, aspire à être placé au rang des plus grandes familles et plus particulièrement des Enriquez. Dans le document, l'amiral de Castille, Alfonso Enriquez, oncle de Ferdinand, cousin d'Isabelle, est cité. Or l'amiral avait, à perpétuité, le commandement suprême de toutes les forces navales, la juridiction civile et militaire sur mer et dans les ports et veillait à l'organisation des flottes. Quant à la nomination de vice-roi et gouverneur, le modèle est certainement celui de vice-roi de Sicile. Malgré des prétentions exorbitantes, Colomb obtient un statut qui fait de lui l'équivalent des personnages les plus en vue des deux royaumes.

On a longtemps débattu de la nature juridique du document. S'agit-il d'un contrat ou d'une grâce royale ? Un contrat, au contraire de la grâce, ne peut être rompu par les souverains. On s'expliquerait que les Rois Catholiques aient cédé à toutes les exigences de leur interlocuteur s'ils ne se sentaient pas obligatoirement liés par les dispositions auxquelles ils avaient souscrit. Mais les procès intentés plus tard par les héritiers de Colomb à la couronne pour non-accomplissement des Capitulations et leur résolution par voie judiciaire semblent montrer que les contemporains admettaient la validité du contrat [67]. On en vient à se demander pourquoi les Rois Catholiques ont cédé au Génois. Sans nul doute ont-ils été ébranlés par sa pugnacité et sa force de conviction. Mais au-delà des aspects formels ils ont été sensibles aux énormes bénéfices qu'ils pensaient pouvoir retirer d'une entreprise qui, au bout du compte, n'était pas très coûteuse.

Un autre argument a été invoqué en faveur d'un appui sans réserve de la part des souverains. Il est une petite phrase dans le préambule des capitulations qui a fait couler beaucoup d'encre. « Les choses suppliées et que Vos Altesses donnent et octroient à don Christophe Colomb, en satisfaction de *ce qu'il a découvert* dans les mers océanes et du voyage que maintenant, avec l'aide de Dieu, il doit y faire au service de Vos Altesses, sont celles qui suivent. » Comment interpréter le membre de phrase « ce qu'il a découvert » ? Plusieurs auteurs, Juan Manzano à leur tête, croient au secret d'une prédécouverte que Colomb aurait révélé à Isabelle et Ferdinand afin d'obtenir leur assentiment [68]. Certains sont allés jusqu'à affirmer que Colomb n'aurait pas été l'auteur de l'exploit mais en aurait eu connaissance par l'intermédiaire d'un pilote inconnu. Cette dernière hypothèse, battue en brèche par Samuel Eliot Morison, est aujourd'hui abandonnée par la plupart des spécialistes, mais le mystère de la formule « ce qu'il *a découvert* » reste entier [69]. Antonio Rumeu de Armas veut y voir une rédaction tardive, postérieure au premier voyage de Colomb, du préambule [70].

Quel est ce personnage étrange qui impose sa loi aux maîtres des Espagnes ? Ici encore les conjectures n'ont pas manqué, à commencer par celles qui touchent à son lieu de naissance et à sa famille. Ce fut même l'un des thèmes de débat lors de la commémoration du quatrième centenaire en 1892. Pour les uns, Colomb était espagnol. Il est vrai que le découvreur écrivait seulement en castillan et en latin. De là à en faire un natif de la région d'Estrémadure, frontalière avec le Portugal, il n'y avait qu'un pas, vite franchi. Mais la thèse reposait sur la confusion entre Plasencia, ville estrémègne, et Piacenza, la ville lombarde. D'autres soutinrent qu'il était galicien, de Pontevedra, et cette version connut une réelle fortune jusqu'en 1929, année où la Real Academia de la Historia prouva que les documents l'attestant étaient des faux. Troisième hypothèse, Colomb est catalan ou majorquin. Son nom est Colom, on relève des catalanismes dans ses écrits, il est né à Gênes de Tortosa ou à Gênes de Majorque. A partir de 1915 est apparue l'option portugaise reposant sur l'analyse de sa signature, et, très récemment (1982), on a soutenu qu'il avait été naturalisé portugais. On en a fait un Corse, un Grec, un Suisse. Dans ce dernier cas, on passait de Gênes à Genève [71]...

La récréation est terminée. Aujourd'hui, en dépit de quelques voix discordantes, grâce en particulier à l'immense apport documentaire de *La raccolta colombiana* commencée à Gênes en 1892, il est admis que Christophe Colomb, fils de Dominique Colomb, tisserand, et de Suzanne Fontanarossa, naquit en 1451 à Gênes, à proximité de la porte de l'Olivella dont son père était gardien. Donnons-en avec Marianne Mahn-Lot quelques preuves irréfutables [72]. En 1498, par voie testamentaire, Christophe Colomb établit un majorat. Le bénéficiaire devra verser une rente à une personne du lignage, vivant à Gênes, car, dit Colomb deux fois, « c'est en cette ville que je suis né ». Le 2 avril 1502, il s'adresse aux administrateurs de la banque de Saint-Georges de Gênes pour faire savoir qu'il donnait le dixième des revenus qu'il tirait des Indes à ses anciens concitoyens. Il y précisait : « Bien que mon corps soit ici [en Castille], mon cœur est toujours à Gênes. » Enfin, dans une minute notariale génoise datée de 1470, Christophe Colomb reconnaît une dette envers Jérôme del Porto, qui est à nouveau cité dans le codicille du testament du Découvreur. Celui-ci eut, toute sa vie durant, une profonde dévotion envers saint Jean Baptiste, patron de la cité ligure.

Reste une dernière hypothèse, sur un autre registre puisque nullement incompatible avec la naissance génoise. Le mystère entretenu sur de nombreux épisodes de sa vie par Colomb lui-même proviendrait de son ascendance juive. Cette idée a fait fureur depuis que Salvador de Madariaga l'a défendue avec enthousiasme [73]. Les ancêtres de l'amiral auraient abandonné la péninsule ibérique, probablement la Catalogne ou l'île de Majorque, pour échapper aux persécutions de 1391. La pratique de la langue espagnole, l'étendue des connaissances bibliques de Colomb seraient ainsi fort naturelles; l'étrangeté de sa signature ne serait pas sans rapport avec la kabbale. On a même déduit que le navigateur aurait recherché les Indes pour y installer ses coreligionnaires menacés d'expulsion. Mais la conscience, la revendication de sa judaïté ne repose sur aucun texte. Il est au contraire troublant de constater que jamais personne, parmi ses adversaires – et ils n'ont pas manqué –, n'a tenté de l'accuser d'être *converso*, et que lors des procès qui ont opposé ses héritiers à la couronne, l'argument n'a pas été invoqué.

Revenons à la signature de Colomb. Celle-ci est formée de sigles présentés de manière symétrique.

.S.
.S. A .S.
X M Y

On imagine aisément qu'elle a donné lieu à beaucoup d'interprétations. Il en est une récente, due à Alain Milhou, qui me semble convaincante [74]. A l'en croire, les sigles seraient la réunion des dévotions fondamentales du Génois. Les trois *S* seraient un rappel de l'acclamation faite au cours de la messe : « *Sanctus, Sanctus, Sanctus Dominus Deus Sabaoth*, la terre est remplie de ta gloire », qui est inspirée de la vision d'Isaïe. L'invocation a connu une fortune certaine chez les kabbalistes juifs du xve siècle, mais elle figure aussi dans la tradition chrétienne comme symbole de la Trinité depuis saint Jérôme. A la ligne inférieure, le signataire évoquerait le culte à la Vierge dont on sait que plusieurs formes, celle de l'Immaculée Conception surtout, avaient ses faveurs, et à saint Jean Baptiste. Quant au *X*, il est une claire référence au prénom du navigateur, dont la signification, le Porte-Christ, lui est chère. Reste le *A*, souvent analysé comme l'abréviation d'Adonaï, un des noms hébreux du Très-Haut, adopté par la kabbale chrétienne et symbole d'unité. Alain Milhou pense que le *A* est celui d'*Ave* qui permettrait de lire verticalement *Ave Maria* et soulignerait le rôle d'intercesseur privilégié de la Vierge. Ainsi retrouverait-on le thème iconographique alors fort répandu du couronnement de la Vierge par la Trinité. On pourrait dès lors lire :

Sanctus
Sanctus Ave Sanctus
Xpoforus Maria Yoannes

Par ce biais nous entrons dans l'univers spirituel de Christophe Colomb, homme extrêmement pieux qui, selon ses biographes, « priait à toutes les heures canoniques comme les prêtres et les religieux ». Dans son *Histoire des Indes*, Bartolomé de las Casas insiste sur ses dévotions à la Vierge et à saint François [75]. C'est précisément à la spiritualité franciscaine que le Génois est le plus redevable. Ses séjours au monastère de franciscains observants de La Rabida, en Andalousie, à partir de 1485 furent décisifs à tous points de vue. Et Colomb garda toujours présente à l'esprit sa rencontre, en 1489, lors du siège de Baza, avec deux moines du couvent des frères mineurs du Saint-Sépulcre de Jérusalem. Frère Antonio de Millan et son compagnon étaient porteurs d'un message du sultan mamelouk d'Égypte à Isabelle et Ferdinand, menaçant ces derniers de représailles envers les chrétiens et les lieux saints d'Orient s'ils n'abandonnaient pas leur entreprise.

Marianne Mahn-Lot affirme que le navigateur appartenait au tiers ordre franciscain [76]. Même si ce n'est pas certain, ses liens avec la famille franciscaine sont étroits. Avec elle, au moins avec la branche spirituelle, il partage la croyance en l'ambivalence de l'or. L'or peut être pernicieux mais sa valeur est indubitable. « L'or est chose excellente », dit-il. « Quand on le possède, on fait tout ce qu'on veut en ce monde et jusqu'à conduire les âmes au Paradis. » Surtout, avec les franciscains, il se préoccupe des lieux saints. Porteur de l'esprit de croisade, il voudrait, comme eux, entrer en contact avec les chrétiens d'outre-Jérusalem : avec le fameux Prêtre Jean que l'on situe le plus souvent en Éthiopie où abondent encens, ivoire et or et avec les chrétiens des territoires du Grand Khan, situés dans l'Inde la plus éloignée. Il voit son entreprise « comme un accomplissement de prophéties bibliques, celles d'Isaïe en particulier, sur la reconquête de Jérusalem ».

Colomb est aussi un homme qui a une longue expérience de la mer. Sans doute appartient-il à une famille de terriens, originaires de la vallée de la Fontanabuona, située dans l'arrière-pays, à l'est de Gênes. Christophe apprit le métier de son père, cardant la laine dans l'atelier familial. Mais l'appel de la mer ne tarda pas. La ville, formée par « un rideau de montagnes stériles », selon l'expression de Fernand Braudel, n'a d'autre issue que la Méditerranée [77]. Un tableau de Cristoforo Grassi, daté de 1485, donne un portrait fidèle de la cité à l'époque de son fils le plus célèbre. Les maisons serrées les unes contre les autres occupent toute la pente et regardent la mer [78]. Durant toute son enfance, Colomb n'a eu que cet horizon, et sans doute a-t-il très tôt transporté des chargements de tissus dans les bourgs de la côte ligure. Et pour aller d'une vallée à une autre, le meilleur moyen était le bateau. Le Découvreur affirma être entré dans la navigation à quatorze ans.

En 1470, la famille Colomb s'installa à Savone, la petite cité voisine de Gênes. Ce fut l'occasion de nombreuses navettes. Mais la république de Saint-Georges, nom que l'on donne au petit État génois, était aussi un vaste empire maritime fondé sur une série de comptoirs méditerranéens (Lesbos, Chio, Alexandrie, Caffa en mer Noire...) où l'on achetait les épices et l'alun pour les revendre en Europe occidentale. Le futur Découvreur a fait un voyage jusqu'à Chio en 1474 ou 1475 dans l'équipage de navires faisant commerce de mastic. Il est possible qu'un peu plus tôt il ait déjà servi sur un vaisseau génois au service du roi René de Provence et même qu'il se soit adonné aux activités lucratives de la course sur les côtes du levant espagnol. Les détails importent peu. Progressivement le terrien se transforme en marin, et la Méditerranée est le lieu de son apprentissage.

Cependant, l'empire commercial génois était en pleine mutation. Les bases orientales étaient chaque jour davantage menacées par la consolidation de l'empire ottoman. Les Génois comme les Vénitiens ne pouvaient résister à leur puissant concurrent qui s'était emparé de Constantinople en 1453. Chassés de leurs possessions orientales, les Génois se sont de plus en plus introduits dans le bassin occidental de la mer intérieure et même aventurés dans l'Atlantique. La reconversion avait commencé au XIVe siècle. Il suffit de rappeler qu'un Génois, Lanzaroto Malocello, avait découvert une partie de l'archipel des Canaries – ce que rappelle le nom de l'une des îles –, qu'Antonio di Noli, son compatriote, avait été l'un des premiers à atteindre les îles du Cap-Vert, qu'un autre, Usodimare, avait reconnu les côtes de Guinée [79].

La carrière de Colomb, jeune marin, n'est qu'un bon exemple de la reconversion génoise. L'Atlantique s'ouvre à lui. Il prend part, en 1476, à une expédition commanditée par les Spinola et les Di Negro, deux des plus importantes familles de marchands génois, et destinée à convoyer du mastic de Chio jusqu'en Flandre ou en Angleterre. Au large du cap Saint-Vincent, à la pointe méridionale du Portugal, les navires sont attaqués par une escadre française. Le navire où se trouve Christophe Colomb prend feu, le marin se jette à l'eau et gagne la rive distante de deux lieues. Il aborde, dans des circonstances dramatiques, au Portugal où il séjournera pendant près de dix ans. Le Portugal de Colomb est d'une singulière richesse. Ce pays au dynamisme exceptionnel lui offre un triple cadeau : la possibilité d'expéditions formatrices, un précieux réseau de relations, les contacts avec un milieu scientifique alors incomparable.

A peine arrivé à Lisbonne, Colomb repart pour achever le voyage interrompu, deux des navires génois ayant été épargnés. Il en profite pour s'aventurer loin, vers le nord, en Irlande, en Islande et peut-être, grâce à un hiver particulièrement doux, en direction du Groenland. Il dit avoir vu sur la côte irlandaise deux cadavres d'hommes du Cathay (de la Chine). Toujours est-il qu'il se familiarise avec l'Atlantique et avec les récits de voyages, réels et mythiques, des nordiques. En 1479, probablement, il épouse Felipa Moniz-Perestrello, pensionnaire du monastère de Santos où le navigateur se rendait régulièrement. Le couple alla vivre à Porto Santo, île proche de Madère, dont le père de Felipa avait été le premier capitaine-donataire. A Porto Santo naquit Diego, leur fils [80].

Le séjour à Madère est de brève durée car Felipa meurt prématurément en 1483. Il n'en est pas moins décisif. Colomb fait plusieurs fois, à des dates qui restent imprécises, le voyage de Guinée, allant jusqu'au fort de Saint-Georges-de-la-Mine, l'une des principales implantations portugaises sur la côte africaine à l'emplacement actuel du Ghana. A Madère, aux Açores ou dans le golfe de Guinée, il recueille des informations sur les routes maritimes, sur l'existence supposée d'îles qui se trouvent au lointain, vers l'ouest. Il devient un marin très expérimenté, apprenant de nombreuses choses utiles auprès de ses camarades portugais : « Diriger une caravelle avec vent debout, se déhaler d'une terre sous le vent, choisir les provisions à emporter pour un long voyage et les stocker [81]. » Certains, enfin, situent à Madère la fameuse rencontre avec l'énigmatique pilote qui lui aurait livré son secret.

Colomb trouve de précieux concours, de puissantes protections. Le milieu des Italiens, des Génois au premier chef, bien sûr, ne lui a pas ménagé son aide. Il bénéficie, à Lisbonne, de la présence de son frère cadet Barthélemy, bon cartographe. En 1479, Christophe est l'employé des Centurione pour qui il fait du commerce à Madère. Ses activités colombines sur la côte de Guinée avaient probablement aussi un caractère prosaïque, ce qui rendrait compte de ses liens avec le marchand florentin Berardi, spécialisé dans la traite d'esclaves. Le beau-père de Colomb était lui-même originaire de Plaisance et féru d'écrits nautiques. Il était marié avec Isabelle Moniz qui appartenait à un lignage portugais de renom, apparenté, disait-on, à la famille royale des Bragance et au chanoine Fernando Martins, l'un des grands érudits lisboètes.

Christophe Colomb lit beaucoup. Il se procure l'*Historia rerum ubique gestarum* d'Eneas Silvio Piccolomini, devenu pape sous le nom de Pie II, imprimée en 1477 à Venise, où il est tant question de la richesse du Cathay, et l'*Imago mundi* du cardinal Pierre d'Ailly, dans l'édition de Louvain du début des années 1480, qui, dans la ligne aristotélicienne, fait une place considérable aux terres émergées. Colomb les dévore et les annote fébrilement de mille huit cents « postilles », presque toutes rédigées en latin.

Enfin, grâce à l'entremise du chanoine Martins, il correspond avec l'astronome, médecin et mathématicien florentin Paolo del Pozzo Toscanelli. Celui-ci, sollicité par la cour portugaise de donner son avis sur les possibilités d'atteindre les Indes par l'ouest, fournit une réponse accompagnée d'une carte. Héritier de la tradition de Marin de Tyr pour qui les terres s'étalaient sur les cinq huitièmes de la surface terrestre, il pensait que la traversée de l'océan Atlantique n'était nullement utopique. A Martins, il écrivait : « Ne soyez pas surpris si j'appelle ports occidentaux ceux où se trouvent les épices, alors qu'on les nomme ordinairement orientaux, parce que ceux qui navigueront sans cesse vers le couchant en passant par les antipodes arriveront à ces régions. » Colomb partageait ces vues. Ayant eu connaissance du document de Toscanelli, il aurait cherché à faire part de ses intentions au Florentin, et celui-ci, à en croire Ferdinand Colomb, le fils du Découvreur, et Las Casas, l'aurait encouragé en ces termes : « Je partage ton noble et grand désir de voyager là où poussent les épices [82]... »

***

Le projet est mûri. Colomb brûle de le réaliser. Très logiquement, en 1484, il le présente à Jean II du Portugal. Tout l'y pousse, les relations qu'il a nouées comme l'intérêt qu'ont manifesté depuis plus d'un demi-siècle les monarques portugais aux voyages de découverte. Le souverain réunit une commission d'experts — *junta dos mathematicos* — qui examine les propositions du Génois. En font partie deux savants juifs, Rodrigo et Jose Vizinho, très versés en astronomie nautique, et un noble allemand, dont le fils, Martin Behaim, sera en 1491 l'auteur d'une fameuse mappemonde. Le président en est Diego Ortiz de Vilhegas, évêque de Ceuta. La composition même du groupe prouve que l'affaire a été prise très au sérieux. Il a été fait appel à de véritables spécialistes portugais et étrangers. Le projet de Colomb n'est pourtant pas retenu.

Le Génois abandonne Lisbonne en 1485, probablement pour échapper à des créanciers. Il débarque à Palos, petit port de la région de la Niebla, dont les habitants sont familiers des entreprises océaniques. Il est très possible que, lors de ses propres voyages le long des côtes de Guinée, il ait côtoyé des marins de Huelva ou de Palos. Ceux-ci sont de réels concurrents pour leurs voisins de l'Algarve portugais. Aussi Colomb trouve-t-il rapidement un autre milieu très réceptif à ses ambitions.

Si l'échec, à Lisbonne, l'affecta profondément, l'accueil réservé par les franciscains du monastère de La Rabida lui apporta réconfort. Le prieur, Pedro de Marchena, bon cosmographe, ne se contenta pas de prendre en charge le tout jeune Diego, le fils de Christophe Colomb. Il mit le Génois en relation avec un marin vétéran de Palos, Pedro Vazquez de la Frontera, qui avait été pilote d'une expédition portugaise en 1452. Pedro de Marchena fut, peut-être aussi, l'introducteur de Colomb auprès d'Enrique de Guzman, duc de Medina Sidonia, et de Luis de la Cerda, duc de Medinaceli. Ces deux membres de la plus haute noblesse possédaient des navires et s'intéressaient aux voyages d'exploration. Luis de la Cerda promit au Génois de lui ménager une entrevue avec les souverains. Celle-ci a lieu le 20 janvier 1486, à Alcala de Henares. Colomb sut, de toute évidence, intéresser les monarques. Il reprit d'autant plus espoir que, à Salamanque, il fit connaissance du dominicain Diego de Deza, futur précepteur du prince héritier Jean et futur inquisiteur général, qui, désormais, lui apportera également un appui sans faille. En quelques mois, le Génois avait une nouvelle fois réussi à s'attirer la sympathie de nombreux personnages influents [83]. Pourtant, tous ces atouts ne suffirent pas.

Le projet colombin fut étudié par une commission qui se réunit à l'automne 1486, à Salamanque, puis au printemps 1487, à Cordoue. Son président en était Hernando de Talavera, confesseur de la reine, évêque d'Avila et futur archevêque de Grenade. L'avis, unanime, fut encore négatif.

Les raisons du double refus, à Lisbonne et à Cordoue, ne manquent pas. Pour une grande part, elles se recoupent. Sans doute le projet de gagner les Indes par la route de l'ouest était-il *a priori* séduisant, mais la démonstration de son auteur, fondée sur une série d'erreurs, ne pouvait emporter l'adhésion de personnes compétentes. Colomb, nous l'avons vu, croyait que les terres émergées étaient considérables. A l'appui de cette conviction, il apportait de nombreux arguments tirés de toutes les sources possibles. Selon le prophète Esdras, le troisième jour de la création, Dieu avait asséché six des sept parties du globe. La lecture de Pierre d'Ailly, celle de Marco Polo, l'opinion de Toscanelli l'avaient conforté dans ses opinions. Mais la plupart des cosmographes de la seconde moitié du xve siècle pensaient, dans la tradition de la *Géographie* de Ptolémée, que les océans couvraient la moitié de la terre.

L'affirmation de Colomb selon laquelle « la fin des terres habitables vers l'est et la fin des terres habitables vers l'occident sont assez proches, et au milieu il y a une petite mer » leur semblait erronée. Pour eux, l'océan avait une extension de 180°, pour Colomb de 135°, et encore le Génois pensait-il trouver auparavant Cipango, distante de 30° de l'Eurasie.

L'écart entre les deux positions s'aggravait encore du fait de mesures différentes du degré et du mille nautique. Pour Ptolémée, le degré mesurait cinquante milles nautiques, pour Colomb, réinterprétant la mesure de l'astronome arabe Alfagran, quarante-cinq milles. Son « monde » était plus petit de 10 % que celui de Ptolémée. Enfin, le Génois, ignorant des moindres rudiments de la navigation astronomique, était incapable de déterminer correctement les latitudes. En toute logique, le dossier que présentait l'autodidacte Colomb ne pouvait donc obtenir l'aval de savants.

D'autres facteurs, de nature politique, ont aussi poussé au refus. Le navigateur envisageait de gagner les Canaries avant de traverser l'Atlantique. Si les souverains espagnols ne pouvaient voir aucun inconvénient à cette étape, il n'en allait pas de même pour Jean II de Portugal. Le traité d'Alcaçovas de 1479, complété par la bulle du pape Sixte IV, *Aeterna Regis*, de 1481, avait clairement établi les zones d'influence dans le monde atlantique. Le Portugal avait obtenu tous les territoires d'Afrique occidentale au sud du cap Bojador, plus les Açores, Madère et les îles du Cap-Vert, mais avait renoncé à toute prétention sur les Canaries qui revenaient à l'Espagne. Une expédition portugaise se rendant aux Canaries, quelques années plus tard, aurait l'apparence inopportune d'un *casus belli*.

Mais là n'est pas l'essentiel. Chacun des deux pays, le Portugal en 1484, l'Espagne en 1486, est totalement accaparé par d'autres entreprises. Pour les Portugais, l'exploration de la route des Indes par le sud a trop mobilisé les énergies, trop entraîné de dépenses, trop apporté de résultats pour que l'on y renonce. Au moment où les propositions colombines sont examinées à Lisbonne, Diego Cao rentre du fructueux voyage qui l'a amené jusque sur les rivages angolais. En 1486, l'Espagne chrétienne, prête au violent effort qui conduira à la prise de Malaga l'année suivante, est plus que jamais engagée dans la lutte contre le royaume de Grenade. Il n'y a guère de place, d'un côté comme de l'autre, pour un projet ambitieux qui est loin d'offrir toutes les garanties.

Les prétentions du candidat, éventuellement le coût de l'opération, n'incitaient pas davantage à une réponse favorable. Christophe Colomb subit même l'affront de voir approuver un dessein directement concurrent du sien, celui du Flamand Van Olmen (ou d'Ulmo), gouverneur de l'une des Açores, qui avait proposé de découvrir la légendaire île d'Antilia (ou des sept cités) que l'on situait quelque part, à l'ouest, dans l'Atlantique et que Colomb pensait bien aborder. Van Olmen partit de Lisbonne en 1487 mais ne revint pas.

Deux fois éconduit, le Génois ne cède pas au découragement. Son obstination est impressionnante, sa pugnacité admirable. D'ailleurs les ponts n'étaient rompus ni avec la cour du Portugal ni avec celle d'Espagne qui l'avait gratifié, un temps, d'une petite pension. Jean II fit savoir, en 1488, qu'il aimerait recevoir le navigateur. Et Colomb de se rendre à Lisbonne. En dehors de ce voyage, il se tient à proximité du lieu des opérations militaires menées par Ferdinand et Isabelle. Son lieu de résidence le plus fréquent est Cordoue où il vit avec la jeune Beatriz de Arana, sœur d'un homme curieux de cosmographie. Elle lui donne un fils, Ferdinand – le prénom ne doit certainement rien au hasard –, en 1488. De Cordoue, nous l'avons vu, Colomb se déplace à Malaga en 1487, à Baza en 1489. La flamme est ainsi entretenue.

Entre le Portugal et la Castille, la balance va pencher définitivement de ce côté-ci. Lorsque le Génois se trouve à Lisbonne, il assiste au retour triomphal, en décembre 1488, de Barthélemy Dias qui a doublé le cap de Bonne-Espérance. La voie des Indes était ouverte. Il n'était plus question, depuis Lisbonne, de s'aventurer vers l'ouest. Barthélemy, le fidèle frère, alla en Angleterre et en France, où il demeura, exerçant le métier de cartographe, de 1490 à 1493. Ses requêtes ne furent pas entendues. Restait la solution castillano-aragonaise.

Sans doute Colomb fut-il, au cours des années 1490-1491, taraudé par le doute, acculé au désespoir. Un nouveau séjour à La Rabida, auprès de frère Juan Perez, lui redonne confiance et sérénité. Le franciscain, confesseur de la reine, fait porter un message à Isabelle qui se trouve à Santa Fe. La souveraine convoque et le frère mineur et le Génois. Une dernière fois, tous les amis de Colomb se mobilisent, le duc de Medinaceli, le dominicain Diego de Deza, le franciscain Pedro de Marchena, qui nous sont tous familiers, mais aussi un autre franciscain, homonyme du précédent, Antonio de Marchena, cosmographe, Alexandre Geraldini, légat du pape et... né à Gênes, les financiers *conversos* Luis de Santangel et Gabriel Sanchez. Peu à peu, les plus hautes autorités de l'État, le cardinal Mendoza, par exemple, sont gagnées à la cause colombine.

La grande entreprise grenadine terminée, les Portugais maîtres de la voie méridionale des Indes, pourquoi ne pas explorer la voie occidentale? Les principaux obstacles au projet sont tombés. Il ne reste plus à Colomb qu'à se montrer persuasif. Il dispose d'arguments qui ont alors une résonance singulière car son messianisme personnel rejoint celui des Rois Catholiques. Une prophétie qui avait cours depuis la fin du XIIIe siècle disait : « Il partira d'Espagne, celui qui reconstruira la citadelle de Sion[84]. » La « reconstruction du temple de Jérusalem » signifiait le rassemblement, sous l'autorité des souverains, des chrétiens, des juifs enfin convertis, et de tous les peuples dans la maison de Dieu qui serait le lieu de l'unité. Avec la reddition de Grenade et l'expul-

Les événements

sion des juifs, la prophétie est en train de se réaliser. A Colomb de la parachever en amenant les païens à la vraie foi. En janvier 1492, l'heure a sonné, pense-t-il. Et son sentiment n'est nullement celui d'un être isolé. Le Flamand Eustache de la Fosse, auteur du récit d'une expédition dans le golfe de Guinée, narre l'échec d'un bateau portugais ayant cherché à atteindre une île enchantée (Antilia?), loin de Madère. « Ce fut comme aucuns disent que quand l'île enchantée fut découverte que la Grenade n'était point chrétienne, et l'enchantement était que durerait tant que toutes les Espagnes seraient chrétiennes ; et à cette cause ils périrent ; et depuis que la cité fut conquise, on y va tout à volonté auxdites îles enchantées et sans aucun danger, et auparavant on les avait jamais su voir ni trouver [85]. »

Les réticences d'ordre scientifique sont balayées. Une nouvelle commission donne son accord. Les négociations butent cependant sur ce qu'il faut bien appeler les aspects mineurs : les exigences de Colomb, le coût de l'opération. D'où l'ultime refus de janvier 1492. Mais de combien Colomb a-t-il besoin ? De deux millions de maravédis, somme dérisoire alors qu'en dix ans de guerre contre le royaume de Grenade quatre cents fois plus a été dépensé. Luis de Santangel, qui sait faire les comptes, a beau jeu de démontrer qu'il n'y a pas grand-chose à perdre. De surcroît, il propose d'avancer une partie des subsides. Il fournira un peu plus d'un million de maravédis, Colomb deux cent cinquante mille maravédis, le reste étant prêté par le duc de Medinaceli, le Florentin Berardi et des Génois. Un montage d'amis ! Et que valent les honneurs réclamés par le navigateur en comparaison des richesses attendues et du caractère impérieux de la mission ? La énième supplique est entendue. Volte-face. Capitulations.

***

Les préparatifs commencent. Il se trouve que les marins de Palos, le petit port de la Niebla, ont été condamnés en 1491 pour ne pas avoir respecté le monopole portugais au sud du cap Bojador. Palos est contraint d'affréter deux caravelles et de la tenir à la disposition de la couronne. Et puis le port relève de la juridiction du duc de Medina Sidonia qui a soutenu Colomb depuis la première heure. Enfin, ville de moins de trois mille habitants, Palos est admirablement située [86]. La Niebla « était, par sa disposition géographique, l'activité de son peuple, un matériel tout prêt de caravelles de type portugais, un capitalisme primitif mais bien orienté vers la découverte et l'aventure ultramarine, le terrain privilégié d'une expédition de découverte [87] ». En outre, Colomb connaissait bien le lieu, distant de cinq kilomètres seulement du monastère de La Rabida, et ses habitants. Les circonstances sont donc extrêmement favorables.

La Niebla a effectivement beaucoup apporté, hommes et navires. A commencer par Martin Pinzon, riche armateur de Palos, que le vieux pilote Pedro Vazquez, familier de La Rabida, avait convaincu de s'engager. Pinzon était un homme influent, son exemple entraîna les hésitants. C'est lui qui prit le commandement de la *Pinta*, une caravelle appartenant à Cristobal Quintero, également habitant de Palos. Avec Martin étaient du voyage ses frères Francisco Martin et Vicente Yañez, et un cousin, Diego. Vicente Yañez prit le commandement de la deuxième caravelle, la *Niña*. Juan Quintero, frère de Cristobal, était, lui, quartier-maître sur la *Pinta*. Les habitants de Moguer, petite cité proche de Palos, fournirent un second contingent avec à leur tête les trois membres de la famille Niño, Juan, propriétaire et maître (second) de la *Niña*, Peralonso, pilote sur la *Santa Maria*, et Francisco, simple marin [88].

Les autres membres de l'équipage sont aussi en grande majorité andalous, de Séville, de Cadix, de Puerto de Santa Maria, de Cordoue comme Diego de Harana, cousin de la compagne de l'amiral, qui exerçait les fonctions d'*alguacil*. Une dizaine de Basques et de Galiciens, autour de Juan de la Cosa, propriétaire d'une nef, *La Galicienne*, que l'on rebaptisa la *Santa Maria*, et un Murcien représentaient les autres régions espagnoles. Il y avait encore un Portugais, un Génois, un Calabrais et un Vénitien. Parmi eux tous, quelques officiers royaux, un interprète pour l'arabe, le grec et l'hébreu, le *converso* Luis de Torres, un notaire, Rodrigo de Escovedo, un contrôleur royal, trois chirurgiens, quelques artisans devant veiller à l'entretien des embarcations. Mais pas de prêtre ni d'hommes d'armes car il s'agit d'une exploration.

Au total, quatre-vingt-sept hommes promis à la plus complète promiscuité. En effet trente-neuf d'entre eux se trouvaient sur la *Santa Maria* qui jaugeait cent à cent vingt tonneaux et mesurait environ vingt-cinq mètres de long et huit de large; vingt-six hommes étaient embarqués sur la *Pinta*, longue de vingt mètres, large de six mètres et demi et jaugeant soixante à soixante-dix tonneaux; et vingt-deux hommes sur la *Niña*, longue de vingt mètres à peine, large de six et jaugeant de cinquante à soixante tonneaux. Seuls, sur la *Santa Maria*, le capitaine et le maître avaient des cabines. Colomb courait le risque de heurts provoqués par les difficultés de la vie quotidienne et avivés par l'existence de clans.

Le vendredi 3 août, les trois navires quittent Palos et gagnent l'Océan. Le cap est mis sur les Canaries que Colomb situe à la même latitude que Cipango. Il suffira donc, à partir des îles, de se laisser porter par les alizés. Le 12 août, le convoi fait relâche à l'île de la Gomera, la plus occidentale de l'archipel. En raison d'une avarie de la *Pinta*, l'étape se prolonge jusqu'au 6 septembre. On en profite pour changer la voilure de la *Niña*. Nouveau départ. Colomb marque les distances parcourues mais en prenant soin d'indiquer moins que la réalité afin de ne pas inquiéter l'équipage. A la mi-septembre, la flottille entre dans la mer des Sargasses, l'océan ressemble à une prairie. Le vent est nul, ce qui alarme les marins. Le 25, Martin Pinzon croit voir la terre. A tort. La tension commence à monter. Début octobre, les Basques, sur la *Santa Maria*, sont au bord de la mutinerie. « Plusieurs pilotes et marins voulaient retourner. L'amiral leur demande d'attendre deux ou trois jours et que d'ici là la découverte serait réalisée », dira plus tard un marin. Il semble que Colomb n'ait cessé d'encourager les uns et les autres, mais, le 10 octobre, toute l'expédition est en émoi. Les Pinzon avertissent qu'ils rebrousseront chemin si dans les trois jours suivants une terre n'est pas trouvée. Dans la nuit du 11 au 12 octobre, à deux heures du matin, depuis la proue de la *Pinta*, un matelot sévillan, Juan Rodriguez Bermejo, que l'histoire retient sous le nom de Rodrigo de Triana, crie : « Terre, terre ! » L'expédition a atteint l'archipel des Bahamas, précisément l'île de Guanahani, rebaptisée San Salvador par Colomb [89].

Le voyage a duré six jours de Palos aux Canaries, trente-six des Canaries aux Bahamas. Il a connu une réussite exceptionnelle due à la conjonction de deux facteurs, d'une part les grandes qualités de navigateur à l'estime de Colomb, d'autre part ce qu'il faut bien appeler la chance. Il est certain que la longue expérience de l'Atlantique a servi l'amiral. La route suivie était la meilleure possible. Sans doute le Génois avait-il connaissance des alizés. La chance a revêtu pour lui deux formes. Comme il voyageait pour le compte de l'Espagne, l'escale canarienne n'était pas un obstacle. Si le traité d'Alcaçovas avait été autre... Enfin, l'expédition n'a pas eu à subir la moindre tempête alors que l'océan n'en est pas avare entre la mi-septembre et la mi-octobre [90].

Les contacts avec les indigènes furent excellents : « Ils nous montraient tant d'attachement que c'en était merveille », note Colomb, mais ce dernier, persuadé qu'il a atteint une île proche de Cipango, n'a qu'une idée en tête, gagner le fabuleux territoire et trouver de l'or. Emmenant sept indigènes, il va d'île en île, faisant le tour des Bahamas qu'il dénomme Santa Maria de la Concepcion, Fernandina, Isabela. Il aborde le 28 octobre à Juana (Cuba) qu'il prend, un temps, pour Cipango. Il y reste plus d'un mois avant de longer Haïti. « Que Notre Seigneur fasse en sorte, dans sa bonté, que je trouve cette mine d'or. » Dans la nuit du 24 au 25 décembre, alors que le capitaine dort, la *Santa Maria* s'échoue. Les Indiens aident à décharger, font des présents, multiplient les gestes d'amitié. Touché par tant d'empressement, Colomb décide de créer une petite colonie forte d'une trentaine de volontaires et commandée par Diego de Arana. L'amiral n'a pas d'hésitation : « Quand je reviendrai ici, mes hommes auront pu

Les événements

amasser un tonneau d'or et des épices, de sorte que, d'ici trois années, Vos Altesses pourront entreprendre la reconquête de la Sainte Maison de Jérusalem [91]. » La garnison est appelée Navidad. Un an plus tard, il n'y aura pas de survivant.

A cette date, les sentiments de l'amiral devaient être partagés. Il a été ébloui par les îles parcourues. La nature vierge peuplée d'êtres accueillants, spontanés et non idolâtres n'est pas sans évoquer le paradis terrestre. Et nul doute que les « Indiens » embrasseront sans difficulté le christianisme. Mais l'Asie de Marco Palo, Cathay ou Cipango, lui a échappé. Peu de richesses, même si, dans sa lettre-rapport à Luis de Santangel, Colomb affirme : « Dans l'île Espagnole (Haïti-Saint-Domingue) il y a de l'or en abondance... et aussi des épices et du coton [92]. » La déception est grande. Au cours de l'automne 1492, le Découvreur, s'adaptant aux circonstances, en vient à concevoir un projet de colonisation, point de départ de l'Amérique espagnole. « Que Vos Altesses sachent que cette île Espagnole leur appartient tout autant que la Castille ; il n'y manque que d'y construire un établissement... Ces gens sont bons à être commandés, à ce que l'on les fasse semer, bâtir des villes, à ce que l'on leur apprenne à se vêtir et à adopter nos coutumes [93]. »

Le 2 janvier 1493, un an, jour pour jour, après la reddition de Grenade, Colomb songe au retour. Il rembarque sur la *Niña*, isolée, car la *Pinta* avait faussé compagnie le 22 novembre. Les retrouvailles entre le Génois et Martin Pinzon, qui se pose de plus en plus en rival, eurent lieu le 6 janvier. Le vent entraîne les deux caravelles vers le nord-est, vers la zone où l'on peut profiter des vents d'ouest. Entre le 12 et le 16 février, elles essuient une violente tempête et sont séparées. La *Niña* arrive aux Açores le 18, les compagnons de Colomb sont incarcérés sur l'ordre du capitaine de l'île. L'amiral réussit à les faire relâcher et à repartir. Nouvelle tempête, début mars. La *Niña* arrive, deux voiles déchirées, à Lisbonne, le 4 mars. Le Découvreur est reçu, le 11, par Jean II. Après réparation de la caravelle, nouvelle étape à Palos où parvient également la *Pinta* qui avait abordé, fin février, en Galice. Puis c'est le tour d'honneur. La Rabida et la famille spirituelle, Séville le 31 mars, jour des Rameaux, Cordoue et la famille de sang car Beatriz de Arana, Diego et Fernando y résident toujours, Barcelone et la famille politique. Le 20 avril, un an après les Capitulations environ, Isabelle et Ferdinand réservent à leur amiral de la mer Océane un accueil triomphal.

La grammaire de Nebrija

Revenons une dernière fois à Santa Fe et à Grenade ! Un quatrième événement souvent ignoré et pourtant fondamental s'y est également produit. La reine Isabelle reçut l'humaniste Antonio de Nebrija, protégé du maître de l'ordre d'Alcantara, Juan de Zuñiga, venu présenter son dernier ouvrage, une « grammaire de la langue castillane [94] ».

La date de l'entrevue est incertaine. Mais elle est de toute évidence postérieure au 2 janvier 1492, puisque Nebrija, témoin lui aussi de la reddition de Grenade, fait mention des « ennemis de votre foi vaincus par la guerre et la force des armes », et antérieure à la fin mai car, dans le prologue à la grammaire, Hernando de Talavera est, selon l'auteur, évêque d'Avila. On sait que le prélat fut nommé immédiatement après archevêque de Grenade, et Nebrija ne pouvait l'ignorer.

L'interlocuteur d'Isabelle est un homme de grand prestige. Né selon toute vraisemblance à Lebrija, non loin de Séville, en 1444, il a fait ses études à Salamanque et au collège Saint-Clément de Bologne avant d'entrer au service d'Alonso de Fonseca, archevêque de Séville. Il obtint, en 1476, la chaire de rhétorique de l'université de Salamanque et consacra onze années à l'enseignement. C'est à partir de 1487 que, ayant répondu favorablement à la proposition de Juan de Zuñiga, il bénéficia de son mécénat.

Nebrija fut l'un des grands latinistes de son temps, l'équivalent en Espagne de Laurent Valla, son modèle italien. Comme lui, il s'est assigné pour tâche de lutter contre la dégradation de la langue dont les principaux responsables sont, à ses yeux, ceux qui l'enseignent. Il l'accomplit en grammairien, héritier des stoïciens et de Varron, car il pense que la discipline qu'il pratique est le fondement de toute science et conduit à la Vérité. Dans cette voie, il a publié à Salamanque, dès 1481, des *Introductiones latinae*, ouvrage qui a connu un immense succès. La première édition de mille exemplaires fut épuisée en un an.

La publication par le même auteur d'une grammaire de la langue castillane peut surprendre. Et de fait, la souveraine avait elle-même été interloquée lorsque l'humaniste lui avait montré l'ébauche de son travail, à Salamanque, probablement en 1487. Elle aurait alors posé la question : à quoi sert un tel livre? Nebrija s'en explique longuement dans le passionnant prologue où il accumule les raisons.

En bon professionnel, Nebrija affirme qu'il importe de définir des normes, de fixer les usages, d'éliminer les écarts afin de donner son unité à la langue. Cette démarche est à elle seule révolutionnaire car, ce faisant, il élève la langue castillane au statut jusque-là réservé, dans le monde chrétien, au latin et au grec. Il fait bien œuvre de précurseur puisque sa grammaire castillane est la première en langue vernaculaire. La première grammaire italienne, celle de Trissino, date de 1529, la *Grammatica de lingoagem portugesa* de Fernando de Oliveira, de 1536, le *Tretté de la grammere françoeze* de Louis Meigret, de 1550.

Mais Nebrija va plus loin encore. Unifiée, la langue doit contribuer à l'unité de la nation. Il célèbre l'unité religieuse et l'unité territoriale : « Après que la religion chrétienne a été repurgée, après que les ennemis de notre foi ont été vaincus par la guerre et la force des armes... » Il célèbre la construction de l'État : « Après la justice et l'exécution des lois qui nous réunissent et nous font vivre égaux (...) dans ce que nous appelons le royaume et la république de Castille [95]. » Ne manque plus que « la floraison des arts et de la paix », au premier rang desquels figure la langue. Ainsi le rôle de l'idiome est tout aussi important que celui de la foi, des armes et des lois.

L'humaniste a une claire conscience de la contribution de la langue au dynamisme de l'État castillan. Et force est de constater qu'à la fin du xve siècle, aucune des autres langues de la péninsule Ibérique n'est en mesure de résister à la poussée du castillan. Ainsi, alors même que les lettres catalano-valenciennes ont connu une période particulièrement faste pendant deux siècles – que l'on songe, dans des registres très différents, au théologien et moraliste Francesc Eiximenis, au roman de chevalerie *Tirant lo Blanch* de Joanot Martorell, au poète Ausias March –, vers 1500 la voix catalane s'est tue. L'intronisation d'une dynastie castillane, en Aragon, en 1412, a permis la pratique d'un subtil bilinguisme, à la cour. Le catalan ne semble plus apte à véhiculer l'érudition. Et certains des écrivains catalans, tel Joan Bosca, en viennent à s'exprimer en castillan. Le phénomène est sensiblement similaire pour le portugais. Le goût pour la culture castillane était très prononcé à Lisbonne. La langue castillane était « une langue distinguée et noble, celle des cercles élevés de la cour, des ambassadeurs, des princes, des reines [96] ». Gil Vicente, le plus grand écrivain portugais du début du xvie siècle, écrit indifféremment en portugais et en castillan. Cette dernière langue est, pour lui, « une douce rhétorique et un style choisi [97] ».

Comment s'étonner dès lors que la langue de Colomb, objet de tant d'interrogations et de spéculations, ait été rapidement le castillan ? Le Découvreur est un bel exemple de la situation dominante de cet idiome. Sa langue maternelle était le dialecte génois et il ne fut guère capable d'écrire en italien. Il a appris le castillan, non pas en Andalousie ou en Castille, mais au Portugal. Aussi dans tous ses textes trouve-t-on une langue très personnelle, apprise sur le tas, comportant des italianismes et surtout des expressions ou des tournures empruntées au portugais.

Le castillan est bien conquérant. Nebrija en a parfaitement conscience et ne doute pas un instant que le mouvement va encore s'amplifier. Sa contribution n'a pas d'autre but. D'où sa fameuse conception impérialiste de la langue. Celle-ci court à travers l'ensemble du prologue à la grammaire castillane et a valeur de programme. Les premiers mots de l'œuvre l'expriment : « Quand j'y réfléchis, quand je vois l'ancienneté de toutes ces choses qui ont été écrites pour que nous en gardions le souvenir, je tire la conclusion suivante que je tiens pour assurée : la langue a toujours accompagné la puissance (*siempre la lengua fue compañera del imperio*), et c'est si vrai que toutes les deux naissent, se développent et s'épanouissent ensemble de même que leur décadence est simultanée [98]. »

Plus loin, Nebrija fait des variations sur le même thème, insistant sur l'expansion passée et à venir du castillan. Non seulement l'Aragon et la Navarre n'y ont pas résisté, mais pas davantage, affirme-t-il, les territoires italiens où l'armée des infants castillans a dicté sa loi (*imperare*, dit encore le texte). L'idée lui est si chère qu'il ne peut clore sans y revenir. Il rappelle alors le propos d'Hernando de Talavera, le devançant pour répondre à la reine, quant à l'utilité de la grammaire : « Aux peuples barbares et aux nations ayant des langues étranges que l'Espagne va soumettre, il faudra imposer des lois et une langue. »

A quels peuples, à quelles nations songent et le prélat et le grammairien ? On peut se perdre en conjectures. Pas à la minorité juive puisqu'elle pratiquait le castillan et secondairement le catalan. Peut-être aux Guanches, les indigènes des Canaries. Sans doute aux musulmans d'Espagne qui, dans le royaume de Valence et dans l'émirat de Grenade, avaient maintenu l'arabe. Ce n'est pas un hasard si l'on retrouve, un siècle plus tard (1595), sous la plume du docteur Estevan, évêque d'Orihuela, une phrase que Nebrija n'aurait pas désavouée : « Quand les peuples sont sujets d'une même puissance (*imperio*), les vassaux ont l'obligation d'apprendre la langue de leur maître [99]. » Or Estevan est uniquement préoccupé par les crypto-musulmans de son diocèse. Faut-il enfin voir dans le propos une sorte de prémonition de l'expédition colombine et de ses conséquences ? C'est sans doute aller un peu vite, même si le rapprochement est tentant. Il est troublant, en effet, de constater que le projet de Colomb et l'ébauche de la grammaire ont été examinés la même année par les souverains et par Hernando de Talavera, en 1487, à Salamanque, et que, cinq ans plus tard, quelques semaines au maximum séparent Capitulations et présentation de l'œuvre de Nebrija. Curieuses coïncidences!

Il y a donc une conception impérialiste de la langue chez Nebrija. Pour lui, le castillan doit être un instrument de civilisation. En cela, il est en accord avec Laurent Valla, auteur, dans les *Élégances latines,* de la formule « la langue compagne de l'empire[100] ». Et Nebrija de consacrer un long développement aux exemples des Hébreux, des Grecs, des Romains. L'abâtardissement de la langue latine qu'il déplore est une conséquence inévitable du déclin de l'Empire romain. Mais en 1492, le castillan doit être ce qu'avait été le latin pour la Rome impériale.

Message isolé que celui de Nebrija? Non pas. Le grammairien était l'ami ou le protégé de personnages influents et cultivés qui partageaient ses vues. Le nom de Juan de Zuñiga a déjà été prononcé. Avant de devenir le protecteur de Nebrija, Zuñiga en fut l'élève. Et à partir de 1487, non seulement il le rémunéra mais il le fit aussi enseigner dans son propre palais. Nebrija lui dédia son vocabulaire espagnol-latin composé vers 1495. L'humaniste était aussi un familier du cardinal Mendoza, destinataire de la dédicace de ses *Introductiones latinae* où l'auteur tutoie celui que l'on appelait « le troisième roi ». Mendoza, qui a fait des études à Salamanque, était le fils du marquis de Santillane, l'un des plus grands poètes de son temps. Hernando de Talavera a, lui aussi, fait des études de théologie à Salamanque. Probablement de famille *conversa,* il entra dans l'ordre hiéronymite à la fin des années 1450 et devint prieur du monastère de Prado, près de Valladolid. Confident des souverains, confesseur de la reine, il a joué un rôle considérable dès 1475. En 1486, il demanda à Antonio de Nebrija de composer un poème à la gloire de Ferdinand et Isabelle, au retour d'un pèlerinage à Saint-Jacques-de-Compostelle. Zuñiga, Mendoza, Talavera, il existait pour le moins, dans l'entourage des Rois Catholiques, un noyau de politiques attentifs aux travaux de la république des lettres et capables de saisir tout le parti que l'État en construction pouvait en tirer.

Les événements

Restait à convaincre la reine. Ce fut chose facile tant elle ne pouvait qu'être réceptive au discours de Nebrija. C'est à la demande expresse de la souveraine transmise par Talavera (déjà!), probablement en 1485, que le grammairien procéda à une réédition des *Introductiones latinae* avec une traduction en castillan. Le motif de cette publication, exprimé par Nebrija – et naturellement partagé par Isabelle et Ferdinand – est de permettre aux religieuses de faire l'apprentissage du latin via le castillan. La langue dont décidément les missions sont multiples sert aussi à l'instruction et à la réforme du clergé. La reine a donc ensuite reçu Nebrija en 1487, et tout porte à croire qu'avec le renfort des explications de Talavera, elle a encouragé le professeur à aller au bout de son dessein. L'entrevue de 1492 est la dernière phase d'un processus. Contrairement à ce qui a été dit, Isabelle n'a pas été alors prise de court. Au contraire, en acceptant la dédicace de l'humaniste, elle donne son patronage à une entreprise dont elle avait approuvé le sens. La grammaire castillane fut publiée le 18 août 1492.

La promotion du castillan a été soigneusement programmée. Pas plus que les autres événements de 1492, la grammaire castillane ne doit quoi que ce soit au hasard. Elle eut deux conséquences fondamentales. L'hégémonie du latin, langue de la diplomatie, est menacée. Les Capitulations de Santa Fe liant la couronne à Colomb respectent les usages. Si le texte est en castillan, les sauf-conduits destinés aux princes devant qui le Génois serait amené à se présenter sont en latin. Et la lettre à Santangel, écrite par Colomb à l'adresse des Rois Catholiques, publiée le 1er avril 1493, fut traduite en latin, en mai, probablement à l'initiative du pape Alexandre VI. A partir de ce moment-là, elle acquérait une dimension internationale. Mais désormais, l'usage de la traduction dans les deux sens, dont Isabelle a donné le signal pour les *Introductiones latinae*, s'impose. Latin et castillan sont sur un pied d'égalité. Et en 1498, à Rome, l'ambassadeur d'Espagne, Garcilaso de la Vega, en présence du pape et des ambassadeurs de France et de Portugal, n'hésita pas à affirmer la supériorité du castillan sur toutes les autres langues de la chrétienté.

Enfin le castillan devient l'espagnol. Deux fois, dans le prologue à sa grammaire, Nebrija se laisse aller à l'assimilation Castille-Espagne. Il dédie l'ouvrage « à la très grande et très illustre princesse doña Isabelle, troisième du nom, reine et seigneur naturel d'*Espagne* et des îles de notre mer ». Affirmation qui est une contre-vérité puisque la couronne d'Aragon existe bel et bien. Et à la fin du texte, faisant allusion aux étrangers qui foulent les territoires d'outre-Pyrénées, il emploie la périphrase « tous ceux qui font quelque commerce et ont quelque conversation en *Espagne* ». Ici encore Nebrija respire l'air du temps. En 1495, l'Aragonais Martin Martinez de Ampies traduit un traité d'art vétérinaire écrit en catalan dans, dit-il, « la langue de notre Espagne [101] ». Un autre Aragonais, Gonzalo Garcia de Santa Maria, traduisant la vie des Pères du désert, confirme superbement la pensée de Nebrija et celle d'Isabelle : « Puisque le pouvoir royal est aujourd'hui castillan et que les excellents roi et reine qui nous gouvernent ont choisi de faire du royaume de Castille la base et le siège de leurs États, j'ai décidé d'écrire ce livre en castillan, car la langue, plus que tout le reste, accompagne le pouvoir [102]. »

CHAPITRE II

POURQUOI L'ESPAGNE ?

Rêves et réalités de l'Espagne

Quel est donc ce pays, quelle est cette nation qui a vu s'accomplir en quelques mois sur son territoire autant d'événements mémorables? Qu'avait-il de si particulier, de si exceptionnel? On serait tenté de répondre de prime abord, malgré les accents triomphalistes d'Antonio de Nebrija, rien. Aucun signe, vers 1480, ne désignait l'Espagne comme le phare de l'Europe occidentale. Et les frères Colomb avaient raison de frapper indifféremment aux portes espagnole, portugaise, anglaise et française. Personne ne pouvait songer à un proche *annus mirabilis*.

L'Espagne, pour prendre à contre-pied un slogan diffusé avec beaucoup de complaisance de l'Ebre au Guadalquivir, n'était pas différente. Administrons-en quelques preuves empruntées à des domaines divers. Et tout d'abord à celui des idéaux qui habitent les gouvernants de l'Occident médiéval finissant. Quel prince n'aurait pas été sensible aux discours enflammés, visionnaires et contagieux d'un Colomb ou d'un Nebrija? L'esprit de croisade, soigneusement entretenu par un messianisme diffus, s'est partout perpétué. Le roi de France Charles VIII, qui accède au trône en 1484, est, comme Ferdinand d'Aragon, comme Isabelle de Castille, porté par les prédictions des prophètes et astrologues qui voient en lui un nouveau Charlemagne. Déjà sa naissance, attendue avec une rare ferveur, fut considérée comme miraculeuse. Louis XI, son père, avait, en 1470, quarante-six ans et se trouvait « quasi hors de toute espérance de lignée habile à succéder à la chrétienne couronne de France [1]. » Selon les *Visions* de

Jean Michel qui datent de 1494, il ceindra une deuxième couronne en Italie, délivrera Jérusalem, et régnera sur le monde. Retiré à Plessis-les-Tours, l'ermite calabrais François de Paule, fondateur de l'ordre des minimes, qui avait assisté les derniers instant de Louis XI, ne disait pas autre chose. Entrant à Naples le 22 février 1495, Charles VIII était vêtu du manteau impérial et portait une quadruple couronne, de France, de Naples, de Constantinople, de Jérusalem [2].

En Allemagne, des thèmes voisins avaient cours. Selon une légende soigneusement entretenue, Charlemagne aurait été le premier croisé, et l'un de ses successeurs reprendrait Jérusalem. Au Portugal, la croisade semble en marche, depuis la prise en 1415 de Ceuta, la ville qui fait face à Gibraltar sur le détroit. Entreprise lente et difficile puisque Tanger, Arzila et Larache ne sont occupées qu'en 1471. Mais entreprise suffisamment sérieuse et crédible pour que le pape Calixte III ait pu espérer que le roi Alphonse V prendrait la tête de l'expédition qui conduirait les chrétiens à Jérusalem. Il n'en fut rien, mais le souverain portugais, défait par les Castillans, songea à se retirer, en 1477, en un couvent, franciscain semble-t-il, de la Ville sainte. Calixte III ne fut pas le seul pape déçu dans ses espérances. Entre 1443 et 1489, sept fois la bulle de croisade fut promulguée par les successeurs de saint Pierre. Et sept fois elle resta sans effet [3].

Il est vrai qu'au XVe siècle, la tâche est devenue singulièrement périlleuse. Au siècle précédent déjà, les Turcs ont pu pénétrer en Europe sans rencontrer de sérieuse opposition. En 1396, Bajazet remporta, à Nicopolis, sur le Danube, une victoire sur les croisés conduits par le roi de Hongrie, Sigismond, secondé par de nombreux Français et Bourguignons. L'affaire laissa de profondes traces, si bien que les Ottomans, pourtant inquiétés au début du XVe siècle par les Mongols de Tamerlan ayant envahi l'Anatolie, purent poursuivre leur progression. Le sultan Mehmed II s'empara de Constantinople en 1453. Aspirant à la domination universelle, il établit peu à peu son empire sur toute la péninsule balkanique. A sa mort en 1481, l'Empire ottoman était une redoutable puissance dont l'existence freinait les ambitions des princes d'Occident. C'est dans ce contexte que l'on attribue au pape Pie II une lettre adressée, en 1461, au sultan ottoman mais tout autant destinée aux monarques chrétiens d'Occident. « Tu es sans aucun doute le plus grand souverain du monde. Une seule chose te manque : le baptême. Accepte un peu d'eau et tu domineras tous ces couards qui portent des couronnes sacrées et s'asseoient sur des trônes bénis. Sois mon nouveau Constantin et pour toi je serai un nouveau Sylvestre. Convertis-toi et ensemble nous fonderons avec ma Rome et avec Constantinople – qui à présent t'appartient – un nouvel ordre universel [4]. » La réalité de la missive est évidemment douteuse mais le propos désabusé et paradoxal traduit, sans nul doute, le désenchantement du souverain pontife.

Pie II n'avait pas tort. Les princes occidentaux semblaient plus préoccupés par la consolidation de leur pouvoir à l'intérieur et à l'extérieur de leurs frontières que par l'accomplissement de missions lointaines. Si la guerre de Cent Ans, entre la France et l'Angleterre, s'est achevée en 1453, les conflits n'ont pas manqué, çà et là, dans les dernières décennies du XVᵉ siècle. L'Angleterre est déchirée pendant une trentaine d'années par la guerre civile des Deux Roses opposant les York et les Lancastre. Henri VII ne rétablit la paix qu'en 1485 et peut enfin restaurer un royaume en ruines. En Italie, la guerre est endémique de 1478 à 1480, le pape Sixte IV mène l'assaut contre Florence après la conjuration des Pazzi contre Laurent le Magnifique, de 1482 à 1484 Sixte IV et Venise s'attaquent au duché de Ferrare. Une révolte féodale dans le royaume de Naples en 1485-1486 relance la vieille rivalité entre les Angevins et les Aragonais qui devient un affrontement franco-espagnol, la maison d'Anjou s'étant éteinte en 1481. En Europe septentrionale, Charles le Téméraire, maître de la Bourgogne et des Pays-Bas, cherche à relier ses territoires en dominant Lorraine et Alsace. Les défaites infligées par les Suisses aux Bourguignons en 1476, puis la mort du Téméraire devant Nancy en 1477, mirent un terme aux visées expansionnistes bourguignonnes. Quant à la France, déjà vigilante en Italie et engagée financièrement auprès des Suisses contre la Bourgogne, elle intervient en Roussillon et Cerdagne. Perpignan est occupée en 1475.

Dans la péninsule Ibérique, les trois principaux États, Portugal, Aragon et Castille, se sont laissés entraîner, en 1474, dans une guerre dont la couronne de Castille est l'enjeu. En toute logique, Jeanne, fille du roi défunt Henri IV, aurait dû monter sur le trône. Mais la rumeur la disait illégitime – Henri IV eut droit au surnom de l'Impuissant – ou bien soutenait que le mariage de ses parents, cousins germains, n'était pas valide faute de la nécessaire dispense. Isabelle avait revendiqué la succession dès 1468. La noblesse castillane se partagea en factions soutenant l'une ou l'autre des prétendantes. Isabelle pouvait compter en outre sur le soutien sans faille de l'Aragon puisqu'elle avait épousé à dix-huit ans, en 1469, Ferdinand, héritier non contesté de cette couronne. En revanche, le Portugal appuyait Jeanne, dont le parti, plus nombreux, plus puissant, semblait devoir l'emporter [5].

Pourtant, utilisant toutes les ressources de la diplomatie, faisant preuve déjà d'un grand sens politique, Isabelle et Ferdinand obtinrent le ralliement progressif de familles très influentes comme les Mendoza. A la mort d'Henri IV, en décembre 1474, Isabelle se fit proclamer « reine et propriétaire » du royaume de Castille. En avril 1475, Jeanne, la princesse rivale, qui n'avait que treize ans, devint l'épouse du roi Alphonse V de Portugal. La guerre commença et lui fut immédiatement favorable. Ses adversaires retournent la situation à partir de 1476. Ils pacifient successivement l'Estrémadure, l'Andalousie et la Galice. En février 1479, leur armée défait les Portugais. Alphonse V propose de négocier. Par les traités d'Alcaçovas du 4 septembre, la Castille obtient le respect de ses frontières et les zones d'expansion de chacun des deux pays sont, on le sait, définies. On envisage aussi des alliances matrimoniales, l'infante castillane Isabelle est promise à Jean, héritier du trône portugais. Jeanne, dont le mariage avec Alphonse V n'a pas été consommé, pourrait devenir l'épouse de Jean, fils des Rois Catholiques. Mais elle entre bientôt au couvent, à la grande satisfaction de la reine Isabelle.

La paix est revenue. Ferdinand, roi d'Aragon depuis janvier 1479, et Isabelle sont parvenus à leurs fins. On ne peut cependant affirmer que leur situation soit brillante. Les Français occupent Roussillon et Cerdagne, les terres occidentales de la couronne de Castille ont été ravagées par la guerre civile, les positions aragonaises en Italie sont vulnérables. Sur l'échiquier international, dans cet Occident de plus en plus menacé par l'avancée turque, les Espagnes ne semblent pas représenter la force la plus redoutable. Les progrès de la France, l'émergence de la puissance des Habsbourg, l'expansion du Portugal – qui n'a pas eu à souffrir de la guerre sur son territoire – semblent autrement spectaculaires que la toute récente et fragile construction espagnole. Et pourtant, une douzaine d'années seulement séparent une unité précaire des succès et des résolutions décisives de 1492. Quels sont les éléments qui ont permis de passer d'une situation à l'autre, quelles sont ces forces qui sous-tendent l'État espagnol, et d'où vient la tranquille assurance du plaidoyer de Nebrija qui, en d'autres circonstances, aurait pu passer pour de la forfanterie?

**

Rien n'est plus instructif que la titulature qu'utilisent Isabelle et Ferdinand à partir de 1479. Rappelons-la, dans sa version première qui reste précisément en vigueur jusqu'en 1492. « Roi et reine de Castille, d'Aragon, de León, de Tolède, de Valence, de Galice, de Majorque, de Séville, de Sardaigne, de Cordoue, de Corse, de Murcie, de Jaen, des Algarves, d'Algeciras, de Gibraltar, comte et comtesse de Barcelone, seigneurs de Biscaye et de Molina, ducs d'Athènes et de Néopatrie, comtes de Roussillon et de Cerdagne, marquis d'Oristan et de Gociano. »

L'austère litanie, entre réalité et mythe, enregistre des faits concrets et trahit des rêves secrets. Elle est d'abord le fruit d'une savante alchimie qui marie les apports respectifs de la Castille et de l'Aragon : Castille, León, Tolède, Galice, Séville, etc. pour l'une, Aragon, Sicile – qui est aragonaise depuis 1403 –, Valence, Majorque, Sardaigne

– rattachée depuis 1324 –, Barcelone, etc. pour l'autre. Belle mosaïque dont l'existence relativise les propos de Nebrija. L'unité est en marche mais elle n'est pas faite. Le terme même d'unité est abusif tant l'autonomie de beaucoup des territoires énumérés est grande. Plus simplement, existe une union personnelle et dynastique.

Une absence, celle des îles Canaries, étonne. L'archipel est devenu définitivement castillan lors du traité d'Alcaçovas de 1479. Or, il n'en est pas fait mention avant 1492 ou 1493. Par exemple, les îles sont passées sous silence dans les Capitulations de novembre 1491 avec Boabdil. Cette négligence traduit-elle le faible intérêt que les souverains portent à leur possession, ou faut-il la mettre au compte d'une inertie administrative ? La deuxième hypothèse expliquerait aussi l'omission persistante, au moins jusqu'à la mort d'Isabelle (1504), des îles des Indes et de la Terre ferme qui désigne le continent américain. Ou bien encore, pour les Canaries et les « Indes », faut-il croire à une prudence toute diplomatique, conséquence du flou juridique et de l'issue incertaine des armes (Tenerife ne fut « pacifiée » qu'en 1946) ? Le contraste est saisissant avec le sort réservé au royaume de Grenade, immédiatement incorporé, en 1492, à la titulature. De surcroît, Grenade apparaîtra au cinquième rang, avant Tolède, lieu de résidence du primat des Espagnes, et figurera aussi à la pointe des armoiries.

Certaines mentions ne sont pas moins surprenantes, du moins en apparence. Pas tellement celles du Roussillon et de la Cerdagne, qui traduisent l'attachement de Ferdinand aux deux comtés, finalement dévolus à l'Aragon en 1493. Davantage, celle de la Corse, génoise depuis 1347, mais qui fait l'objet des convoitises aragonaises matérialisées par une tentative de contrôle de la zone de Bonifacio en 1480 [6]. D'autres éléments, Algarves, Athènes et Néopatrie, relèvent d'une autre logique. L'Algarve est au sens strict la région la plus méridionale du Portugal, et son appartenance au monde lusitanien n'est pas contestée. Au pluriel, le mot *Algarves* fait référence à des terres qui, de part et d'autre du détroit de Gibraltar, ont été, jadis, sous domination musulmane. L'anachronisme rappelle la lutte pluriséculaire des chrétiens contre les musulmans et traduit l'esprit de croisade. La démarche est identique pour Athènes et la Néopatrie. Ancienne seigneurie de l'empire latin de Constantinople, le duché d'Athènes a été sous domination catalane jusqu'en 1388. Les Ottomans en sont maîtres depuis 1456. La fiction est pourtant maintenue dans la titulature, preuve que les Aragonais n'ont pas renoncé à ce territoire qui se trouve sur le chemin de Constantinople et de Jérusalem. Ajoutons que le nom de cette dernière ville apparaîtra bientôt dans la liste car le titre, hautement symbolique, était, selon la tradition, lié à la royauté de Naples.

Reste une dernière caractéristique, essentielle, de la titulature. Tout au long de l'énumération, la prééminence de la Castille est patente. Terme à terme, les territoires de la couronne de Castille précèdent toujours ceux de la couronne d'Aragon. C'est la seconde fois que nous le soulignons. La première occasion fut linguistique, la langue conquérante était le castillan. Rappelons-nous que Nebrija, dans sa fameuse adresse, faisait allusion à l'entrevue que lui avait accordée Isabelle. Nulle trace de Ferdinand à Salamanque en 1487 et pas davantage dans l'échange de 1492, à Grenade ou à Santa Fe. Aurions-nous enfin le signe d'une divergence entre les deux époux, l'ébauche d'une politique séparée? Ce serait sans doute aller vite en besogne que de répondre par l'affirmative. Ferdinand est, en droit, roi des territoires où le castillan est moins parlé que le catalan ou les dialectes italiens. En théorie, il n'est pas concerné par le projet de Nebrija. Mais son retrait n'est que politique. Les Rois Catholiques administrent la preuve qu'ils jouent avec une habileté consommée du registre de l'union personnelle. Tantôt ils sont cosignataires d'un décret et manifestent avec éclat leur identité de vue, tantôt l'un deux assume une décision ou un geste qui pourrait embarrasser l'autre. La confrontation de la titulature et de la dédicace de la grammaire castillane de Nebrija nous révèle, s'il en était besoin, l'intelligence de Ferdinand, d'ordinaire peu enclin à se laisser reléguer au second plan. Souvenons-nous de l'un des rares moments de tension entre les deux époux que l'histoire ait retenus. A la mort d'Henri IV, Isabelle a pris l'initiative et a été proclamée « Isabelle, reine de Castille » et l'on a ajouté « Ferdinand, son époux légitime ». Ferdinand ne s'est incliné, lors de la concorde de Ségovie de 1475, qu'après avoir soupesé tous les termes du texte et avoir reçu des assurances quant à l'exercice du pouvoir. Son acceptation de la titulature et son apparent éloignement du projet de Nebrija, qui a valeur de consentement muet, ont la même signification : en bon politique, Ferdinand, en 1479 comme en 1492, admet l'incontestable réalité, à savoir le plus grand dynamisme castillan.

La démographie ibérique, à la fin du XVe siècle, est à cet égard éloquente. Bien que nous ne disposions pas de dénombrements homogènes et de qualité, des estimations ne laissent planer aucun doute sur les écarts sensibles entre le centre castillan et toutes les périphéries ibériques. Le Portugal compte, à l'époque, environ 1 200 000 habitants (il en comptera 1 400 000 en 1527). Les pays de la couronne d'Aragon n'atteignent pas à eux tous le million : 250 000 habitants pour la principauté de Catalogne, 230 000 pour l'Aragon, 230 000 encore pour le royaume de Valence, 100 000 pour les Baléares, soit un total de l'ordre de 800 000 à 850 000 habitants. Le royaume de Navarre, toujours indépendant, a une population un peu supérieure à 100 000 habitants, le royaume musulman de Grenade en compte de 300 000 à 400 000 avant le début des hostilités avec les chrétiens. Si l'on fait le total de tous ces pays, on parvient à une population d'approximativement 2 500 000 habitants. Face à cet ensemble éclaté et disparate, peu dense (la moyenne est de 10 habitants au km^2) les terres castillanes constituent un bloc d'environ 5 000 000 d'habitants. Le plus grand nombre, la plus grande densité (autour de 20 habitants par km^2), la plus grande homogénéité donnent un avantage évident à la couronne de Castille.

A elle seule, par ailleurs, la population espagnole (Castille plus Aragon) est supérieure à celle de la Grande-Bretagne, elle est la moitié de celle de l'Italie, elle-même morcelée en une infinité de territoires dont quelques-uns sous contrôle aragonais. Seule la France, avec ses 15 000 000 d'habitants, est de ce point de vue un monstre incomparable. En termes démographiques, la place de l'Espagne dans le monde occidental de la fin du xve siècle est enviable. Et elle la doit, pour l'essentiel, à la Castille.

Les multiples conflits internes à l'Europe occidentale n'ont pas empêché celle-ci de connaître, dès les années 1450-1460, une période de croissance généralisée. L'Espagne en a eu sa part, et plus particulièrement la Castille. Les régions les plus dynamiques sont incontestablement castillanes. La plus active, la plus complète est la zone qui embrasse à peu près toute la Vieille-Castille et le nord de la Nouvelle-Castille : de León et Burgos à Tolède et Cuenca. C'est une des zones les plus densément peuplées, atteignant en son cœur des moyennes de 40 habitants au km^2. Elle est irriguée par d'excellents axes routiers : un axe est-ouest de Logroño à León, d'autres, plus importants, grossièrement nord-sud, de Burgos à Salamanque et Plasencia, de Burgos à Avila et Tolède, de Burgos à Cuenca. Ces derniers ont la même orientation que les *cañadas*, ces chaussées parcourues deux fois l'an par les troupeaux de moutons transhumants de la Mesta. L'une va de León au sud de l'Estrémadure en passant par Salamanque et Plasencia. Une deuxième, partie de Logroño après avoir traversé Burgos et Ségovie, la rejoint aux alentours de Plasencia. La troisième relie Soria au sud de la Manche via l'Escurial, la dernière, plus orientale, plus excentrique, moins longue, est organisée autour de Cuenca. Née au xiiie siècle, la Mesta est le très puissant syndicat des éleveurs de troupeaux transhumants qui garantit le transfert, dans de bonnes conditions, de deux millions et demi à trois millions de moutons chaque année. Il est l'un des principaux acteurs de la domination de la Vieille-Castille sur les territoires du sud de la péninsule où les troupeaux passent l'hiver. La laine tondue au printemps, sur le chemin du retour, alimente l'industrie et le commerce [7]. Mais l'élevage, naturellement, n'est pas la seule activité, et la prospérité de l'époque est à la fois cause et conséquence des défrichements et des progrès de la production céréalière, comme l'a bien montré Hilario Casado pour les campagnes burgalaises.

Le développement profite aux nombreuses villes installées dans ce quadrilatère León-Burgos-Tolède-Cuenca. On ne peut affirmer que l'une d'entre elles écrase les autres tant elles donnent, au contraire, le sentiment d'une complémentarité. La plus peuplée est Tolède, qui dépasse certainement 30 000 habitants. Elle est le siège d'une importante industrie textile, principalement de la soie. Ségovie et Cuenca, aux dimensions plus réduites, sont les villes – manufacture et entrepôt – de la laine. Ocaña est célèbre pour ses gants. Burgos, 10 000 habitants tout au plus, *caput castellae*, est la cité du commerce. De grandes familles, marchands espagnols ou étrangers, les Prestines, les Camargo, les Maluenda, y organisent les convois de mules transportant la laine vers Laredo, Castro Urdiales et surtout Bilbao où le produit est embarqué en direction de la Flandre, de l'Angleterre ou de la France [8]. Les Burgalais vendent aussi le fer de Biscaye. Salamanque vit autour de son université. Le baron tchèque Leon Rosmithal qui y séjourne en 1466 affirme : « Peut-être les études ne fleurissent-elles nulle part ailleurs en chrétienté comme dans cette ville [9]. » A la fin du XVᵉ siècle, à en croire les témoignages d'autres voyageurs étrangers, cinq mille étudiants la fréquentaient chaque année. Medina del Campo est le siège des principales foires, les autres étant celles de Medina de Rio Seco et de Villalon. Toutes doivent leur fortune aux initiatives que des membres de la haute noblesse ont prises au cours de la première moitié du XVᵉ siècle. Valladolid, enfin, certainement la plus ambitieuse, 25 000 habitants environ, mais bridée dans ses aspirations par les Rois Catholiques. Certes, ils y maintiennent, en 1489, la chancellerie, tribunal d'appel au civil comme au criminel, créée en 1452 par Jean II, mais ils refusent, en 1491, de favoriser la foire au détriment de celle de Medina del Campo. Tout se passe comme si les souverains veillaient à une répartition harmonieuse des tâches entre leurs bonnes villes, comme s'ils se méfiaient de l'excessive puissance de l'une d'entre elles et qu'ils souhaitaient un développement équilibré et général d'une région qui, plus que toute autre, leur était, de par ses richesses, précieuse.

L'autre pôle de développement, plus modeste mais appelé à un grand avenir, se situe en Andalousie. Le centre en est Séville. La croissance de la cité a été spectaculaire entre la fin du XIVe siècle et la fin du suivant. Séville avait moins de 15 000 habitants vers 1380, 20 000 à 25 000 vers 1450, 35 000 à 40 000 vers 1490. Elle est installée au milieu d'une riche région agricole innervée par le Guadalquivir et qui fournit blé, huile et vin en abondance, assurant au port une activité régulière et soutenue. De surcroît, Séville est à la tête d'un complexe qui englobe toute une série de villes du rivage andalou très dynamiques, en dépit de leur petite taille, aucune ne dépassant 3 000 habitants : San Lucar de Barrameda, Cadix, Huelva, Palos, Moguer. Elles s'adonnent à toutes les activités de la mer – pêche, constructions navales, commerce –, ont tissé des liens étroits avec la côte septentrionale de l'Afrique, avec le Portugal, avec les îles de l'Atlantique, avec l'Europe du Nord-Ouest. On retrouve ici bien sûr la fameuse région de la Niebla, l'une des plus entreprenantes, qui a mérité parfois le second nom significatif d'Algarve andalou.

Les pays de la couronne d'Aragon supportent difficilement la comparaison. La Catalogne est en proie à une très grave crise. Une véritable guerre civile a fait se dresser une grande partie des paysans, les *remensas*, attachés à la terre car ils ne pouvaient l'abandonner sans verser une somme d'argent élevée au seigneur, leur maître. L'agitation, vive et permanente entre 1462 et 1472, a repris en 1483, mais Ferdinand réussit, par la sentence de Guadalupe, en 1486, à imposer son arbitrage. Les paysans pourront se racheter moyennant un versement modique et bénéficieront de baux emphytéotiques, synonymes de stabilité. Mais c'est là une décision dont les conséquences ne se feront sentir qu'à long terme. Pour l'heure, Barcelone, qui n'a pas été épargnée par les rivalités internes, végète. Seule, au sein de l'ensemble aragonais, Valence a échappé au déclin. Avec 60 000 habitants, c'est la plus grosse ville de l'Espagne chrétienne, la troisième de la péninsule Ibérique, après Lisbonne et peut-être Grenade. Elle dispose, comme Séville, d'une fertile région agricole où dominent les cultures spéculatives :

mûrier qui a donné naissance à une industrie florissante de
la soie, fruits secs (raisins et amandes), sucre, la zone de la
canne se trouvant autour de Gandia au sud de Valence. Ces
produits, auxquels s'ajoutent encore légumes (pois chiches
et fèves), fruits frais, safran, anis... constituent l'essentiel
des exportations du port. Au nombre des importations
figurent les céréales qui, à l'exception du riz, font défaut de
manière chronique. Mais, à la différence des régions castillanes en plein essor, « neuves », le pays valencien donne des
signes d'essoufflement. Les poursuites inquisitoriales
contre les marchands *converos* privent la ville de négociants parmi les plus entreprenants, et d'autres familles
marchandes abandonnent le commerce pour des investissements à moindre risque [10].

N'oublions pas pour finir les Canaries. Elles sont tombées dans l'escarcelle castillane un peu par hasard. Découvertes, on le sait, en 1312 par des Génois, elles ont fait
l'objet de la curiosité de marins espagnols, portugais, français tout au long du XIVe siècle. Luis de la Cerda, infant de
Castille, obtint en 1344 du pape Clément VI de les tenir
en fief mais ne s'y rendit jamais. La première tentative de
colonisation revint à deux seigneurs français, le Normand
Jean de Béthencourt et le Poitevin Godifer de la Salle. Ils
vendent leurs biens et depuis La Rochelle atteignent les
Canaries, en juillet 1402. On connaît les exploits de ces
aventuriers par *Le Canarien, livre de la conquête et
conversion des Canaries* dont les auteurs sont deux clercs,
Pierre Bontier et Jean le Verrin. Godifer et une cinquantaine d'hommes s'installent à Lanzarote et Fuerteventura
tandis que Béthencourt rentre en Normandie pour recruter d'autres colons. Peine perdue, il se trouve obligé de
prêter hommage au roi Henri III de Castille qui le fait
« roi des Canaries ». Il revoit les îles une dernière fois en
1405. Il finira ruiné, en 1422, après avoir vendu son titre
au roi de Castille. Dès lors, des nobles andalous se transmettent les droits sur les îles non sans se heurter aux
convoitises des Portugais [11].

Entre 1477 et 1479, le sort jusque-là incertain des îles
fortunées est scellé. Les Rois Catholiques négocient avec
Diego Garcia de Herrera, dernier titulaire de la souverai-

neté insulaire. Celui-ci renonce à ses droits contre une indemnisation et le gouvernement de la petite île de la Gomera. C'est sa veuve, Ines Pereza, qui accueillera Colomb en 1492. La Couronne s'intéresse de très près à l'exploitation des îles. A l'abri du traité d'Alcaçovas de 1479, la colonisation systématique des îles se fait sur la base de concessions de lots. Au détriment des indigènes, les Guanches, décimés par les épidémies ou réduits en esclavage, sur place ou dans la péninsule Ibérique où ils sont transportés.

On ne soulignera jamais assez le rôle stratégique des Canaries dans la genèse de 1492. Avant de devenir l'escale obligée sur la route de l'Amérique et le laboratoire de la colonisation, elles ont été le carrefour des expériences maritimes espagnoles. Elles représentent la stimulante compétition avec les Portugais, le contact avec l'Afrique du golfe de Guinée, la familiarisation progressive avec l'Atlantique.

La construction de l'État

La corbeille des Rois Catholiques en 1474 était donc moins vide qu'il n'y paraissait. Les souverains n'étaient nullement des prestidigitateurs ayant tout sorti de leur chapeau. Mais ils ont su admirablement évaluer leurs atouts comme leurs faiblesses. Portés par une conjoncture économique favorable, reprenant quantité de projets conçus par leurs prédécesseurs et restés lettre morte, ils ont cherché, avec opiniâtreté, à affirmer leur pouvoir et à construire un véritable État. Trois aspects, financier, politico-administratif, militaire, méritent d'être retenus.

Isabelle et Ferdinand avaient besoin de beaucoup d'argent pour mener à bien leurs ambitieux projets. Or ils avaient peu à attendre des territoires de la couronne d'Aragon, et les rentrées provenant de Castille étaient limitées; en 1477, vingt-sept millions de maravédis seulement avaient été encaissés. Ils s'ingénièrent à augmenter sensiblement les revenus par une gestion plus efficace des contributions permanentes, par la récupération de rentes usurpées, par le recours à des sources de financement exceptionnelles. Leur effort consista à faire fonctionner les rouages mis en place par les souverains précédents sans introduire de nouveautés susceptibles de mécontenter leurs sujets.

Énumérons les impôts ordinaires. Le plus important de tous est l'*alcabala* qui, à lui seul, représente 70 % à 80 % des recettes que constitue ce premier ensemble. Il porte sur toutes les transactions effectuées à l'intérieur du royaume, et les produits qui y échappent sont rares : le pain, les chevaux, les mulets, l'or et l'argent. Peu de personnes en sont exemptées. En deuxième lieu vient le produit des diverses douanes que l'on appelle, selon les zones concernées, *diezmos* (frontière aragonaise, navarraise, grenadine, portugaise, du littoral septentrional) ou *almojarifazgos* (littoral méridional). Ils rapportent 10 % à 12 % du total des impôts. Complètent la panoplie les *tercias reales* équivalentes aux deux neuvièmes de la dîme ecclésiastique, soit environ 2,5 % de la production, le *servicio y montazgo* qui pèse sur le bétail transhumant et l'utilisation des pâturages, les salines [12]...

Les Rois Catholiques recourent de manière habile à la fiscalité extraordinaire. Le procédé utilisé par leurs prédécesseurs consistait à demander l'assentiment des cortès pour lever une contribution directe, le *servicio*, payé uniquement par les roturiers. Les *cortès*, dont l'autre fonction essentielle était de prêter serment au nouveau souverain et aux héritiers de la Couronne, réunissaient les représentants de dix-sept villes du royaume, treize d'entre elles appartenant au fameux quadrilatère castillan dont il a été question plus haut. Mais Isabelle et Ferdinand souhaitent avoir une liberté de manœuvre complète. Ils ne convoquent les cortès que deux fois, à Madrigal de las Torres, la petite cité natale de la reine, en 1476, et à Tolède, en 1480. A Madrigal, les monarques demandent à lever un *servicio* – ce sera le seul – et surtout proposent de créer la *Santa hermandad*. Il existait plusieurs *hermandades*, financées par les municipalités, qui assuraient la sécurité des campagnes. Isabelle et Ferdinand reprennent l'idée à leur compte, en la généralisant. La *hermandad* devient une troupe permanente. Tous les trois ans, le conseil qui la régit décide du versement aux caisses royales de sommes importantes. Les souverains peuvent, dès lors, se passer des *cortès*.

L'Église a largement alimenté les finances royales : 17,8 millions de maravédis par an entre 1478 et 1485, de 32 millions à 34,5 millions par an ensuite. C'est-à-dire plus que l'ensemble des recettes de 1477. Outre les *tercias*, l'Église a apporté une aide considérable sous forme de *subsidio* et de bulle de croisade. Le premier fut une contribution au clergé de Castille et d'Aragon à six reprises entre 1482 et 1492. La seconde était liée à la guerre de Grenade, considérée comme une croisade. Le pape permit aux Rois Catholiques de disposer des sommes recueillies auprès des fidèles. En effet, ceux-ci recevaient des indulgences s'ils participaient financièrement (en achetant une bulle) à l'effort de croisade. De volontaire, l'achat devint obligatoire en Aragon, en Castille et en Navarre. Le produit de ces deux apports se serait élevé en dix ans, selon Miguel Angel Ladero Quesada, à 800 millions de maravédis [13]. Ce fut, de très loin, la principale source de financement de la guerre contre l'émirat de Grenade.

Les conséquences d'une telle politique sont évidentes. Alors que les impôts extraordinaires n'avaient représenté que 30 % environ des recettes pendant les trois premiers quarts du xve siècle, leur part, avec les Rois Catholiques, ne cesse de s'élever pour atteindre 70 % dès 1482. Le budget est singulièrement accru, et l'indépendance de la Couronne s'affirme. Encore faut-il que les ressources de l'impôt alimentent les caisses royales. Or une partie importante du revenu des *alcabalas* et *tercias*, et, dans une moindre mesure, d'autres contributions, est aliénée. Seigneurs laïques et ecclésiastiques le perçoivent surtout à leur profit dans le ressort de leurs domaines. Par ailleurs, une partie des recettes sert à payer les pensions qui ont été accordées par les prédécesseurs des Rois Catholiques à des membres éminents de la noblesse et du clergé. On désigne l'ensemble de ces créances du nom de *situado*. La principale tâche des cortès de Tolède en 1480 a consisté précisément à les limiter : certaines pensions sont supprimées, d'autres subissent des abattements à l'issue d'une négociation délicate conduite par l'évêque Hernando de Talavera. On aboutit à un compromis entre pouvoir et noblesse. Compromis satisfaisant pour les deux parties : la Couronne peut recouvrer une trentaine de millions de maravédis par an; les privilèges, la fortune, le rôle de la noblesse n'ont pas été fondamentalement mis en cause. Tout l'art de gouverner des souverains est résumé dans cet accord.

Aux mêmes cortès de Tolède, le Conseil royal est réorganisé. Ses origines remontent au xve siècle, et traditionnellement il a deux fonctions, judiciaire et politique. La noblesse y a toujours joué un rôle éminent. Les velléités de réforme des monarques précédents (Henri II en 1406, Henri IV en 1465, par exemple) ont tourné court. Isabelle et Ferdinand ont la volonté et les moyens de parvenir à leurs fins. Ils confirment les fonctions de l'institution mais en font un rouage essentiel du pouvoir royal. Les membres permanents seront désormais une douzaine : un prélat président, trois chevaliers, et huit ou neuf *letrados*, juristes qui souvent s'opposent à la noblesse. Celle-ci n'est pas écartée puisque ses membres peuvent venir au Conseil quand bon leur semble, mais son rôle est amoindri. Cet organe devient « la colonne des royaumes », selon le mot de Miguel Angel Ladero Quesada, car, par la délégation royale, il assume de multiples tâches de politique, d'administration, de finances [14]... En outre, tous les agents du pouvoir, *pesquisidores*, qui interviennent entre autres dans les questions de limites de finage entre communautés d'habitants, et *corregidores*, qui, au nom du souverain, président les débats des municipalités, relèvent du Conseil. Bientôt apparaissent des sections justice, *hermandad*, affaires internationales, finances, couronne d'Aragon, et une section d'au-delà des ports qui concerne, à l'époque de la guerre de Grenade, les régions du nord de la Castille, éloignées des lieux de résidence les plus fréquents des souverains. On voit par là l'extrême souci de ne rien laisser au hasard et d'établir un contrôle plus strict.

Dans le même esprit, les secrétaires royaux voient leur place grandir. Ils travaillent en étroite relation avec le

Conseil royal dont ils préparent les séances. Ils sont surtout les hommes de confiance des souverains. Nous avons déjà eu l'occasion de citer au moins deux d'entre eux, Juan de Coloma, cheville ouvrière des Capitulations avec Colomb, attaché à la couronne d'Aragon, et Hernando de Zafra à qui fut confiée l'organisation du royaume de Grenade en collaboration avec le capitaine général Iñigo Lopez de Mendoza et Hernando de Talavera. Citons encore Beatriz Galindo, la seule femme de ce groupe, grande camériste d'Isabelle, auteur de poésies et de commentaires d'Aristote, que l'on surnomma « la Latina » tant elle dominait cette langue. Un milieu dévoué et compétent, donc, sur lequel nous reviendrons.

Peu à peu, les souverains ont créé d'autres conseils, moins importants dans la hiérarchie, mais tout aussi indispensables que le Conseil royal. Il ne fallait pas engorger la machine administrative en confiant tout à ce dernier. Fort logiquement, et c'était habile, un Conseil d'Aragon fut détaché en 1494. Puis l'année suivante émergea le Conseil des ordres militaires, point final d'un long et patient processus. Les ordres militaires, Saint-Jacques, Alcantara, Calatrava dans la couronne de Castille, Montesa dans celle d'Aragon, ont participé de manière active à diverses phases de la Reconquista. Récompensés en juridictions et terres pour leur précieux concours, ils étaient devenus de réelles forces qu'il fallait ménager. Ferdinand et Isabelle cherchèrent à capter leur puissance. En 1485, à la mort du grand maître de l'ordre de Calatrava, l'administration de celui-ci fut confiée directement à la Couronne. En 1492 disparut Alonso de Cardenas, grand maître de l'ordre de Saint-Jacques. Ferdinand lui succéda. En 1494, Juan de Zuñiga renonça à la maîtrise d'Alcantara au bénéfice de la Couronne. Il reçut une belle compensation sous la forme de l'archevêché de Séville.

Nous ne pouvons oublier qu'avant 1492 un deuxième conseil avait été institué, celui de l'Inquisition. Il est d'ailleurs resté le deuxième en dignité de tous les conseils d'Ancien Régime. Il vit le jour en 1483, quelques années après l'installation du terrible appareil. Son intitulé complet est Conseil de la suprême inquisition, que l'on désigne souvent sous l'abréviation de la Suprême. Rien n'est plus révélateur des intentions et de la démarche des Rois Catholiques que la naissance, les attributions et le fonctionnement de ce conseil. L'Inquisition était tout d'abord un tribunal ecclésiastique soumis à l'autorité du pape. Mais l'inquisiteur général, porté à la tête de l'institution, était nommé par le roi, et Rome entérinait. Le Conseil seconda l'inquisiteur général. Il suivait les déplacements de la cour, et ses membres étaient eux aussi désignés par le souverain. Dans le dispositif inquisitorial, il constitue une pièce essentielle car tous les tribunaux régionaux doivent lui adresser des rapports, lui soumettre les causes en appel... Dans ces conditions, l'Inquisition, redoutable broyeuse d'« hérétiques », est aussi une arme au service de l'État. Les Rois Catholiques ont respecté tous les particularismes de la couronne d'Aragon, en particulier les *fueros*, les libertés, mais ils ont introduit un nouveau tribunal où les lois civiles n'existent pas. Et par le biais de la Suprême, toute l'information sur les activités des tribunaux du district, qu'ils soient de Valladolid, de Tolède, de Barcelone ou de Valence, remontent jusqu'à eux [15].

Dans le domaine politico-administratif comme dans le domaine financier, Isabelle et Ferdinand ont fait preuve d'une habileté consommée. Ils n'ont pas cherché à imposer des solutions neuves qui auraient irrité certains de leurs nombreux royaumes, ou une partie de leurs sujets. Ils se sont souvent contentés de reprendre des projets antérieurs qui n'avaient pas abouti. Ils ont systématiquement soit composé, soit contourné les obstacles, et, peu à peu, ils ont tissé leur toile. « Peu à peu », le terme ne convient guère, car *grosso modo*, c'est entre la fin de la guerre civile, lorsque l'issue en était déjà certaine, et l'engagement massif contre l'émirat de Grenade que la mécanique a été mise en place, donc entre 1476 et 1484.

Disposant des financements nécessaires, des rouages adéquats, les Rois Catholiques pouvaient songer à en découdre avec leur rival musulman de Grenade. A condition de réunir une armée efficace. Ils agirent, en cette matière, comme dans toutes les autres, en évaluant les forces – aussi ne fut-il rien demandé aux pays de la couronne d'Aragon –, en utilisant les canaux conventionnels de mobilisation, en maintenant la coutumière organisation militaire. En un mot, leur armée répond au modèle médiéval. L'armée réunie entre 1482 et 1492 est la somme de quatre apports. D'abord les troupes royales au sens strict, qui se composent des gardes royaux et des vassaux du roi. Tous étaient convoqués par le roi et payés par le trésor royal. En revanche, seuls les premiers constituaient un noyau permanent et professionnel, les seconds pouvant être appelés en toute circonstance. A leur égard, René Quatrefages emploie l'expression de « service passif permanent [16] ». Ensuite, les souverains pouvaient compter sur les troupes seigneuriales organisées et dirigées par des membres de la haute noblesse ou leurs lieutenants. Il s'agissait d'unités dont la cohérence reposait sur les liens de fidélité et de clientèle. Cependant, indice de nouveauté, le trésor royal assuma la solde de ces hommes pour leur temps de service dans l'armée royale. Troisième élément, tout aussi ordinaire, les contingents municipaux. Tous les sujets étaient astreints au service à l'exception des membres du clergé ; ils prêtaient serment au roi mais par l'intermédiaire de leur municipalité. Enfin, l'apport de la *hermandad* est original. Il reposait sur une contribution des villes, calculée sur la base de l'entretien d'un cavalier pour cent feux.

L'armée est nombreuse. La cavalerie, dans les années 1490-1492, comprend 4 500 à 5 000 lances, ce qui est beaucoup. La moitié était fournie par les troupes royales, le reste était partagé entre troupes seigneuriales et *hermandad*. Les troupes municipales n'en étaient pas totalement absentes car s'était maintenue la tradition d'une cavalerie populaire fondée sur la fortune et le mode de vie et non sur le lignage. La cavalerie se subdivisait techniquement en hommes d'armes classiques, lourdement vêtus et munis d'une masse d'arme, d'un estoc, d'une lance et d'un écu, et genétaires, cavaliers montant les étriers courts et portant, selon le modèle musulman, une armure légère (casque, cuirasse, demi-cuissards et jambières), une épée, un poignard, une arbalète et un bouclier ovale ou adargue.

Les effectifs de l'infanterie oscillèrent le plus souvent entre vingt mille et trente mille hommes, partagés principalement entre lanciers et arbalétriers, l'arbalète étant une arme particulièrement redoutable lors des sièges. La *hermandad* donne les plus gros contingents, mais les contributions des troupes seigneuriales et municipales n'étaient pas négligeables. Les troupes royales elles-mêmes n'ignoraient pas l'infanterie. Un embryon, quelques dizaines d'espingardiers, en faisait partie. L'introduction de cette spécialité est lourde de signification. Elle manifeste l'intérêt inédit accordé à l'arme à feu portative, en l'occurrence l'espingole (ou le tromblon), et annonce le rôle primordial que jouera bientôt l'infanterie au détriment de la cavalerie dans les combats. Les espingardiers, vers 1489-1490, étaient près de deux mille, dont un millier environ appartenant à la *hermandad*, comme si l'innovation administrative allait de pair avec l'innovation technique.

L'artillerie a, en apparence, la portion congrue. Mais son existence est à elle seule remarquable. De surcroît, à mesure que la guerre se déroulait, ses effectifs augmentaient. A partir de 1487, plus de mille personnes y sont employées, entre piétons au service des poudres, tailleurs de boulets, sapeurs, charpentiers chargés des assemblages. Les canons utilisés sont de calibres très divers, des pièces légères que sont les fauconneaux aux ribaudequins. Dans ce domaine, la supériorité des chrétiens est écrasante. Il a suffi de déployer les bombardes devant Baza, en 1489, pour que les défenseurs de la ville capitulent.

La grande réforme militaire espagnole est postérieure à 1492. Une fois de plus, les Rois Catholiques n'ont rien voulu brusquer. Mais au sein d'une organisation toute traditionnelle apparaissent les germes de l'armée qui dictera sa loi à l'Europe entière pendant un siècle et demi, jusqu'à la bataille de Rocroi (1643). Contrôle renforcé de la Couronne, introduction de l'artillerie, mission plus importante dévolue à l'infanterie sont autant de signes d'une mutation en cours. Sur le plan théorique, le pas décisif a été franchi dès 1459 par Alonso de Palencia, personnage qui a été élevé dans l'entourage de l'évêque *converso* de Burgos,

Pablo de Santa Maria, et qui est l'auteur du *Tratado de la
perfección del triunfo militar*. Ce livre a certainement été
lu et médité par Ferdinand d'Aragon. Or l'une des idées
les plus fortes de Palencia est précisément la place privilégiée qui doit être accordée à l'infanterie. Il voit en elle
l'arme qui remportera la victoire. Propos révolutionnaire.
Palencia est à l'art militaire ce qu'est Nebrija à la linguistique. Mais il ne vit pas la réalisation de ses intuitions car
il mourut, comme tant d'autres, en 1492 [17].

Isabelle, Ferdinand et leur entourage

Dans les années 1470, il existait, principalement en
Castille, un cénacle d'humanistes las des troubles et du
désordre qui agitaient leur pays depuis des décennies. Ils
appelaient de leurs vœux le prince qui saurait mettre fin à
l'anarchie, restaurer la justice, imposer son empire. Ces
hommes avaient souvent exercé des charges auprès des
souverains précédents, en particulier auprès d'Henri IV
qu'ils avaient suivi du mieux qu'ils avaient pu. Déçus, ils
reportèrent tous leurs espoirs sur ceux qui avaient su
mettre un terme aux divisions. Le *converso* Alonso de
Palencia faisait précisément partie de ce groupe. Avant de
rédiger son traité d'art militaire, il avait participé en 1440,
à l'âge de dix-sept ans, à une délégation auprès du connétable Alvaro de Luna, favori du roi Jean II, en guerre avec
une partie de la noblesse du royaume. Il séjourna en Italie,
fréquenta le cercle du cardinal grec Besarion puis, de
retour en Castille, devint en 1456 secrétaire du roi
Henri IV.

Or, l'opuscule d'Alonso de Palencia ne s'en tient pas à
une analyse de la technique militaire. Son but est politique. Le polémologue, utilisant une figure allégorique, se
demande pourquoi le Triomphe a, depuis des siècles,
méprisé l'Espagne. Après de longues péripéties qui l'ont
conduit en France puis en Italie, le héros de la fable,
appelé l'Exercice, a la révélation de ce qui lui fait défaut :
l'Obéissance et l'Ordre. « Il n'y a pas d'armée sans chef et
l'armée chercherait en vain la gloire sans capitaine. » Dix

ans à peine après la publication de son traité, l'homme d'expérience qu'est Palencia pressent qu'Isabelle et Ferdinand seront les artisans de la construction de l'État. Il se met au service de la prétendante et participe aux tractations précédant le mariage de Ferdinand.

Francisco Ramirez de Madrid suit les mêmes sentiers. Fils du seigneur d'Oreña, il a probablement fait partie de l'entourage d'Henri IV avant de manifester une indéfectible fidélité aux Rois Catholiques. Lui aussi est féru d'art militaire. Nommé « grand ouvrier des Alcazars de Séville », il a été jusqu'à sa mort, survenue en 1501 au cours d'un combat contre les musulmans d'Andalousie révoltés, l'éminent expert en artillerie. Les Rois Catholiques lui ont fait épouser, en secondes noces, Beatriz Galindo, la grande camériste d'Isabelle [18]. Autre profil voisin, celui d'Alonso de Quintanilla. D'origine asturienne, il fit partie de la suite du roi Jean II qui lui confia l'éducation de l'héritier de la Couronne, l'infant Henri (le futur Henri IV). Bien qu'étant passé ensuite au service du marquis de Villena, adversaire acharné d'Isabelle, il ne tarda pas à faire partie de l'entourage de celle-ci. Fondateur de la Maison de la monnaie de Medina del Campo, il fut destiné à la charge de contrôleur général de Castille. Il a présidé aux travaux d'organisation de la *hermandad*. Ayant de solides connaissances en mathématiques et en économie, il a assumé la responsabilité de l'intendance de l'armée lors de la guerre de Grenade. Et il s'est intéressé très tôt au projet de Christophe Colomb [19].

A côté de ces techniciens, des lettrés. Ainsi Gomez Manrique, fils de l'*adelantado* (gouverneur) de León, Pedro Manrique. C'est un excellent poète, auteur par exemple des *Lamentaciones fechas para una semana santa*. Opposé à Henri IV, il rallie le camp d'Isabelle. Négociateur du mariage princier aux côtés de Gutierre de Cardenas et d'Alonso de Palencia, il est devenu *corregidor* de Tolède où il ouvrit les décisives cortès de 1480 par une adresse explicite : « Une épée a beau être aussi effilée qu'on voudra, elle ne coupera pas plus qu'un morceau de bois s'il ne se trouve personne pour la brandir ; c'est la même chose pour les lois ; même si elles sont bien conçues et rédigées, elles ne seront jamais que du papier si elles ne sont pas appliquées [20]. » Auteur du *Regimiento de principes,* paru en 1482, où il se fait le chantre du renforcement du pouvoir royal, il est aussi l'auteur du célèbre conseil à Isabelle : « On ne voudra pas savoir si vous avez beaucoup prié ni si vous vous êtes donné la discipline ; on vous demandera si vous avez rendu la justice sans passion, si vous avez condamné les coupables ou si vous avez toléré les malandrins, voilà sur quoi vous serez jugée [21]. »

Le franciscian Iñigo Lopez de Mendoza était également poète. Il a ainsi composé des *Coplas de vita Christi.* D'origine *conversa,* membre de la famille de Pablo de Santa Maria, l'ancien rabbin devenu évêque de Burgos, sans doute a-t-il connu très tôt Alonso de Palencia. Il écrivit le *Dechado del regimiento de principes (Modèle du gouvernement des princes)* et n'hésita pas à comparer la reine Isabelle à la Vierge Marie, venues l'une comme l'autre restaurer l'ordre dans un monde à la dérive. Du milieu *converso* provenait aussi Diego de Valera, conseiller de Jean II, d'Henri IV et des Rois Catholiques, qui dédia en 1476 son *Doctrinal de principes* à Ferdinand et plaida, dans son *Miroir de la véritable noblesse,* la cause des *conversos* accusés de n'avoir pas rompu avec le judaïsme. C'est lui qui recommande aux souverains de s'entourer des meilleurs conseillers : « dans les affaires de conscience, des prélats et des religieux ; dans les affaires de justice, des docteurs et juristes ; dans les affaires de la guerre, des chevaliers les plus expérimentés [22] ». Étaient aussi *conversos* les secrétaires Alonso de Avila et Fernando Alvarez de Toledo, fils du seigneur de Tocemaque et homme de confiance de Ferdinand d'Aragon. *Converso,* encore, Hernando del Pulgar, né probablement à Tolède, en 1436. Il eut comme tant d'autres les faveurs d'Henri IV avant d'exercer les fonctions de secrétaire auprès des Rois Catholiques puis celles de chroniqueur à partir de 1478. Il s'acquitte dès lors à merveille de sa tâche, devenant à travers sa *Chronique des Rois Catholiques* le plus zélé des propagandistes [23].

Ce faisant, del Pulgar est en bonne compagnie. Peu de règnes ont autant fait l'objet de panégyriques enflammés et de louanges dithyrambiques, comme si l'on était passé d'un coup de baguette magique de la nuit de la discorde à la clarté radieuse apportée par des souverains inspirés. Chroniqueur, Diego de Valera, rédacteur d'une autre *Chronique des Rois Catholiques*; chroniqueur, Alonso de Palencia, auteur d'une *Narratio belli adversus Granatensis*; chroniqueur, notre vieille connaissance Antonio de Nebrija avec son ouvrage *Rerum a Fernando et Elisabe gestarum decades duce,* sans oublier que Ferdinand lui demanda de traduire en latin la chronique d'Hernando del Pulgar; chroniqueur, le prêtre Andres Bernaldez, ami de Colomb et protégé de l'archevêque de Séville Diego de Deza [24]. C'est encore Nebrija qui a proposé à Ferdinand sa devise *Tanto monta* que l'on peut traduire par « cela revient au même », façon brève et éloquente de dire : peu importent les moyens pourvu que l'on parvienne à ses fins. Tout un programme !

N'oublions pas la chronique en images réalisée par le sculpteur Rodrigo Alemán pour le chœur de la cathédrale de Tolède : cinquante-quatre panneaux publicitaires à la gloire des Rois Catholiques [25], relatant tous les épisodes de la guerre de Grenade. Ferdinand y apparaît trente-quatre fois, et Isabelle, qui pourtant fut peu présente sur le théâtre des opérations, six fois. On a déjà vu que le commanditaire de l'œuvre était le cardinal Pedro Gonzalez de Mendoza. On ne pouvait rêver meilleur courtisan même si l'archevêque de Tolède n'a pas oublié de se faire représenter. Le nouveau, dans cette opération, n'est pas bien sûr le genre de la chronique, maintes fois pratiqué au cours du Moyen Age, en particulier en Espagne. Le roi Henri IV eut ses chroniqueurs, Diego Enriquez del Castillo, mais aussi Alonso de Palencia et Diego de Valera. Ce qui est inédit, c'est l'impressionnant déploiement, la campagne systématique. Tous ces hommes compétents, toujours sur la brèche – on ne devait pas chômer dans l'entourage des Rois Catholiques –, ont apporté sans réserve leur talent à une entreprise d'exaltation magistralement orchestrée.

Formidable machine idéologique que celle-là. La confiance mise dans les uns et les autres a été justifiée.

Curieusement, la plupart des bons serviteurs ont eu longue vie. Tous sont nés avant leurs maîtres, ce qui ne les empêche pas d'apporter leur inestimable expérience jusqu'à l'orée des années 1490. On peut affirmer que cette génération porte les Rois Catholiques jusqu'en 1492. Diego Valera, probablement né en 1412, meurt en 1490; Alonso de Palencia, né en 1423, s'éteint en 1492; Alonso de Quintanilla, né en 1420 (ou 1430), disparaît en 1500; Hernando del Pulgar, né en 1436, décède en 1493.

Une des réussites indéniables d'Isabelle et de Ferdinand a été d'avoir réussi à s'attacher des concours aussi précieux. Les origines géographiques sont extrêmement diverses même si les Castillans au sens strict (Vieille et Nouvelle-Castille) sont les plus nombreux. Quintanilla est asturien, Nebrija, andalou, le secrétaire Hernando de Zafra, d'Estrémadure. Les origines sociales ne sont pas moins diversifiées. La moyenne noblesse domine, mais Gomez Manrique appartient à la haute noblesse, et Hernando de Zafra et Andres Bernaldez sont des roturiers. Le milieu *converso* a beaucoup apporté, ce qui renforce la thèse de l'absence de tout préjugé. Enfin, les collaborateurs des Rois Catholiques viennent de toutes les clientèles. Les jeunes souverains n'ont pas été regardants quant aux passés, aux parcours accidentés, à l'appartenance à d'anciens réseaux adverses. *Tanto monta!*

La savante politique de captation a permis de constituer une véritable équipe de gouvernement. Elle a aussi canalisé les ardeurs de la noblesse, principale force du royaume, pas toujours bien disposée à l'égard des deux monarques. Nous avons déjà vu qu'au cours de la guerre civile des années 1474-1479, les ralliements, spontanés ou calculés, n'avaient pas manqué. La paix rétablie, les Rois Catholiques ont su panser les plaies et ne pas tenir rigueur à ceux qui les avaient affrontés. Conscients de l'importance des enjeux, soucieux de s'épargner des difficultés supplémentaires, ils ne se sont jamais écartés de cette ligne de conduite. Rien n'est plus révélateur, à ce sujet, que les Capitulations signées avec l'émir Boabdil. Le texte a été amplement commenté, mais peu d'attention a été portée au fait que les souverains ont tenu à le faire ratifier par la fine fleur de la couronne de Castille [26]. De la sorte, cinquante noms sont apposés au bas du document. Cinquante noms répertoriés en trois catégories, les prélats et maîtres des ordres militaires, au nombre de dix-neuf, les titulaires des dignités de la maison royale – à commencer par le cardinal Mendoza en sa qualité de grand chancelier –, au nombre de treize, les membres les plus éminents de la haute noblesse, la grandesse – avec à leur tête Fadrique Enriquez, grand amiral de Castille –, au nombre de dix-huit.

Figurent ici les alliés de la première heure, Gutierre de Cardenas, grand commandeur de León, contrôleur général, Andres de Cabrera, comte de Moya, ou l'indispensable Hernando de Talavera, évêque d'Avila. Mais figurent aussi ceux qui furent les adversaires les plus déterminés ou leurs descendants, tels Juan Tellez Giron, comte d'Urueña, ou Diego Lopez Pacheco. Notons la présence de Beltran de la Cueva, comte d'Albuquerque, depuis longtemps rallié, mais qui serait le père présumé de Jeanne « la Beltraneja », l'ancienne rivale d'Isabelle. Que les temps de luttes intestines sont révolus !

Le document indique, avec insistance, les liens qui unissent la plupart des signataires au roi et à la reine, liens du sang (Alfonso d'Aragon, neveu de Ferdinand), liens d'office (Diego Lopez, grand majordome), liens de vassalité pour chacun des seigneurs laïques. On ne saurait mieux exprimer à la fois la déférence et la dépendance.

La place de chacun est soigneusement marquée dans son rapport privilégié aux souverains. De cette manière, clergé et noblesse, qui ont largement contribué au succès chrétien, sont associés à l'un des documents majeurs du règne. Celui-ci n'en acquiert que plus de solennité. Indéniablement les Rois Catholiques soignent la forme mais ne renoncent en rien à leurs prérogatives. Les thuriféraires de la monarchie pouvaient être satisfaits.

La guerre de Grenade a permis de cimenter la noblesse castillane autour de ses souverains. La présence permanente de Ferdinand à la tête de ses troupes, les risques qu'il a osé prendre, au grand dam parfois de ses courtisans, ont constitué une référence contagieuse. Les grands étaient aussi extrêmement sensibles à l'esprit de croisade. Cette guerre médiévale, où l'on se promettait d'affronter, le cas échéant en combat singulier, des membres de familles musulmanes de renom, les séduisait. Ils ne furent pas déçus. Les chroniques s'appesantissent avec complaisance sur les exploits individuels, et parallèlement les *romances* (romans de chevalerie), dits de la frontière, les diffusent [27].

Les Rois Catholiques ont pour leur gloire utilisé à merveille le thème de la croisade. Ils en étaient certes habités. Mais ils étaient trop fins politiques pour ne pas voir les immenses avantages qu'ils pouvaient en tirer. A l'intérieur du pays comme à l'extérieur. Nous avons vu que partout en Occident l'idée de croisade demeurait. Mais personne ne s'y risquait. Isabelle et Ferdinand eurent l'occasion de la conduire au sein de la péninsule Ibérique, tâche autrement plus réalisable que toute entreprise ayant la prise de Jérusalem pour but. Ils la saisirent sans tarder puisque, la guerre civile à peine terminée, ils obtinrent du pape Sixte IV la concession de la bulle de croisade le 13 novembre 1479. Ils avaient la claire intention de profiter du moindre incident frontalier et de rompre la trêve signée avec l'émir grenadin pour trois ans en janvier 1478 [28]. Ils devenaient les champions de la chrétienté.

A la société espagnole, ils proposaient un objectif concret et populaire. Le clergé participa à des campagnes de prédication de la croisade presque continuelles, de la fin 1482 au milieu 1484, de novembre 1485 à novembre 1486, d'octobre 1487 à octobre 1488, de 1490 à 1492. Personne, en Espagne, ne pouvait ignorer qu'une sainte entreprise était menée. Et tous ceux qui étaient engagés, quel que fût leur statut, avaient l'occasion de voir, d'approcher le souverain. Ainsi, en 1489, des hommes originaires de toutes les régions de la couronne de Castille se trouvaient sur le théâtre des opérations. A en croire les états des fonctionnaires royaux, 626 piétons étaient venus du Pays Basque, 904 des Asturies, 2 345 de la lointaine Galice [29].

La politique de présence, d'évergétisme, est un ressort dont les monarques ont abondamment usé. Ferdinand la pratiqua à la tête de ses troupes, Isabelle en rendant la

justice publiquement, le vendredi, tout au moins au début
de son règne. De manière plus générale, ils n'ont cessé de
sillonner leurs royaumes et de se montrer à leurs sujets.
L'énumération de leurs déplacements laisse le lecteur
interdit. Ils ne tiennent pas en place, ce qui se conçoit lors
de la guerre civile. Mais après 1479, leur nomadisme n'est
pas moindre. Au printemps 1481, ils se trouvent dans la
petite ville aragonaise de Calatayud pendant deux mois
environ. Le 9 juin, ils se rendent à Saragosse où Isabelle
demeure trois petites semaines, tandis que Ferdinand
gagne Barcelone. Ils restent plus de quatre mois dans la
cité catalane, puis c'est le début d'une grande migration
vers le sud par Tarragone, Tortosa, Peñiscola, Murviedro
(Sagonte), Valence où a lieu une pause d'un mois
(25 novembre-29 décembre). Nouvelle traversée de l'Aragon en passant par Segorbe, Teruel, Daroca, Calatayud,
pour parvenir en Castille, Burgo de Osma, Aranda,
Medina del Campo où l'équipée royale s'achève provisoirement le 3 février 1481 [30].

Ce n'est là qu'une illustration choisie au hasard. Ont
alterné tout au long du règne les phases où les souverains
ont été réunis et celles où ils ont été séparés. Mais, chacun
de son côté ou conjointement, ils n'ont cessé de parcourir
le territoire. Aucune région n'a été oubliée. Le Pays
Basque est leur lieu de résidence au cours de l'été 1476,
puis de septembre 1483 à janvier 1484. La Galice l'est en
1476, peu de temps après une tentative de sédition du
comte de Lemos. Ferdinand, cela n'est pas surprenant, est
très présent en Castille et en Andalousie. Mais Isabelle
n'ignore nullement Catalogne, Levant et Aragon. Aux
séjours de 1481 s'ajoutent le mois et demi passé à Valence
en 1484, et une année entière à Barcelone, d'octobre 1492
à novembre 1493. Il n'est guère de ville, grande ou petite,
qui n'ait hébergé un jour ou l'autre le roi ou la reine. Illescas, modeste bourgade sur le chemin de Madrid à Tolède,
est la halte des souverains le 12 avril 1480, puis le
11 février 1487. Valdepeñas, ville de la Manche, les abrite
les 23 et 24 juillet 1486. Le voyage est bien une forme de
gouvernement [31].

Le périple de 1492 a valeur particulière. Après les mois passés entre Grenade et Santa Fe, Isabelle et Ferdinand gagnent Barcelone pour se rapprocher du Roussillon et de la Cerdagne qu'ils espèrent récupérer. Mais ils prennent le chemin des écoliers, allant à Cordoue où ils s'arrêtent plus d'une semaine. Ils traversent l'Estrémadure, faisant une halte de quinze jours au monastère hiéronymite de Guadalupe. Avila (trois jours), Arevalo (quatre jours), Valladolid (deux semaines), Aranda, Agreda, Tarazona, Saragosse (trois semaines) sont les principales étapes castillanes, aragonaises, catalanes, avant Barcelone, atteinte le 18 octobre, cinq mois ou presque après le départ. Tour d'Espagne qui permet de répandre la bonne nouvelle de la victoire grenadine dans les moindres recoins, de prendre le pouls de la nation, alors que les juifs se préparent à l'exil. Tour complété par celui de Colomb qui en mars 1493 va de Palos à Barcelone mais en empruntant un itinéraire oriental « aragonais » puisque, de Cordoue, il se dirige vers Murcie puis vers Valence avant l'apothéose. Après les avoir fabriqués, les Rois Catholiques utilisent les événements de 1492 pour leur propagande.

Pourtant, l'année aurait pu se terminer de manière tragique pour l'union de la Castille et de l'Aragon. Le 7 décembre, un vendredi, veille de l'Immaculée Conception, en plein cœur de Barcelone, Ferdinand rendait justice. A la fin de la matinée, alors que la séance venait de s'achever, un inconnu s'approcha de lui par-derrière et lui donna un violent coup d'épée. Le souverain fut sérieusement blessé à la nuque et à l'épaule, mais il eut la présence d'esprit d'intervenir pour éviter que son agresseur ne fût lynché. Arrêté et jugé, le régicide fut condamné à subir la mutilation de tous ses membres.

Le récit du chroniqueur Andres Bernaldez, qui fournit un luxe de détails, est des plus intéressants. Il rapporte le sentiment immédiat de Ferdinand : « Il commença à tous les regarder et dit, quelle trahison, quelle trahison ! Il pensa que l'affaire avait été tramée entre beaucoup [31]. » La thèse du complot vient spontanément à l'esprit du roi, preuve qu'à cette date il croit toujours en sa possibilité. La réaction de la foule n'est pas moins révélatrice : « Aussitôt les uns disaient il est français, d'autres il est navarrais, d'autres encore mais non il est castillan, d'autres enfin le traître est catalan. » Le criminel s'appelait Juan de Cañamares, catalan semble-t-il, probablement un *remensa* déçu, persuadé qu'en supprimant le monarque, il deviendrait roi. Geste d'un déséquilibré, donc, ce qui pour l'image du roi est rassurant. Il n'empêche, chacun, sujet ou souverain, a songé à un attentat politique. On ne saurait mieux souligner que derrière l'unité exaltée demeurent disparités et dissensions. L'édifice était encore fragile. Inversement, le bon peuple pouvait voir dans l'heureuse issue des événements un signe de la protection divine. En juin 1487 déjà, un musulman avait pénétré dans le camp royal dans le but d'assassiner Isabelle et Ferdinand. Par erreur il porta des coups à la marquise de Moya et au frère du connétable de Portugal[32]. Deux fois en cinq ans le miracle s'était produit. Rien ne pouvait arrêter les souverains sur le chemin de la construction de l'État.

CHAPITRE III

UNE TRIPLE DIASPORA

L'émigration musulmane

Reddition de Grenade, expulsion des juifs, voyage de Colomb, chacun de ces trois événements a entraîné des départs massifs du territoire espagnol. Habitués à envisager séparément chacun des grands épisodes de 1492, les historiens n'ont nullement songé à l'importance de l'effet cumulatif des migrations volontaires ou forcées. Dans un monde d'Ancien Régime où la mobilité était, il est vrai, beaucoup plus grande qu'on ne l'a souvent affirmé, la triple diaspora musulmane, juive et chrétienne fait figure de mouvement exceptionnel, par le volume de ses effectifs, par la longueur des voyages entrepris, par les innombrables conséquences à court et à long terme.

L'émigration musulmane est des trois la moins bien cernée, la plus négligée. *A priori*, si l'on s'en tient à la lettre des Capitulations signées par les Rois Catholiques et l'émir Boabdil en 1491, elle a de quoi surprendre. Le document, garantissant aux musulmans l'exercice des libertés fondamentales, se voulait rassurant. Mais nous avons eu l'occasion de faire allusion à la duplicité des vainqueurs et à leur vif souhait de voir s'éloigner les personnages les plus en vue au sein de la communauté minoritaire. Il est temps d'entrer plus avant dans le détail.

Le texte de novembre 1491 stipulait déjà que les musulmans avaient la possibilité d'émigrer en Afrique du Nord après avoir vendu leurs biens. Cette disposition était apparemment anodine. Elle ne faisait l'objet que de deux des quarante-cinq articles du texte. En somme, une libéralité supplémentaire. Elle n'empêcha pas Isabelle, Ferdinand et leurs représentants d'en user pour se débarrasser le plus vite possible de tous ceux qui représentaient une quelconque menace. L'éventualité de l'exil est une constante que l'on retrouve dans tous les textes de capitulations signées entre 1485 et 1491, que ce soit celles concernant Comares, village proche de Malaga, en 1487, Almuñecar en 1489 ou Almeria en 1490 [1]... Chaque fois, il est précisé aux candidats au départ qu'ils pourront s'embarquer dans le port de leur choix sans bourse délier, à condition de le faire dans un délai d'un an, porté à trois ans dans le texte ultime de Grenade. Les émigrants avaient la faculté de vendre leurs biens ou de les emporter sans être inquiétés. La répétition de l'offre tout au long de la guerre, les immenses facilités accordées, le débours que représentait l'affrètement des navires, tout signifie l'encouragement délibéré à l'émigration.

Une phrase de ces capitulations à répétition trahit les intentions profondes des chrétiens. Le candidat au voyage en direction de l'Afrique du Nord pourra partir avec « femme, fils et filles, parents et domestiques ». On songe de toute évidence en priorité à ceux que l'on appelle quelquefois les « principaux », à savoir les personnages ayant influence et autorité sur leurs coreligionnaires. Si les plus puissants, les plus prestigieux des musulmans décident de s'en aller, un double objectif pourra être atteint : amputée de ses leaders, la société musulmane deviendra moins dangereuse, moins inquiétante, l'exemple des notables devant être communicatif.

Demeurer ou partir, le choix pour les musulmans était difficile. Placés sous la coupe d'autrui, ils pouvaient être soumis aux pressions de maîtres désireux de les voir embrasser le christianisme. Que faire dans ces circonstances? Au milieu du XVe siècle, un juriste de Fez, Abd Allah al-Abdusi, s'était inquiété de la situation des musulmans vivant sur un territoire dominé par des infidèles. Il avait conclu que tant que la persécution ne s'ajoutait pas à la sujétion, le maintien sur place était possible [2]. Les mudéjars – c'est le nom que l'on donne aux musulmans sous tutelle chrétienne en Espagne – n'envisageaient guère d'émigrer à la fin du XVe siècle. Ils

étaient attachés à leur terre, et plusieurs années de
disette et d'épidémie en Afrique du Nord ne rendaient
pas l'installation sur l'autre rive de la Méditerranée bien
alléchante.

Pourtant, la pression chrétienne était devenue plus
forte. Depuis 1492, entre les musulmans espagnols et la
terre d'islam la plus proche, il y avait un bout de Méditerranée. Un élément important de sécurité avait disparu. Et chacun avait pu constater, dans les années précédentes, les progrès du christianisme. Le fils d'Ibn
Kamusa, vizir de Boabdil, otage des Rois Catholiques en
1483, était devenu don Juan de Granada et avait revêtu
l'habit franciscain. Cidi Yahya Alnayar, *alcaide* d'Almeria, négociateur de la reddition de Baza, avait été baptisé en grande pompe le 25 décembre 1489 avec les souverains pour parrain et marraine. Cidi Yahya devint
Pedro de Granada [3]. Les injonctions du théologien algérien al-Wancharichi adressées à des Andalous ayant
émigré au Maghreb mais désireux de revenir en
Espagne sont on ne peut plus claires. On ne saurait
vivre sur la terre où la loi appliquée est celle des infidèles. Pour prévenir le danger, l'émigration apparaît de
plus en plus comme le seul recours possible. Le processus commence en 1485. La parentèle des Banu al-Hakim, originaire de Ronda, en compagnie de toute sa
clientèle – le document cite une trentaine de noms –,
est, selon la formule désormais consacrée, « placée sous
la protection, la garde, le patronage royal » et autorisée
à vivre à Séville. La mesure n'est pas sans ambiguïté.
Ne chercherait-on pas à éloigner une famille influente
du théâtre des opérations? Le traitement qui lui est
réservé est similaire en tout point à celui de ses concitoyens juifs. Il faut croire que les Banu al-Hakim n'ont
guère apprécié les attentions dont ils faisaient l'objet
puisque, en mars 1487, ils émigraient en Afrique du
Nord [4]. Muhammad ben Sad al-Zagal, oncle et rival de
Boabdil, abandonna la lutte contre les chrétiens en
décembre 1489. Il obtint une seigneurie dans les Alpujarras et une confortable somme d'argent. A l'automne
1490, il vendit tous ses biens aux Rois Catholiques et,
avec tous ses partisans, gagna Oran.

***

Après la chute de Grenade, le mouvement ne pouvait que s'amplifier et s'accélérer. Les autorités chrétiennes, Hernando de Zafra, le secrétaire d'Isabelle et de Ferdinand, à leur tête, ne ménageaient pas leur peine pour inciter l'élite mudéjar à décamper. « De cette manière disparaît jusqu'au moindre soupçon de rébellion parmi les sans-loi car rarement les peuples se soulèvent quand leur manquent les chefs par qui ils espèrent être gouvernés », écrivait l'humaniste Pietro Martire de Anghiera [5]. La phrase s'appliquait à l'émir Boabdil dont le départ témoigne de la politique des Rois Catholiques.

Ayant abandonné Grenade, Boabdil s'est installé dans la principauté d'Alpujarras qui lui avait été octroyée. Celle-ci n'était autre que le domaine antérieurement accordé à al-Zagal et étendu à l'ensemble du versant méridional de la sierra Nevada. Là, l'ancien émir, escorté de ses serviteurs, s'adonna à la chasse, attendant la conclusion des négociations menées au sujet de son départ par ses hommes de confiance, Ibn Kumasa et al-Mulih, avec Hernando de Zafra. L'affaire connut bien des rebondissements, provoquant plus d'une fois le découragement et l'exaspération du secrétaire royal [6].

Le 22 septembre 1492, Zafra annonce à ses maîtres l'embarquement de toutes les personnes appartenant au lignage des Banu Abd al-Barr qui avait donné plusieurs vizirs à la dynastie nasride. Mais pas le moindre signe d'un proche départ de l'émir déchu. Commence alors un interminable roman-feuilleton d'entrevues, d'échanges de lettres et de promesses. En apparence, les deux parties poursuivent le même but. Les chrétiens veulent éloigner définitivement le danger que représente Boabdil, celui-ci ne supporte pas de demeurer dans un territoire qui fut le sien et que désormais l'ennemi domine. Mais les arrière-pensées rendent un accord immédiat difficile. Rôde la possibilité, avec l'aide chrétienne, de la construction d'un domaine marocain au profit de l'ancien roi de Grenade. Boabdil y a-t-il vraiment cru? Ou bien les Rois Catholiques ont-ils fait miroiter cette éventualité pour se débarrasser au plus tôt de l'émir, à moins que ce ne fût pour semer la zizanie en Afrique du Nord dans le but de s'y implanter ? Second motif d'atermoiement, la composition financière. Aux énormes dépenses d'une guerre qui a duré dix ans s'ajoute le prix élevé de l'émigration. La moindre économie sera la bienvenue. Boabdil, bien évidemment, cherche à obtenir un confortable pactole.

En janvier 1493, l'émir envisageait de se rendre à Barcelone auprès d'Isabelle et de Ferdinand. Il en fut dissuadé par ses interlocuteurs qui interprétèrent l'initiative comme une manœuvre dilatoire. A partir du mois de mars, représentants musulmans et chrétiens se réunirent plusieurs fois pour évaluer le montant des indemnités que recevraient les émigrants et pour arrêter les détails du transport. Les tractations furent parfois sordides, notamment lorsqu'il fut question d'estimer le montant du revenu des propriétés, les chrétiens imposant finalement un calcul fondé sur la valeur des récoltes en 1493, très inférieure à celle des années antérieures. Zafra triomphe : « Ils ne savent pas compter ! »

L'accord est ratifié par les Rois Catholiques le 15 juin 1493, par Boabdil le 8 juillet. L'affaire traîne pourtant encore, d'ultimes difficultés surgissent. L'épouse de l'émir meurt en août. Du côté chrétien, tant la réquisition des navires nécessaires au transport que la réunion des sommes prévues s'avèrent ardues. Il est vrai qu'il faut verser plus de onze millions de maravédis, environ six fois le coût de l'expédition colombine ! Il est nécessaire de faire appel au concours du duc de Medina Sidonia et du marchand génois Francisco Pinelo. Comme il n'y a pas de petit profit, l'argent proposé est de mauvais aloi, ce qui provoque la fureur des musulmans. A la mi-octobre, enfin, tout est prêt. Dans le port d'Adra, à une centaine de kilomètres au sud-est de Grenade, sont réunis douze navires : sept nefs, deux caraques, deux caravelles et un passe-cheval. 6 320 personnes prennent le chemin de l'exil en même temps que Boabdil. Tous les proches de l'émir, tel le lettré et juriste al-Sarif al-Ugayli, l'accompagnaient, ainsi que ses parents, à commencer par son fils Ahmed que les chrétiens avaient retenu en leur pouvoir de 1483 à 1492. L'éloignement du prince, élevé dans les petites cités andalouses de Porcuna et Moclin, nourrit l'unique regret de la reine.

Les Banu al-Hakim partis en 1487, al-Zagal et les siens en 1490, les Banu Abd al-Barr en 1492, les Banu al-Sarray – les fameux Abencérages – au printemps 1493, Boabdil en octobre : les monarques espagnols et le diligent Hernando de Zafra avaient de quoi être satisfaits. A leurs yeux, ce succès n'avait pas de prix. La société musulmane était littéralement décapitée, sa résistance annihilée. Peu leur importait dès lors que l'émigration ait connu un ralentissement à partir de 1494. L'importance de l'engagement en Italie rendait de toute manière l'organisation de convois en direction de terres musulmanes méditerranéennes fort problématique.

Établir un bilan de l'émigration grenadine à cette date n'est pas chose aisée. Quelques chiffres toutefois peuvent être avancés. 2 000 personnes originaires de Grenade et des Alpujarras s'embarquèrent à l'automne 1492, 1 370 autres des mêmes provenances quittèrent le port d'Almuñecar au printemps 1493, et de 6 500 à 7 500 à l'automne suivant. Donc, entre 9 000 et 10 000 personnes de la zone centrale du royaume de Grenade. Mais il faut tenir compte des départs antérieurs. On sait que dans la seule Almeria, en 1491, les émigrants ont payé la somme de 669 040 maravédis au titre des droits de passage. Le voyageur allemand Monetarius avançait, en 1494, le total de 40 000 personnes. Aux yeux de tous les spécialistes [7], c'est là un minimum.

Encore ne s'agit-il que de l'émigration officielle. Quant à l'émigration clandestine, elle échappe, par définition, à tout comptage. Elle fut inexistante jusqu'en 1494, tant que les autorités encouragèrent le passage et tant que celui-ci fut, en un lieu ou en un autre, gratuit. Les mudéjars de la région d'Almeria ou de celle de Malaga avaient intérêt en 1492 ou 1493 à se faire passer pour des habitants de Grenade afin de bénéficier de la gratuité. Les responsables des expéditions tentèrent de limiter le manque à gagner en faisant d'Almuñecar le lieu unique d'embarquement. Sans grand succès, semble-t-il. Mais après 1494, l'aventure devenait coûteuse et n'était pas à la portée de toutes les bourses. Seule solution de remplacement, l'exil subreptice.

Les raisons qui y poussent s'accumulent. Le non-accomplissement des Capitulations signées en 1491 – souvenons-nous qu'à la première occasion, les armes furent retirées aux vaincus –, le rétablissement, au bout de quelques années, d'une fiscalité lourde, les multiples vexations dont la communauté mudéjare était l'objet, furent source de mécontentement. Diverses formes de résistance apparurent, et parmi elles l'émigration, exemple, pour bon nombre, du refus muet d'un sort devenu insupportable. D'autres coreligionnaires empruntèrent une voie différente. On a trace à Grenade, en 1497 et en 1499, de manifestations répondant à des tentatives de conversion des mudéjars. Le mouvement s'amplifia en 1500-1501, embrasant une grande partie du territoire de l'ancien émirat. La révolte fut difficilement matée : Alonso de Aguilar, l'un des meilleurs chefs militaires, et, nous l'avons vu, Francisco Ramirez de Madrid y trouvèrent la mort. La conversion au christianisme fut imposée aux musulmans dès lors appelés *morisques*[8].

La situation est confuse. Les candidats à l'exil sont légion. Certains d'entre eux, comme les habitants de la sierra Bermeja, dans l'arrière-pays de Malaga, y sont autorisés. Mais il semble qu'il fut interdit à d'autres de gagner les côtes africaines ou tout autre terre appartenant à un prince musulman. Les récalcitrants doivent traverser l'Espagne et passer par la France pour éventuellement s'embarquer vers la destination de leur choix, ou bien affronter les risques d'une fuite prohibée. Le changement de la position chrétienne n'est pas incohérent, il résulte de la prise de conscience du redoutable danger de la course maghrébine. En effet, conduits par des musulmans andalous ayant émigré, les corsaires fondent sur des villages, les mettent à sac, emmènent les habitants chrétiens en esclavage et favorisent la fuite de leurs coreligionnaires. Pour tenter d'y faire échec, les souverains ou leurs représentants tentent de prendre le contrôle des points stratégiques sur la côte de l'Afrique du Nord : Melilla en 1497, Mers el Kebir en 1505, le *peñon* (rocher) de Velez de la Gomera en 1508, Oran en 1509, Bougie, le *peñon* d'Alger, Tripoli en 1510.

Rien n'y fait, les évasions sont massives. L'Espagne est inhospitalière à ceux qui n'adhèrent pas sans réserve au christianisme, et les juristes maghrébins consultés, en particulier al-Wancharichi qui émet une *fatwa* en 1505, montrent le grand péril encouru par ceux qui demeurent sous la domination de l'infidèle [9]. Le comte de Tendilla, capitaine général du royaume de Grenade, fait part de son émoi : « Le royaume se vide comme un œuf sur la braise. » Une liste de plus d'une trentaine de villages totalement désertés est dressée en 1511 [10], et elle n'est pas exhaustive. Le terme qui convient est celui d'hémorragie. Combien ont, entre 1485 et 1510, entrepris le voyage ? Nul ne le sait. Hasardons-nous cependant à formuler une hypothèse. La population du royaume nasride à la veille de la reddition de Grenade peut être raisonnablement évaluée à 300 000, voire 350 000 habitants [11]. Au milieu du XVIe siècle, elle était sensiblement du même ordre ou un peu moindre. Mais, entre-temps, de nombreux repeuplants chrétiens, venus principalement de Castille, avaient comblé les vides. Rien qu'entre 1485 et 1498, 35 000 à 40 000 personnes s'installèrent. Le déficit dû à l'émigration musulmane ne peut, semble-t-il, être inférieur à 100 000 personnes.

L'ensemble du monde musulman méditerranéen a profité de l'apport des Andalous, et principalement le Maghreb, dont il a déjà été question. Ainsi un membre de l'influent lignage de Banegas, Abdul Qasim, appartenait au début du XVIe siècle à l'entourage du sultan de Tunis. Al-Zagal s'installe à Tlemcen. Les habitants de Vera choisissent Oran comme point d'ancrage. Un cinquième environ de ceux qui partent en même temps que Boabdil, 1 265 exactement, arrivent à Bougie. Les plus nombreux, l'émir le premier, choisissent le Maroc. Ayant touché terre près de Melilla, ils se rendent à Fez où ils sont bien accueillis par le sultan Muhammad al-Burtuqali al-Wattasi. A en croire le chroniqueur al-Makkari qui écrit au XVIIᵉ siècle, Boabdil fut tenté d'établir sa résidence à Marrakech mais en a été empêché par la peste. Il aurait fait construire un *alcazar* à Fez et serait mort, chargé d'ans, vers 1532 ou 1533. La version d'al-Makkari, qui semble la plus crédible, contredit l'affirmation des auteurs chrétiens, pour qui le « petit roi » serait mort lors d'une bataille livrée contre les chérifs du Sud en 1526 [12].

Fez ne fut pas la seule ville marocaine à rassembler des Grenadins immigrés. Au milieu du XVᵉ siècle, un quartier de Marrakech s'appelait Orjiva la Neuve, du nom d'un village des Alpujarras. Plusieurs cités du Nord connurent un regain d'activité, surtout Tetouan qui avait sombré dans la léthargie au début du XVᵉ siècle. En 1492, un réfugié, al-Mandari, prit la tête d'un contingent d'habitants de Ronda, de Motril, de Baza et la repeupla. Sans cesse renforcés par l'immigration des premières années du XVᵉ siècle, les Tetouanis purent tenir la dragée haute aux Portugais, installés dans leur préside tout proche de Ceuta, et faire construire une enceinte par leurs prisonniers [13]. La ville voisine de Xaouen connut aussi une prospérité certaine. Sur la côte Atlantique, Salé fut également, pour les Andalous, un port d'attache et la base de futures entreprises corsaires.

D'autres prirent probablement le chemin de Tripoli ou d'Alexandrie. Boabdil lui-même y aurait songé avant de choisir Fez. Le lettré Ibn al-Azraq s'établit à Tlemcen avant de se fixer un temps en Égypte, où il se trouvait en 1489, puis à Jérusalem où il passa les dernières années de son existence [14]. Enfin, les Grenadins qui rallièrent Istanbul ne sont pas rares. On sait qu'à l'automne 1493, deux cent soixante-dix personnes quittèrent Almuñecar pour la capitale des Ottomans. Les arrivants semblent avoir été les bienvenus. Il est probable que le sultan Bajazet II leur a octroyé une ample mosquée sise à Galata, l'*Arap Cami*.

Les pérégrinations d'Ibn al-Azraq, de Grenade à Jérusalem, n'ont rien d'insolite. Bien d'autres Grenadins exilés ont bourlingué aux quatre coins du monde méditerranéen et parfois au-delà. L'illustration la plus éloquente en est la vie mouvementée de Léon l'Africain, de son vrai nom El Hassan ben Mohammed al-Wazzan el Zayyat. Né à Grenade, probablement vers 1489 ou 1490, il est élevé à Fez, dans les *medersas* puis à l'université Karaouine. Secrétaire à l'hôpital des fous de la capitale marocaine pendant deux ans, il effectue le voyage d'Istanbul. Vers 1506, il accompagne son oncle en mission à Tombouctou. Il retourne quelques années plus tard sur les bords du Niger. De là, il se rend en Égypte, puis il revient au Maroc, où le sultan lui confie des tâches diplomatiques et commerciales. A partir de 1515, il entreprend un nouveau grand périple qui le conduit à Tlemcen, Alger, Bougie, où il voit l'aîné des frères Barberousse, Tunis, Gabès, Istanbul, Rosette en Égypte, où il rencontre le sultan ottoman Sélim Ier. La Mecque, Tripoli, Djerba, enfin, où, en 1518, il est fait prisonnier par un corsaire italien. Offert au pape Léon X, il est baptisé en janvier 1520. Il enseigne l'arabe à Bologne, écrit un vocabulaire polyglotte. Les dernières années de son existence nous sont moins bien connues. Sans doute a-t-il gagné Tunis vers 1525. Revenu à l'islam, il rédige sa description de l'Afrique vers 1528[15]. Nous perdons ensuite sa trace.

Extraordinaire destinée, toute en contrastes, que celle de Léon l'Africain! Mais ne nous laissons pas éblouir par l'éclat d'une carrière exceptionnelle. Les moments dramatiques n'en ont pas été absents, à commencer par le déracinement initial. Dans l'ensemble, les Grenadins émigrés ont souffert mille maux. Avant même de s'embarquer, ils avaient perdu une partie de leurs biens, vendus au-dessous de leur valeur à des acheteurs, chrétiens et mudéjars, qui profitaient de l'aubaine. Les patrons de navire, les hommes d'équipage, souvent dénués de scrupules, les spolièrent. Les archives sont pleines de récriminations de victimes adressées aux monarques espagnols. Déjà une enquête était ordonnée en juillet 1485. En mai 1492, à Targa, sur la côte rifaine, en présence des autorités locales et d'émissaires venus d'Espagne, trois marins coupables de vols pendant la traversée sont pendus[16]. En août 1494, l'un des anciens notables de Baza, Abu Hamet Abdala, se plaint d'avoir été dépouillé de bijoux et d'argent sur le navire de Sancho de Arrones, habitant d'Almeria[17]. Enfin, dans l'ensemble, les Grenadins furent déçus par le traitement qui leur fut réservé au Maghreb. Les conditions économiques étaient extrêmement difficiles et les nouveaux venus souvent en butte à l'hostilité des populations autochtones. Al-Zagal fut particulièrement malheureux à Tlemcen. Il paya cher sa vieille rivalité avec Boabdil. Le sultan marocain, qui avait pris le parti de ce dernier, s'empara de ses biens et le fit enfermer. Abraham ibn Zayal, secrétaire d'al-Zagal, préféra revenir en Espagne. Baptisé, il devint *regidor* (membre de la municipalité) de Guadix. Un proche de Boabdil, Fernando Abdilhaque, prit la même décision, ainsi que des habitants de Vera, petite cité du nord-est de l'ancien émirat. Partis à Oran en 1488, ils étaient de retour à Valence l'année suivante, cherchant à rallier leur lieu d'origine [18]. Les Capitulations avaient prévu l'éventualité d'un tel revirement jusqu'en 1494. Celui-ci devint ensuite aléatoire car les autorités chrétiennes, méfiantes, n'accordaient les permis qu'au compte-gouttes. En octobre 1499, les souverains ordonnèrent de rechercher les musulmans revenus sans autorisation et de confisquer leurs biens. Après 1501, l'admission fut, on s'en doute, subordonnée à la conversion.

Les indécisions, les volte-face montrent, s'il en était besoin, que le choix entre la foi et la terre était impossible. La majorité de la communauté adopta une position intermédiaire, équivoque et pleine de risques. Beaucoup demeurèrent sur place, reçurent le baptême mais restèrent attachés à la foi de leurs ancêtres. Un théologien oranais, Ahmed ben Yunaa, donna par une *fatwa* des arguments théoriques à cette option. Selon lui, le croyant musulman placé sous le joug d'autrui peut pratiquer la *taqiyya*, la dissimulation. Bien que cet avis n'ait pas été partagé par tous les juristes, il fut très répandu en Espagne [19]. Se développa alors un crypto-islam, étendu, en 1525, aux musulmans de la couronne d'Aragon, à leur tour contraints à la conversion. Mais d'autres ne supportaient pas cette situation de plus en plus inconfortable. Ali Dordux, *cadi* de Malaga avant la prise de la ville en 1487, avait pactisé avec les Rois Catholiques. Couvert d'honneurs, il était resté. En 1502, il n'y tint plus et reçut l'autorisation de décamper moyennant le rachat de vingt-sept captifs chrétiens retenus en Afrique du Nord. La liberté de conscience était chère. Mais Dordux mourut, à Antequera, sur le chemin de l'exil [20].

Ce n'est qu'un exemple parmi bien d'autres. En butte aux injures et aux provocations, menacés par les foudres inquisitoriales, les Morisques nourrirent une émigration perlée mais continue. Le problème fut résolu de manière brutale, en 1609, lorsque le roi Philippe II décréta l'expulsion de tous les crypto-musulmans d'Espagne. La décision faisait écho, cent dix-sept ans plus tard, à celle prise à l'encontre des juifs. La boucle de l'intolérance était fermée. Près de 300 000 personnes durent s'expatrier. Au total, il n'est pas absurde de penser que, de 1485 à 1615, entre émigration officielle et émigration clandestine, 500 000 musulmans ou crypto-musulmans espagnols ont abandonné leur terre natale.

Les exilés de la dernière époque, ceux des années 1609-1615, comme tous leurs devanciers, se réfugièrent massivement au Maghreb, avec toutefois une nuance d'importance. Jusque-là, le Maroc avait été la principale terre d'immigration. Le courant ne s'est pas tari et la république corsaire de Salé, dont les Morisques maintiennent la quasi-indépendance entre 1620 et 1670, en témoigne. Mais les plus gros contingents débarquèrent en Tunisie, fondant de prospères communautés à Testour, Zaghouan, El Alia, Soliman... Une minorité préféra s'installer dans les villes ou régions de la Méditerranée orientale, Istanbul surtout. D'autres encore, quelques milliers, s'ancrèrent en Italie, en Provence, voire dans la région de Bordeaux. Partout ils apportèrent leur savoir-faire dans les domaines de l'irrigation, de la céramique, de la musique, de l'industrie textile. Ainsi développèrent-ils la fabrication de la chéchia...

L'émigration juive

La diaspora juive est relativement mieux connue. Nous le devons en grande partie au chroniqueur chrétien

Andres Bernaldez, pratiquement muet sur l'exode musulman et volontiers disert sur son équivalent juif [21], et aux témoignages des intéressés, Abraham Ardutiel, Salomon ibn Verga ou Josef ha Cohen, qui nous ont laissé des récits riches et passionnés [22]. Les deux phénomènes, de prime abord, ne sont pas de même nature. La déportation juive est la conséquence d'une contrainte, d'un diktat. Dans le cas musulman, le terme d'expulsion n'est pas officiellement prononcé avant 1502. A une émigration imposée s'oppose donc en apparence une émigration voulue. Dans la réalité, il en va autrement. La meilleure preuve en est que la rumeur d'une prochaine expulsion des mudéjars castillans court à l'automne 1493 [23]. La seule différence sensible entre les deux diasporas tient au rythme des opérations. L'une doit impérativement être accomplie en quatre mois. L'autre est temporellement indéfinie. A cette variante près qui découle de l'application de deux stratégies, tout le reste est semblable. Le but, éliminer les influents, les rebelles, les prosélytes, garder les tièdes, les résignés, est unique. Et les modalités, déroulement des opérations, incidents répétés, parcours empruntés, sont, en grande partie, identiques.

Prenons l'exemple d'une petite communauté aragonaise, Ejea de los Caballeros. Le décret n'y a pas été connu avant le 29 avril, dimanche de Quasimodo [24], si bien que les juifs aragonais et sans doute beaucoup d'autres n'ont disposé que de trois mois pour tout régler. Ceux d'Ejea sont cent vingt à cent cinquante environ – trente familles –, dirigés par deux rabbins. La principale et immédiate affaire consiste à vendre les biens que l'on ne peut emporter (maisons, or, argent, bijoux...) et à apurer les comptes avec débiteurs et créanciers. Les délais jouent contre les victimes de l'édit, et les chrétiens qui ont contracté des dettes auprès d'eux n'apparaissent pas toujours. Le 1er juillet, des inquisiteurs se présentent dans le village. Ils viennent faire main basse sur les livres possédés par les minoritaires. Talmud, Bibles... sont confisqués. A Ejea, cent vingt-cinq volumes, appartenant pour l'essentiel à deux médecins (soixante et quarante), sont enlevés à leurs propriétaires. Le 12, un émissaire du seigneur d'Argavieso, responsable de l'expulsion pour l'Aragon, vient percevoir les droits du transport qui sont à la charge des émigrants. Un membre de la communauté, Moses Alcolumbri, se rend sur la côte pour vérifier l'avancement des préparatifs. Le 28 juillet a lieu le départ d'Ejea pour le port de Tarragone.

Ce schéma, ce calendrier sont respectés partout. Prévue dans les moindres détails, l'organisation des opérations est une illustration éloquente et supplémentaire de l'efficacité de l'appareil administratif des Rois Catholiques. Dès la fin avril et jusqu'au début du mois de juin, on a engagé du personnel pour surveiller les quartiers juifs. Ainsi, la protection des personnes est assurée, mais aussi le contrôle des entrées et des sorties et la régularité des transactions. A Valladolid, les maisons de la *juderia* sont bâties sur un terrain appartenant au monastère dominicain de Saint-Paul. Un accord permettant la vente des locaux et garantissant la perpétuation de la rente ecclésiastique est signé entre les deux parties [25]. Les agents royaux veillent à ce que le patrimoine des *aljamas* (synagogues, cimetières...) ne soit pas vendu. Les contrats de nolis sont préparés. Miguel Angel Motis Dolader en a repéré trois, datés des 15 juin, 29 juin et 14 juillet, dans lesquels figurent des marchands valenciens ou génois [26]. A Carthagène interviennent Luis de Santangel et Francisco Pinelo, décidément présents sur tous les fronts [27]. Les navires requis sont le plus souvent des nefs ou des caraques, de dimensions variables, pouvant transporter de trois cents à mille personnes encadrées par un équipage de vingt à quarante marins.

Climat d'effervescence. Aucune région des Espagnes n'y échappe. Le volume des affaires brassées aiguise les appétits. Les juifs tentent désespérément de sauver une partie de leurs richesses, en contrevenant parfois aux dispositions de l'édit. Le 27 juillet, quelques-uns, originaires de Huesca, sont arrêtés parce qu'ils transportent de l'or et de l'argent. Près de Plasencia, un autre, qui tentait de gagner le Portugal avec son magot, est assassiné. On découvre tout un réseau d'évasion de métaux précieux en plusieurs points d'Estrémadure. Mais les autorités découvrent que plusieurs personnes exerçant d'importantes responsabilités profitent de la situation. Parmi elles, le comte Alfonso, Diego de Vera, qui a la charge des transferts à Badajoz, Francisco de Jerez, corregidor de Valencia de Alcantara. Les abus de confiance, les exactions, au détriment de minoritaires confiants ou désorientés, pullulent. Quelle magnifique proie ils font! A Fuenpudia, près de Medina del Campo, on les empêche de vendre leurs biens. Le corregidor de León, Juan de Portugal, s'empare de l'argent des dettes. Un péage est établi à proximité de Zamora afin de pressurer un peu plus les victimes de l'édit du 31 mars. Des débiteurs refusent de payer sous prétexte que l'usure a été pratiquée à leur encontre. Cela conduit à des reports de liquidations évidemment préjudiciables à ceux qui s'en vont. A Medina del Campo, point névralgique car lieu de grandes foires, les comptes ne seront arrêtés qu'en octobre. A Illescas, près de Tolède, deux habitants promettent d'accompagner les immigrants jusqu'à leur destination. Ils perçoivent une coquette somme d'argent et ne bougent pas.

On n'arrêterait pas de dresser la liste des malversations opérées au cours du printemps et de l'été de 1492 [28]. Dès qu'une affaire est portée à la connaissance des souverains, ceux-ci ouvrent une instruction, et les fauteurs de troubles sont châtiés. Jusqu'au bout, les Rois Catholiques, pour qui toute infraction est une atteinte à l'autorité de l'État, s'acquittent de leur tâche de protection à l'égard de la communauté juive. Ils interviennent encore auprès de la République de Florence, début octobre, afin que les coupables de vols soient poursuivis [29]. Les monarques n'y peuvent mais. Tout juste parviennent-ils à faire bénéficier de leur sollicitude quelques personnages en vue, tel Isaac Abravanel. Le financier devait au trésor royal une somme supérieure au million de maravédis. Il lui fut permis de la solder par des créances non recouvrées. La liste qui en est dressée en comprend cinquante-trois pour un total de 928 000 maravédis [30]! Il fut autorisé à emporter des bijoux et de l'or pour une valeur de 1 000 ducats (375 000 maravédis). Son frère Jacob, incarcéré pour dettes à Plasencia, fut libéré. Enfin un troupeau de cent quarante vaches qui

lui avait été dérobé lui fut rendu. Après tout, les gestes de
générosité royale n'étaient que la juste reconnaissance des
éminents services rendus en toutes circonstances. Mais
pour un Abravanel protégé, combien d'indélicatesses,
combien de larcins ayant aggravé la détresse des déracinés juifs ou musulmans ont-ils été commis en toute impunité ?

***

L'exode, qui commença dès le mois de mai, ne s'acheva
pas avant la mi-août, quelques jours après les délais
requis. A cette dernière date, cent cinquante mille juifs
peut-être avaient quitté le territoire. Les plus gros contingents passèrent la frontière hispano-portugaise en des
lieux divers, principalement à l'ouest de Zamora, de Salamanque, de Valencia de Alcantara et de Badajoz. En
toute logique, puisque les communautés de Veille-Castille
et d'Estrémadure étaient parmi les plus nombreuses et les
plus nourries. Selon Andres Bernaldez, leur nombre
dépassait quatre-vingt mille [31]. A Cadix et à Puerto de
Santa Maria, huit mille personnes originaires d'Andalousie occidentale ou de la partie la plus méridionale d'Estrémadure auraient été réparties sur vingt-cinq navires et
convoyées vers l'Afrique du Nord. Ce sont d'ailleurs les
préparatifs de ces embarquements qui, entre autres raisons, ont amené Colomb à partir de Palos. Bernaldez nous
dit que la plupart des Andalous auraient connu une
pénible odyssée. Si quelques-uns avaient pu débarquer à
Arzila pour se rendre à Fez, d'autres n'auraient pu aborder Oran tenu par des corsaires. Obligés de rebrousser
chemin, ils se seraient réfugiés à Malaga et Carthagène
avant de repartir. Les juifs du royaume de Grenade, quelques centaines, quittèrent Malaga pour Badis, l'actif port
de la côte rifaine, contigu au *peñon* de Velez de la
Gomera [32]. Les expulsés de la couronne d'Aragon se partagèrent entre les principaux ports de Catalogne et du
Levant ; ceux de Huesca, Jaca ou Ejea se réunirent à Tarragone ; ceux de Saragosse ou Calatayud descendirent
l'Èbre jusqu'à Tortosa et l'Ampolla ; d'autres encore, de

Daroca, de Belchite, d'Albarracin ou de Teruel furent concentrés à Sagonte [33]. A Carthagène parvinrent sans doute des groupes importants de juifs de la région de Cuenca, de celle de Murcie, de la Manche. Ceux qui s'embarquèrent sur la côte orientale de Carthagène à Tarragone ou Barcelone firent route vers le Maghreb (Oran, Tunis), l'Italie (Naples, Gênes) ou la France (Marseille). Quelques colonnes fortes de deux mille personnes originaires du Pays Basque ou du nord de la Castille s'acheminèrent vers la côte cantabrique pour cingler depuis Laredo vers l'Europe du Nord-Ouest. Enfin, deux mille Aragonais préférèrent, à toute autre, la voie immédiate de la Navarre, royaume toujours indépendant où l'expulsion ne s'appliquait pas. On le voit, toutes les frontières terrestres et maritimes espagnoles ont connu le passage de séfarades sur le chemin de l'exil. La diaspora s'est faite tous azimuts.

Les témoins nous disent que le départ eut lieu dans une atmosphère de grande ferveur religieuse. Les rabbins rappelaient à leurs compagnons les souffrances du peuple d'Israël contraint de sortir d'Égypte et voyaient un signe dans la date du départ, toute proche du 9 du mois d'Av. (2 août), jour anniversaire de la destruction du temple de Jérusalem. Le messianisme juif connut dans le monde méditerranéen un vif regain auquel ont contribué Isaac Abravanel, le Tolédan Abraham ha Levi, pour qui l'ère messianique devait arriver en 1524, et Salomon Molho, qui l'annonce pour 1540. Ce dernier fit scandale. Arrêté à Bologne en 1532, il fut condamné au bûcher [34].

Sortis d'Espagne, les exilés n'étaient pas au bout de leurs peines. Considérons d'abord le sort de ceux qui, par voie de terre, ont tenté de se réfugier au Portugal ou en Navarre. Pour la plupart, le royaume lusitanien ne fut qu'un bref lieu de passage. Quelques milliers ayant versé cent cruzeiros par tête (soit l'équivalent de trente-sept mille cinq cents maravédis), purent demeurer sur place. Un millier, au dire de Bernaldez, furent réduits en esclavage. Un millier, ou plus, fut déporté dans des îles de l'Atlantique. Tous les autres reprirent leurs pérégrinations. Certains préférèrent revenir en Espagne. Les monarques, accédant à leur désir, les y autorisèrent, le

10 novembre 1492, à l'expresse condition de recevoir immédiatement le baptême [35]. Les plus nombreux cherchèrent à gagner une terre plus hospitalière. Beaucoup abordèrent à Arzila, possession portugaise sur la côte atlantique marocaine, et se répandirent dans les principales villes du pays. Leurs coreligionnaires restés au Portugal connurent un répit de courte durée. En 1497, le roi Manuel Ier le Fortuné contraignit les juifs à la conversion, provoquant une nouvelle vague d'émigration. En Navarre, le processus fut analogue. Au printemps 1498, les souverains de Navarre, cédant à la pression du pape Alexandre VI, promulguèrent l'édit d'expulsion entraînant le retour d'une partie des séfarades en Aragon au prix du baptême, et la poursuite de l'errance pour d'autres en direction de la France et de l'Italie.

L'accueil réservé aux émigrants ayant emprunté la voie maritime fut très variable. Bernaldez s'apitoie, non sans arrière-pensée, sur le triste destin réservé à beaucoup au Maghreb. Il narre les vols, les viols, les meurtres dont, malgré les recommandations du sultan qui avait accordé sa protection [36], ils furent les victimes entre Arzila et Fez. Le prêtre-chroniqueur déclare avoir baptisé en son village une centaine d'entre eux; harassés, exsangues, ils avaient échappé au carnage et préféré rembarquer. Son témoignage est corroboré par le récit d'Abraham Ardutiel, lequel vécut en outre le violent incendie qui détruisit les précaires installations des nouveaux arrivants à Fez, au milieu de l'année 1493 [37]. Un peu plus tard, une terrible épidémie éclaircit davantage encore les rangs de la communauté. Ibn Verga fait allusion aux ravages des épidémies pendant les traversées. Comme Josef ha Cohen et le chrétien Bartolomé de Senarega, il s'attarde sur le dénuement et les déconvenues des voyageurs débarquant à Gênes. « De nombreux chrétiens, dit Ibn Verga, parcouraient les marchés, une croix à la main, un morceau de pain dans l'autre et apostrophaient les jeunes israélites : " Si tu adores ceci, tu recevras du pain [38]. " » Les marins s'en prirent aux immigrés et en réduisirent une partie en esclavage. A Rome, toujours selon Ibn Verga, ce furent les membres de la communauté juive locale qui mirent des obstacles à l'installation de leurs coreligionnaires et en vinrent, pour l'empêcher, à proposer au pape le versement d'une contribution exceptionnelle.

Dans un premier temps, les lieux les plus accueillants furent certainement Ferrare, Naples et Istanbul. Le duc de Ferrare, Hercule d'Este, écrivit en novembre aux malheureux agglutinés à Gênes qu'il était prêt à les recevoir [39]. Une vingtaine de familles répondit immédiatement à son appel et bénéficia de toutes les libertés. A Naples et dans son royaume où la communauté juive était relativement nombreuse, le roi Ferrante pratiquait une politique d'attraction. Probablement pour des raisons économiques. Il reçut les juifs chassés de Sicile, terre alors espagnole, et, le 8 octobre 1492, assurait les séfarades de son aide. Seule limite à la libre entrée : le contrôle exercé à l'arrivée pour éviter la propagation des maladies contagieuses. Mais bientôt Ferrante mourut (1494). L'Italie allait être entraînée dans des guerres incessantes, et les séfarades soumis aux aléas de la diplomatie et de la politique religieuse des États.

Quelques exemples. A Gênes, les luttes de factions sont permanentes. Les juifs, expulsés en 1516, sont admis en 1522. Ils sont rejetés à nouveau de la ville en 1550, puis de l'ensemble du territoire de la république en 1567 [40]. A Rome, toute élection d'un nouveau pape leur fait craindre une remise en cause de la conduite bienveillante adoptée en 1492 par Alexandre VI. Dans ces circonstances, ils purent s'établir tant dans les États de la papauté que dans le comtat Venaissin, terre papale. Les successeurs d'Alexandre VI ne remirent pas en cause cette attitude. Mais les secousses surviennent. En 1516, c'est l'obligation de résider dans le ghetto, près du Tibre. En 1527, lors du sac de la ville par l'armée impériale de Charles Quint, le quartier est ravagé, entraînant par exemple la fuite du grammairien Elijah Levita à Venise. En 1553, le pape Paul IV porte un rude coup à la florissante imprimerie hébraïque en interdisant toute édition du Talmud et en faisant dresser le 9 septembre, jour de Rosh ha Shana, début de l'année juive, un bûcher sur lequel tous les ouvrages hébraïques sont brûlés. C'est l'heure des persécutions dans l'ensemble des États de la papauté, plus particulièrement à Ancône où une communauté de sept mille à huit mille âmes était prospère [41].

C'est finalement dans l'empire ottoman que les juifs trouvent la plus grande sécurité, la plus grande stabilité. « Vous appelez Ferdinand un roi sage, lui qui appauvrit ses États et enrichit les miens ! » aurait dit le sultan Bajazet II au grand rabbin d'Istanbul, Moshe Capsali [42]. Venus du Maghreb, de France, d'Italie, du Portugal, les juifs affluent à Istanbul, à Salonique, au Caire, à Safed en Palestine. Leur intégration ne fait pas problème car dans l'empire est reconnue l'existence d'un *millet*, d'une nation juive à l'égal des trois autres, turque, grecque et arménienne. Et les juifs comme les chrétiens bénéficient du statut de *dhimmi*. Ils sont astreints à payer un impôt particulier mais jouissent d'une totale liberté de culte. Le grand rabbin est conseiller du sultan, le médecin du prince est traditionnellement juif.

Des exemples singuliers illustreront mieux que tout discours à quel point les séfarades ont été ballottés. Isaac Abravanel semble être parti de Carthagène. Le roi de Naples lui réserve le meilleur accueil et le prend à son service. Lorque le souverain meurt, Abravanel se met à travailler pour Alphonse II, évincé par les Français. Les occupants brûlent les documents d'Isaac, qui accompagne son maître en Sicile en 1495, puis se rend à Corfou, revient en Italie et s'installe quelques années à Monopoli, dans les Pouilles. On le retrouve à Venise où il est chargé d'une mission diplomatique entre la Sérénissime et le Portugal. Parallèlement, il poursuit ses travaux bibliques commencés en péninsule Ibérique. Il commente les livres de Josué et de Samuel au Portugal, d'Isaïe à Corfou, de Jérémie et d'Ézéchiel à Venise. Il meurt à l'âge de soixante et onze ans et est enterré à Padoue. « J'ai vécu, aurait-il dit, dans les cours des princes et dans le tumulte du grand monde, passant mes jours dans la vanité des honneurs et des richesses, au lieu de les consacrer aux études [43]. »

Ses trois fils ont fait preuve de la même activité inlassable, de la même capacité d'adaptation aux circonstances. L'aîné, Judas, est aussi le plus célèbre. Né vers 1460, il a fait des études de médecine et de philosophie. Passé au Portugal, il y écrivit une élégie sur l'exil où est évoqué le baptême de son fils. Il a exercé la médecine à Naples et à Gênes. Celui que l'on a surnommé Léon l'Hébreu a entretenu des liens avec Marsile Ficin et Pic de la Mirandole et a écrit, en italien, des *Dialogues d'amour*. Il est mort en 1524 ou 1525. Son frère Joseph, né en 1471, également médecin, se fixa à Venise, sans doute en 1494, puis à Ferrare en 1508. Le dernier enfant d'Isaac, Samuel, né en 1473, fut un brillant homme d'affaires. Son exil se déroula principalement à Naples. Banquier, marchand, il participa au commerce du sucre de Madère, au trafic céréalier, aux foires de Lanciano dans les Abruzzes [44]. Il séjourna aussi à Salonique. Il fut l'ami du vice-roi de Naples, Pedro de Toledo, ce qui ne l'empêcha pas d'être à nouveau exilé, comme tous les juifs du royaume, en 1541. Il gagna Ferrare – qui, pour beaucoup, était l'ultime refuge – où il s'éteignit en 1550. La famille Abravanel a ensuite essaimé dans l'empire ottoman. On trouve en 1725 un Moshe Abravanel rabbin à Salonique. A Vienne, la famille prit le nom de Frankel. Chassée de la capitale autrichienne, elle se serait installée en Prusse.

Josef ha Cohen, auteur d'*Emeq ha bakha (La Vallée des larmes)*, est né en exil, en Avignon, en 1496 [45]. Sa famille paternelle était originaire de Cuenca, en Castille, sa famille maternelle d'Aragon. Rapidement les Cohen durent déguerpir car les habitants d'Avignon, inquiets de l'accroissement de la communauté juive, obtinrent l'exclusion des derniers venus. C'était aussi le moment, en 1501, où la Provence se débarrassait de ses juifs. A cette date, les Cohen s'établirent à Novi sur le territoire de la république de Gênes. Josef se déplaça au gré des aléas de la politique locale. Il se partagea entre Novi, Gênes, Voltaggio et Castello de Montferrato. Il a donc vécu, malgré tout, dans un espace assez restreint, exerçant la médecine et s'occupant du sort de ses coreligionnaires. Mais les horizons, pour cet esprit curieux de tout, dépassaient largement le cadre de l'Italie septentrionale. Il a écrit un *Livre de l'Inde et livre de Fernand Cortès* qui n'est autre que la traduction de la chronique de Francisco Lopez de Gomara dont nous reparlerons. Historien, poète, Josef ha Cohen était inévitablement en relation avec l'empire ottoman. Son oncle Bonafus Alconstantini s'installa vers 1510 à Nicopolis, son frère Meir et son cousin Obadias établirent leur résidence à Salonique. Josef mourut en 1578 ou 1579.

Abraham Zacuto était né en 1452 en Castille. Après des études d'astronomie et d'astrologie à Salamanque, il était entré au service de « grands » : l'évêque de Salamanque puis Juan de Zuñiga, maître de l'ordre d'Alcantara [46], dont il fut l'astronome. En 1478, il composa des tables astronomiques que Christophe Colomb utilisa. Ce grand humaniste choisit, en 1492, la voie portugaise et devint l'astronome de Jean II et de Manuel Ier. Mais en 1497, il reprit, comme tant d'autres, sa marche vers Tunis, l'Italie, la Turquie. Astronome, historien, philologue, il est probablement mort à Damas vers 1515. Yosef ben Efraïm Caro, beaucoup plus jeune – il est né en 1488, peut-être à Tolède –, a suivi plus ou moins les mêmes chemins. Le Portugal puis l'empire ottoman (Istanbul, Andrinople), la Palestine enfin. Il fut longtemps le chef spirituel de la communauté de Safed, réalisa une grand compilation talmudique, le *Beth Josef (La Maison de Josef)*, dont le résumé, édité en 1568 à Salonique en langue judéo-espagnole, connut un vif succès. Il est mort à Safed en 1575 [47].

La comparaison entre les tableaux géographiques de la diaspora séfarade à la fin de l'année 1492 et au milieu du xvie siècle révèle une constante, une simplification et un déplacement. Une constante car, en 1492 comme en 1550, les exilés et leurs descendants sont éparpillés autour du bassin méditerranéen. Ceux qui se situent en dehors de cette aire sont alors quantité négligeable. Une simplification car, par la force des choses et par la volonté des princes, les juifs ont été bannis en moins de dix ans (1492-1501) de Castille, d'Aragon, du Portugal, de Navarre et de Provence, si bien que la diaspora initiale des juifs espagnols dans toutes les directions a fini par former un grand courant se dirigeant pour l'essentiel de l'ouest vers l'est. Un déplacement progressif, enfin, interne au monde méditerranéen, puisque de plus en plus l'empire ottoman fait figure de pôle d'attraction.

Les conséquences du mouvement sont considérables. La Méditerranée chrétienne, ou tout au moins les vastes États chrétiens de l'Europe du Sud-Ouest (Espagne, Portugal, France), se ferme aux minorités tandis que l'immense empire musulman, dominateur en Méditerranée orientale, y reste ouvert. N'oublions pas que son influence se fait sentir d'Istanbul aux portes d'Oran. L'Espagne des trois cultures est morte, mais l'empire ottoman pluriculturel est bien vivant [48]. De ce fait, malgré des dissemblances primitives, les diasporas musulmane et juive finissent par pratiquement coïncider. A une nuance près, importante. La première savait d'emblée où aller, la seconde, non : seule diaspora au sens strict, elle doit toujours négocier avec l'autorité territoriale. L'Italie représente, dans ces conditions, un monde à part. Alors que la présence musulmane y est résiduelle, ce qui n'est pas une surprise, celle des juifs y est, malgré les turbulences, malgré les caprices des princes ecclésiastiques ou laïques, toujours prise en considération. Les petits duchés, les petites républiques savent quel parti ils peuvent tirer de communautés industrieuses. Inversement, les juifs apprécient les immenses possibilités qu'offrent les économies locales.

La diaspora séfarade est aussi un immense écheveau aux fils jamais coupés. Le départ d'Espagne a provoqué l'éclatement des *juderias* – dont les habitants ont été dispersés aux quatre coins de la Méditerranée – et même, les exemples fournis l'attestent amplement, l'éparpillement des membres d'une même famille. Les liens restent cependant toujours étroits. Au hasard des déplacements provisoires ou définitifs, les uns et les autres se retrouvent. A défaut, ils échangent. Fernand Braudel parle à leur endroit d'ubiquité. Des dizaines et des dizaines de communautés urbaines se sont ainsi constituées ou renforcées. La plupart avaient quelques centaines ou quelques milliers d'habitants au XVIe siècle. Les juifs étaient 400 à Corfou en 1588, 500 à Rhodes, plus de 500 à Candie vers 1560, entre 500 et 1 000 à Oran (pourtant passée sous contrôle espagnol) ou à Livourne (qui, en grande partie grâce à eux, émerge à la fin du XVIe siècle), 2 000 à Safed et à Jérusalem, 2 500 à Venise vers 1500, de 7 000 à 8 000 à Ancône [49]... Mais les deux capitales séfarades, véritables républiques juives, étaient Istanbul et Salonique, forte chacune de dizaines de milliers d'habitants, 50 000 assurément pour la première vers 1550, 30 000, 40 000 peut-être pour la seconde à la même époque. Les communautés sont dirigées par le grand rabbin, seul responsable devant le gouvernement. Elles s'organisent autour de nombreuses synagogues – plusieurs dizaines dans chaque ville –, qui, à Salonique, s'appellent Aragon, Catalogne, Pouilles, Calabre, Majorque, Gueronsh Sefarad (Exil d'Espagne)... Comme à Venise, Rome ou Ferrare, l'imprimerie y est florissante. Parmi les éditions d'Eliezer Soncino, extrêmement actif à Istanbul entre 1520 et 1548, figure la traduction hébraïque d'*Amadis de Gaule*, le roman de chevalerie espagnol. A Salonique, Moshé Almosnino publie son *Regimiento de la vida* en 1560-1564. Mais les séfarades ne se cantonnent pas au domaine culturel. Ils sont très présents dans l'industrie textile – ce sont eux qui fabriquent les tuniques des janissaires – et dans celle du cuir. Ils sont encore fripiers, potiers, dockers. Le sentiment de l'origine espagnole est, chez tous, bien ancré : les quartiers ou les rues de Salonique s'appellent *carniceria, los encantados, cantareros* [50]...

« Beaucoup restèrent en Espagne parce qu'ils n'eurent pas le courage de partir ou parce que Yahvé n'avait pas touché leurs cœurs. Beaucoup alors abjurèrent. "Regarde, Seigneur, prête attention à celui à qui tu as fait cela ! " » Josef ha Cohen déplore en ces termes qu'à l'heure décisive un grand nombre de juifs d'Espagne, à commencer par Abraham Senior, le grand rabbin devenu Francisco Coronel, aient fait ce choix. Combien étaient-ils ? Nous ne le savons pas avec certitude. Pour 150 000 inébranlables, 50 000 tièdes auxquels il faudrait ajouter les exilés revenus en Espagne, rarement pris en compte. Ce sont là les chiffres les plus couramment admis. Mais certains auteurs estiment les départs à 200 000 et les maintiens à 100 000 [51]. L'important est

Une triple diaspora

l'accord sur une proportion élevée d'irréductibles, surtout en Castille car en Aragon les campagnes de prédication du printemps 1492 semblent avoir eu quelque effet. Les autres, les *conversos*, ont pu choisir la voie de la facilité ou bien ont cru à une crise passagère. Il se berçaient d'illusions. Pour eux aussi les temps furent amers. Devenus nouveaux-chrétiens, ils tombaient sous la menace inquisitoriale. Or les tribunaux du district ne relâchèrent pas leur pression. Ceux que l'on appelle les *marranes* payèrent un lourd tribut [52]. Au cours de la période 1480-1530, parmi les 2 507 victimes du tribunal de Tolède, 2 186 sont judaïsantes. De même que 2 156 des 2 354 victimes du tribunal de Valence [53]. Après un relatif répit dans les années 1530-1620 durant lesquelles d'autres suspects, les crypto-musulmans en particulier, servent davantage de cible, les *marranes* reviennent au premier plan de l'actualité inquisitoriale. Entre 1715 et 1730 encore, ils subissent une violente vague répressive. Et n'oublions pas le Portugal où, à partir de 1547, la redoutable institution traque les judaïsants. Le tribunal d'Evora en condamne 4 885 entre 1601 et 1688 [54].

Las des persécutions, désireux de vivre leur foi au grand jour, de nombreux *marranes* préfèrent naturellement s'installer sous des cieux plus cléments. A l'image de l'émigration musulmane, la diaspora juive ne s'est pas tarie aux XVIe et XVIIe siècles. Mais si, parfois, les chemins sont les mêmes que jadis (Livourne, Tanger, Alger, Tunis, Salonique, Istanbul), d'autres sont à présent de plus en plus empruntés. Judaïsants espagnols et portugais se réfugient en France – à Bayonne ou à Bordeaux, à Nantes ou à Rouen –, en Angleterre ou aux Pays-Bas. A Amsterdam, la communauté juive fut particulièrement active et brillante au XVIIe siècle. Ainsi Fernando Cardoso, né à Celorico da Beira, au Portugal, fut médecin à la cour madrilène [55]. En 1648, il s'exila à Venise puis à Vérone où il est mort en 1683. Parcours classique. Mais le philosophe Uriel da Costa, né à Coimbra en 1585, se fixa à Amsterdam où il mit fin à ses jours en 1642. Quant à Antonio Enrique Gomez, né à Cuenca en 1600, il vécut quinze ans en France, à Bordeaux puis à Rouen. Ce dramaturge revenu en Espagne vers 1650 vit brûler son effigie lors de l'autodafé sévillan du 14 avril 1660. Arrêté, il mourut dans une cellule de l'Inquisition en 1663 [56].

L'émigration chrétienne

Le 25 septembre 1493, Christophe Colomb abandonnait Cadix pour gagner une deuxième fois le Nouveau Monde. La flotte était considérable : dix-sept navires, dont l'inusable *Niña*, comptant mille deux cents hommes à leur bord. L'exploration était toujours au programme, mais le nombre et la qualité des participants, le matériel embarqué et les semences transportées témoignaient de la volonté de colonisation. Étaient du voyage le cartographe Juan de la Cosa, originaire de Santoña, et beaucoup de petits nobles avides de gloire et de fortune : le Galicien Sebastian de Campo, qui prouvera que Cuba est une île, le Castillan Alonso de Hojeda, qui fera une longue reconnaissance des côtes vénézuéliennes, et le Sévillan Juan Ponce de Leon, qui observera le premier les côtes de Floride. Étaient également présents cinq ecclésiastiques : l'aumônier bénédictin de la flotte Bernard Boyl, trois franciscains et un hiéronymite. Des artisans et des paysans, également. Comme lors du premier voyage, les Andalous dominaient.

Colomb allait au-devant d'incidents et d'amères surprises. A commencer par la découverte du désastre de Navidad. Le fort construit à la fin de l'année 1492 avait été brûlé et il n'y avait aucun survivant. Mais le Génois décida de fonder aussitôt, en un autre lieu mais toujours à Hispaniola, un nouvel établissement qu'il nomma Isabela. Cette colonie connut une existence mouvementée mais constitue le réel coup d'envoi de l'expansion européenne en Amérique.

Attirée par les immenses possibilités offertes, l'émigration de l'Ancien Monde en direction du Nouveau ne s'est jamais tarie depuis la fin du xve siècle. Nous nous contenterons d'en analyser les principales caractéristiques pour le xvie siècle et la première moitié du xviie à partir de la masse d'informations émanant de provenances diverses, principalement de la *Casa de contratación* (littéralement, « la maison de commerce ») de Séville. Créée le 14 février 1503, cette institution fut la pièce maîtresse du monopole du commerce espagnol avec les Indes [57]. A l'abri des murs de l'Alcazar, ses employés tentaient de tout superviser. La *Casa de contratación* tenait des registres d'équipages et de marchandises, organisait les flottes, percevait les droits sur les navires, jouait le rôle d'école de navigation où l'on formait les pilotes et où l'on établissait des cartes, instruisait les procès criminels et civils du commerce. Le contrôle s'étendait aux candidats à l'émigration qui impérativement devaient s'embarquer à Séville.

La perfection atteinte par les rouages administratifs de l'Espagne moderne laisse pantois. Mais cette manie quasi policière fait, à distance, notre bonheur car les documents des XVIe et XVIIe siècles livrent de nombreux secrets relatifs au volume, à la nature et au destin de l'émigration espagnole en direction de l'Amérique. Paradoxalement, c'est le nombre des émigrants qui est l'aspect le plus incertain de nos connaissances. Magnus Morner a tenté une approximation à partir de la quantité et du tonnage des navires ayant quitté la cité de Guadalquivir. De 1506 à 1650, selon ses calculs, 10 635 embarcations auraient emmené 437 669 personnes [58]. L'ordre de grandeur est intéressant, mais des chercheurs pensent que Morner sous-estime les tonnages. Les évaluations à partir des licences octroyées ne sont pas plus sûres. Des registres manquent. Et quelle est la part de l'émigration clandestine? la part des retours? En 1604, un texte officiel fait référence au départ de 600 femmes, « alors que je n'avais donné que 50 autorisations », dit l'administrateur. En 1607, un rapport évoque une forte émigration illicite en dépit de l'aggravation des sanctions prononcées contre les patrons de navire coupables de négligences. Après avoir naguère évalué la moyenne annuelle des départs officiels et occultes à 4 000 ou 5 000, Antonio Dominguez Ortiz a abaissé ses estimations. 400 000 à 500 000 personnes auraient gagné l'Amérique depuis l'Espagne aux XVIe et XVIIe siècles [59]. C'est, faute de mieux, le chiffre que nous retiendrons [60].

L'ÉMIGRATION ESPAGNOLE EN AMÉRIQUE AU XVIe SIÈCLE

	1493-1519	1520-1539	1540-1559	1560-1579	1580-1600	Total	Pourcentage
Andalousie	2 172	4 247	3 269	6 547	3 994	20 229	36,9
Estrémadure	769	2 204	1 416	3 295	1 351	9 035	16,4
Nouvelle-Castille	483	1 587	1 303	3 343	1 825	8 541	15,6
Vieille-Castille	987	2 337	1 390	1 984	970	7 668	14
León	406	1 004	559	875	384	3 228	5,9
Pays Basque	257	600	396	515	312	2 080	3,8
Étrangers	141	557	332	263	229	1 522	2,8
Galice	111	193	73	179	111	667	1,2
Catalogne, Valence et Baléares	40	131	62	113	55	401	0,7
Aragon	32	101	40	99	83	355	0,6
Murcie	29	122	50	96	47	344	0,6
Navarre	10	71	81	112	52	326	0,6
Asturies	36	77	49	90	71	323	0,6
Canaries	8	31	24	75	24	162	0,3
Total	5 481	13 262	9 044	17 586	9 508	54 881	100

**

Nos certitudes sont, en revanche, absolues en ce qui concerne les origines géographiques des candidats au voyage américain. Peter Boyd Bowman a réalisé une étude portant sur près de 55 000 colons établis au Nouveau Monde entre 1493 et 1600. Le tableau dressé à partir de ses recherches est limpide [61]. Les Andalous représentent plus du tiers de l'émigration officielle : 36,9 % exactement. Viennent ensuite l'Estrémadure, près d'un colon sur six, et la Nouvelle et la Vieille-Castille, un sur sept environ chacune. Les variations au cours du siècle sont minimes, sauf pour les deux Castilles. La plus septentrionale, la Vieille, celle de Burgos, de Valladolid et de Ségovie, vient en deuxième position jusque vers 1540. Son apport diminue progressivement ensuite, tandis que celui de la Nouvelle-Castille (Madrid, Tolède, la Manche) suit une évolution inverse. Dans les deux dernières décennies, l'ensemble Andalousie-Estrémadure-Nouvelle-Castille, autrement dit la moitié méridionale de la couronne de Castille, fournit plus des trois quarts de l'émigration.

La couronne d'Aragon, quant à elle, est réduite à la portion congrue : 1,3 %. Même si son apport n'est pas totalement négligeable du fait de la présence de marchands, de capitaines, de marins parmi les Catalans ou les Valenciens, la participation des terres espagnoles les plus orientales est faible. On a beaucoup débattu des causes de cette absence. Conséquence du monopole sévillan, désintérêt pour une entreprise considérée comme castillane, manque d'élan à l'issue de la crise de la fin du Moyen Age? La vocation méditerranéenne des pays de la couronne d'Aragon ne fait pas de doute, mais il est admis aujourd'hui que l'atonie de l'économie et l'inexistence d'une pression démographique constituent la principale explication [62].

Le Pays Basque (Navarre comprise) a une place à part. Sa contribution est apparemment modeste (4,4 %), mais, comme il faut tenir compte de l'exiguïté du territoire et de la faiblesse relative du nombre des hommes, elle est comparativement sept à huit fois supérieure à celle des pays de la couronne d'Aragon. Dans la première moitié du siècle, elle a été de l'ordre de 5 %. On sait quel a été le rôle des marins basques (tel Juan de la Cosa, homonyme du cartographe) dès la première expédition colombine, mais il est aussi remarquable qu'une partie importante de l'encadrement ecclésiastique des milieux coloniaux ait été basque, ainsi Zumarraga, premier évêque de Mexico, et Francisco de Urdiñola, premier évêque d'Oaxaca [63].

Reste l'inconnue canarienne. A en croire Peter Boyd Bowman, les habitants des îles n'auraient guère émigré. Affirmation surprenante, infirmée par les témoignages des contemporains et par les indications des sources notariales de Grande-Canarie. Plus encore, il est probable que l'archipel ait servi de relais à des hommes venus de la péninsule et cherchant à gagner l'Amérique tout en échappant aux tracasseries administratives. Il ne faut donc ni mésestimer la participation des îles ni oublier la place éminente qu'elles occupent dans l'émigration clandestine.

Les temps de crise, les ressources économiques limitées de certaines régions, de l'Estrémadure par exemple, les contraintes, parfois, des pratiques successorales – au Pays Basque, dans le cadre de la famille souche, le patrimoine échoit au fils aîné – ont été autant d'incitations au voyage américain [64]. L'émigration a été un moyen de sortir d'une existence dont la médiocrité paraissait inéluctable. Mais pour beaucoup, le départ était tentant car synonyme d'aventures et de gains. L'exemple de réussites spectaculaires, connues à l'occasion de retours au pays ou colportées par le qu'en-dira-t-on, était souvent persuasif. Les encouragements des proches déjà partis, le souhait de reformer la cellule familiale provisoirement brisée par l'éloignement de l'un de ses membres, ont constitué un autre facteur décisif d'émigration. C'est pourquoi le mouvement est socialement complexe. Toutes les classes y ont participé, avec peut-être une assez forte présence de gens de condition moyenne : hidalgos, marchands, fonctionnaires. Ainsi, à l'occasion d'un sondage portant sur 10 502 Andalous ayant émigré au XVIIe siècle, on trouve 1 423 marchands et 526 ecclésiastiques. Plus des hommes de loi, des médecins, des artisans (maçons, charpentiers, cordonniers, forgerons, etc.) Peu de laboureurs [65]. Ceux que l'on appelle « hommes de la mer » sont, on s'en doute, nombreux, qu'ils soient basques, catalans ou originaires de la Niebla andalouse. Ajoutons les militaires qui, encore au XVIIe siècle, au Chili, font face à la résistance araucane [66]. Le profil d'ensemble s'explique dans une large mesure par le prix du voyage. Le coût moyen a été évalué à environ cinquante ducats, soit deux cent cinquante jours de travail d'un journalier agricole. Dans ces conditions, faire partir une famille entière par la voie officielle représente une dépense considérable.

Les candidats à l'émigration vendent leurs terres, demandent des avances d'héritage, sollicitent des prêts. Tous, loin s'en faut, ne parviennent pas à leurs fins. Reste une possibilité, recours des plus démunis : entrer au service d'un tiers. Nous tenons là l'explication de la présence de nombreux domestiques – les deux tiers de l'ensemble – parmi les Estrémègnes s'embarquant à Séville au XVIe siècle [67]. Les archives notariales recèlent des contrats qui confirment l'étendue de la pratique. Par exemple, Domingo Caravello et Maria Rodriguez acceptent, en 1598, de servir pendant six ans Juan del Castillo [68]. En échange, leur maître paiera leur voyage, leur donnera nourriture et vêtements et, au terme du contrat, remettra à chacun vingt ducats.

Dans un premier temps, l'émigration fut presque exclusivement masculine. Reprenons le cas estrémègne. Dans la première moitié du XVIe siècle, 5 % à 6 % des voyageurs seulement sont des femmes. Au cours de la seconde moitié du siècle, elles sont 30 % des futurs *Indianos* [69]. Vers 1550, en effet, la conquête peut être considérée comme terminée. Place à la colonisation ! La Couronne cherche à favoriser les établissements durables et à lutter contre les mœurs dissolues des colons. Asunción n'est-elle pas alors baptisée « le Paradis de Mahomet » ? Dans ce but, il est interdit aux femmes célibataires de s'embarquer et aux hommes mariés de partir non accompagnés de leurs épouses. Les contrevenants à cette dernière disposition, édictée dès 1504, durent être légion, à en juger par les multiples rappels de la mesure, notamment en 1530 et 1549. Avec le temps, toutefois, leur nombre se raréfia. Les opérations militaires devenant plus rares, les intéressés souhaitaient reconstituer leur foyer. Certains n'hésitaient pas à faire un aller-retour, semé d'embûches, entre l'Amérique et l'Espagne pour venir chercher femme et enfants. D'autres épargnaient pour payer au plus vite le voyage de leur conjoint. De plus en plus, des familles entières abandonnent l'Espagne pour le Nouveau Monde. Au XVIIe siècle, 60 % des Andalous qui s'embarquent le font en famille. En 1601, Estacio Ruiz et Maria de San Sebastian partent avec leurs huit enfants; en 1603, Benito Martin et Juana Hernandez émigrent en emmenant leurs dix enfants et un petit-fils [70].

Dans ces derniers cas, les voyageurs vont rejoindre des parents, qui, de toute évidence, les ont appelés et aidés financièrement. Il n'y a là rien d'exceptionnel car l'entraide est générale. L'orfèvre Juan de Peralta, établi à Lima, rassure sa mère demeurée dans la petite ville d'Alcala de Guadaira, proche de Séville. Il a réussi à placer son frère Diego à l'*audience* (le tribunal) de Charcas. Juan Lopez Bravo, qui se trouve au Guatemala, incite son frère, sa belle-sœur, ses neveux résidant à Cordoue à le rejoindre. Lopez Bravo a fait fortune grâce au commerce de confiserie [71]. Ainsi, des familles amples se reconstituent sur le sol américain. Les solidarités familiales, villageoises, régionales jouent à merveille. Un Estrémègne exhorte en 1572 un prêtre resté dans sa ville de Montijo à abandonner cette terre misérable et à le rejoindre à Mexico où « chaque clerc est prélat ». En un mot, il dresse un tableau idyllique de la vie en Nouvelle-Espagne, où il se trouve depuis une dizaine d'années.

On n'émigre presque jamais par hasard. A l'arrivée, les réseaux d'accueil prennent en charge les nouveaux venus. On va les chercher à Veracruz ou à Nombre de Dios. Les Estrémègnes du XVIe siècle (49,4 % des émigrants de la région) comme les Andalous du XVIIe siècle (39,8 %) vont en premier lieu en Nouvelle-Espagne (la région de Mexico). Le Pérou attire le quart des uns et des autres, mais, derrière l'uniformité de façade, se cachent des regroupements à base locale ou microrégionale. Les habitants de la ville estrémègne de Trujillo s'installent au Pérou, à Lima, au Cuzco, au Potosi, etc. N'est-ce pas logique pour des hommes marchant sur les traces de Pizarre, leur concitoyen? Une enquête de 1689 montre qu'à Mexico la colonie andalouse est très importante, et secondairement la colonie basque. On retrouve les Basques dans les villes minières mexicaines de Guanajuato et Zacatecas. A Puebla, toujours au Mexique, dans la seconde moitié du XVIe siècle, Estrémègnes, Andalous et originaires de la petite région de l'Alcarria en Nouvelle-Castille semblent constituer trois noyaux de taille voisine.

Liens entre hommes ayant les mêmes racines, liens aussi entre la colonie et la métropole. La correspondance des émigrés en Amérique est à cet égard d'une richesse insoupçonnée. Enrique Otte vient d'exhumer près de sept cents lettres de la fin du XVIe siècle et du début du XVIIe [72]. Les émigrants ne cessent de se préoccuper du sort de leurs parents. Le marchand de linge Martin Fernandez Cubero s'inquiète de savoir si sa nièce est mariée et propose une confortable dot dans le cas contraire. Dans la moindre lettre, il est question de tous les membres de la parentèle du signataire, et souvent celui-ci charge son destinataire de commissions aux amis qui lui sont chers. Les pères de famille qui sont partis seuls donnent des conseils pour l'éducation de leurs enfants. Le transport des lettres, une invraisemblable chaîne humaine, illustre le souci de maintenir à tout prix le contact entre les deux rives et l'entraide entre émigrés. Ceux qui réussissent n'oublient pas leur *patria chica*. Ils y reviennent parfois, mais ils peuvent se contenter d'investir ou d'exercer leur mécénat à distance. A Trujillo, au XVIe siècle, les donations pieuses, les constructions de palais, les achats de terres réalisés avec l'argent d'*Indianos* furent spectaculaires. Il suffit de parcourir les rues de la ville, aujourd'hui, pour s'en convaincre. Balmaseda, localité de Biscaye, bénéficia de la générosité de plusieurs de ses enfants partis au loin. En 1571, Juan de la Puente lègue depuis Potosi cinq cents ducats à sa ville natale pour créer un grenier communal.

En 1644, Juan de la Piedra, par voie testamentaire, rémunère un précepteur et fonde un couvent de clarisses [73].

Pourtant, la plupart de ceux qui écrivent ne troqueraient pas leur nouvelle vie contre l'ancienne. Le thème le plus récurrent de leurs missives est l'appel à suivre leur exemple. Ils donnent très souvent une image idyllique des terres américaines. « J'ai beaucoup gagné », s'écrie Martin Fernandez Cubero. Le tailleur Alonso Morales renchérit en affirmant être quatre fois plus riche qu'en Espagne. « Abandonne cette terre avare qui n'est bonne que pour celui qui a beaucoup d'argent », dit un troisième. « On m'a dit que l'Espagne n'est que pauvreté », rapporte, en 1611, Juan Lopez de Figueroa [74].

Ne nous laissons pas abuser par la faconde des auteurs de lettres. Ceux-ci sont marchands, industriels – à Puebla, on fabrique des draps –, administrateurs, ecclésiastiques. Jusqu'à quel point sont-ils représentatifs de l'émigration ? Entre autres privilèges, ils ont celui de l'écriture dans un monde où les alphabétisés sont minoritaires. Ils constituent la frange qui disposait des meilleurs atouts, des plus grandes chances de réussite. Mais que devinrent les domestiques et les démunis ? Leur vie médiocre n'a pas laissé de trace. Ce qui ne veut pas dire que les leurs les aient oubliés. En 1602, à l'heure de la mort, une habitante de Huelva n'oublie pas dans son testament son fils Pedro parti neuf ans plus tôt. Bien qu'étant restée sans nouvelles, elle demande que sa part d'héritage lui soit gardée pendant trois ans et que, ce délai accompli, un autre fils, Jeronimo, en soit le bénéficiaire à la condition de faire dire vingt messes pour le repos de l'âme de son frère. La même année, Maria Diaz, qui ignore le sort de son fils unique, en fait son héritier et désigne un administrateur de ses biens. Ces exemples montrent que l'émigration signifie le plus souvent une rupture.

Un mot encore à propos des échanges épistolaires. Il est probable que les documents publiés, conservés aux archives, ne soient jamais parvenus à leurs destinataires. Les auteurs se plaignent sans arrêt de ne pas avoir eu de réponse aux missives précédentes. Faire arriver une lettre à bon port, du Pérou à l'Estrémadure, relevait de l'exploit.

L'acharnement, l'ingéniosité des intéressés cherchant à maintenir les fils sont admirables, mais parfois vains. Au bout du compte, sans que l'on puisse évaluer le déchet, des lettres passaient. Elles entretenaient des rumeurs qu'enflaient les auteurs de retours, provisoires ou définitifs. En Andalousie ou en Estrémadure, les testaments l'attestent : nombreux sont ceux qui attendent qu'une manne venue d'Amérique résolve définitivement les tracas de la vie quotidienne [75]. S'il est une légende tenace née au XVIe siècle, c'est bien celle de l'oncle d'Amérique.

Il a été rappelé plus haut que musulmans, juifs, gitans, *conversos* n'étaient pas autorisés à embarquer. La prohibition, maintes fois formulée au cours de la première moitié du XVIe siècle, a d'ailleurs été étendue aux protestants en 1559. Et, pour ne rien laisser au hasard, on songe au danger que représenterait une population servile musulmane. Aussi est-il, à partir de 1530, interdit de posséder un esclave originaire du Maghreb. Malgré cette législation qui tourne à l'obsession, l'Inquisition, introduite en Amérique en 1569, jugea « mahométisants et judaïsants ». Les premiers furent extrêmement rares. Quelques cas de morisques mariés à des chrétiens [76]. Les judaïsants étaient plus nombreux : quatre-vingt-quatre furent condamnés par le tribunal de Lima entre 1570 et 1635, soixante-deux d'entre eux étant d'origine portugaise [77]. Au Mexique, il existe de fragiles communautés dans les principales villes, Mexico, Puebla, Veracruz, Guadalajara. Fragiles, parce qu'isolées et manquant de direction et d'enseignement religieux. Bien qu'endogames à 96 %, les judaïsants de Nouvelle-Espagne étaient, comme l'a montré Solange Alberro, condamnés au syncrétisme ou à la dégénérescence des principes religieux [78]. Et, en recourant au mouchardage, l'Inquisition détruisit entre 1642 et 1649 le groupe *marrane* de l'intérieur. La plupart réussirent à demeurer, en cachette, en Amérique et se diluèrent dans la communauté dominante.

***

500 000 musulmans et crypto-musulmans partis entre 1485 et 1615, 150 000 juifs chassés en 1492, auxquels il

faut ajouter les départs de *conversos* après cette date, de
400 000 à 500 000 émigrants embarqués pour l'Amérique
aux XVIe et XVIIe siècles, la saignée est considérable. Même
si ces chiffres ne sont que des évaluations approximatives
et contestables, il n'est pas aventureux d'affirmer que,
toutes confessions confondues, l'Espagne a perdu, de la fin
du XVe siècle au début du XVIIe siècle, un million de ses
sujets. Pour un pays de 6 millions à 7 millions d'habitants
– en tenant compte de l'expansion démographique du
XVIe siècle –, cela représente un lourd déficit, de l'ordre de
200 000 personnes par génération.

Pays dynamique, l'Espagne de 1492 n'a pas immédiatement accusé le coup. Mais la récurrence ou la permanence du phénomène dans une longue durée a fini par anémier l'économie. La triple diaspora figure parmi les facteurs expliquant le repli espagnol au XVIIe siècle. Avec des nuances selon les régions. Dans l'ensemble, le Nord a été peu touché. Pas ou peu de musulmans, de juifs, d'*Indianos* en Galice, aux Asturies, en Catalogne. L'Andalousie, le royaume de Valence ont indéniablement souffert, mais ce furent des terres à la fois d'émigration et d'immigration. Séville, énorme métropole de 120 000 habitants vers 1600, accueillait des gens venus d'un peu partout et surtout des régions plus septentrionales. Le Levant comme la Catalogne attiraient la main-d'œuvre française. La zone la plus déprimée est le centre du pays : les deux Castilles, Vieille et Nouvelle, l'Aragon, l'Estrémadure. En Espagne, la principale conséquence de la triple diaspora est la remise en cause de l'hégémonie castillane. Le quadrilatère León-Burgos-Cuenca-Tolède est en perte de vitesse en 1600. Le centre s'effondre, les périphéries s'affirment [79].

CHAPITRE IV

L'UNIFICATION DU MONDE

Un mouvement migratoire d'une telle ampleur ne pouvait manquer d'avoir d'importantes répercussions pour les pays d'accueil. Les conséquences de la dispersion, à travers le monde, d'Espagnols – musulmans, juifs et chrétiens – depuis la fin du XVe siècle sont considérables. Elles affectent tous les domaines, biologique, religieux, économique, social, culturel. Ce sont elles qui donnent sa véritable portée à l'enchaînement des événements de 1492.

Revenons un moment aux aspects linguistiques pour souligner que les diasporas furent un vecteur extrêmement efficace de la diffusion de la langue castillane. Lorsque Peter Boyd Bowman étudie les origines des colons en Amérique, il le fait en linguiste. Mais nous retiendrons surtout qu'il constate, en dépit de nuances linguistiques sensibles d'un pays à un autre – voire d'une région à une autre –, l'unité, la suprématie absolue du castillan. Nous avons vu que cette langue était infiniment plus dynamique que ses voisines à la fin du XVe siècle. Son expansion en Amérique s'est réalisée d'une manière implacable. Galiciens, Basques et Catalans étaient trop peu nombreux pour pouvoir conserver leur propre langue.

Musulmans et juifs ont également véhiculé le castillan. Si les habitants du royaume de Grenade, comme les mudéjars du royaume de Valence, parlaient naturellement l'arabe, il n'en allait pas de même, en 1492, pour l'immense majorité de leurs coreligionnaires d'Aragon ou de Castille. Et les entraves à l'usage de l'arabe, au XVIe siècle, n'ont pu que renforcer la diffusion du castillan. Dans ces conditions, une partie des exilés ne pratiquait que cette langue. Elle s'y est même accrochée. Un religieux espagnol, le père trinitaire Francisco Ximenez, qui séjourne en Tunisie entre 1720 et 1735, décrit le pays plus d'un siècle après la dernière grande vague d'émigration des morisques. En septembre 1720, il est à Bizerte. La région est, selon lui, parfaitement mise en valeur, « grâce aux morisques qui vinrent d'Espagne, lesquels ont gardé jusqu'à aujourd'hui la langue espagnole, mais les vieux ont une meilleure prononciation que les jeunes [1] ». Pour Tebourba, visitée en juillet 1724, ou pour Testour, dans la vallée de la Medjerda, Ximenez se fait plus précis : « Le pouvoir est entre les mains des maures andalous... Plusieurs parmi [eux] sont des Tagarins et Aragonais mais de nombreux Arabes sont venus par la suite vivre avec eux, et déjà dans l'état actuel des choses, les familles espagnoles et arabes se sont mélangées entre elles par l'intermédiaire des mariages. C'est pour cela que leurs fils perdent progressivement la langue espagnole. Il n'y a que les maures âgés qui le parlent bien et couramment. » L'usage de l'espagnol est donc en voie de disparition en Tunisie au début du XVIIIe siècle [2]. Le contraire eût été surprenant. Les descendants des exilés d'Espagne étaient trop peu nombreux et trop dilués dans l'ensemble de la population tunisienne pour pouvoir longtemps maintenir leur idiome. De surcroît, la langue espagnole était suspecte aux autorités; les morisques qui la pratiquaient étaient taxés de mauvais musulmans. Aussi la survie du castillan au XVIIIe siècle est-elle en soi remarquable.

La communauté séfarade, dispersée autour de la Méditerranée, a connu une évolution quelque peu différente. Nous avons vu qu'en Espagne les juifs parlaient le castillan, très majoritairement en raison de leur implantation géographique, ou le catalan à l'égal des chrétiens. Installés dans l'empire ottoman, ils ont suivi deux voies linguistiques. Là où ils étaient peu nombreux, ils ont subi, plus ou moins rapidement, l'influence des arabophones. Selon Haïm Vidal Sephiha, leur assimilation dans ce domaine s'est faite en une ou deux générations [3], plus rapidement que celle des morisques placés dans la même situation. En revanche, là où les communautés étaient étendues et faisaient preuve d'une grande cohésion, à Istanbul et Salonique surtout, la langue espagnole s'est maintenue. Ou plus exactement le judéo-espagnol vernaculaire ou *djudezmo*, langue castillane à laquelle ont été adjoints des éléments d'aragonais, de catalan ou d'arabe hispanique. Cette langue est parlée de nos jours par quatre cent mille personnes environ, mais elle est en péril parce que peu, parmi ceux qui la connaissent, sont unilingues; il ne faut pas la confondre avec le *ladino*, langue pédagogique et liturgique à syntaxe hébraïque, langue figée et sacralisée qui ne se parle pas.

Le castillan perdant ainsi du terrain en Méditerranée depuis l'orée du XVIe siècle et ne cessant d'en gagner outre-Atlantique, son évolution est exemplaire de la simplification linguistique qui s'est opérée à l'ère moderne. Là où il est pratiqué par des minorités noyées dans des populations parlant une langue « forte » – arabe ou turc –, il est en recul. Là où il s'appuie sur la force, sur une politique consciente et calculée d'expansion, il progresse. Nebrija avait raison. Le castillan succède au latin comme langue d'un empire. D'autres langues n'ont pas tardé à l'imiter. Désormais, dans le monde entier, des langues, reléguées au second plan, s'efforcent de survivre tandis que d'autres s'étendent inexorablement.

L'unification microbienne

Une même langue parlée de part et d'autre d'un océan est bien l'élément le plus immédiat, le plus palpable de l'unification en marche à l'échelle du globe, unification imposée par les Européens, subie par les Américains ou, si l'on préfère, par les Indiens. Ce n'est pourtant pas le seul facteur de cette unification. L'un des principaux, l'un des premiers, l'un des plus spectaculaires aussi est d'origine microbienne. Lisons le chroniqueur Francisco Lopez de Gomara, qui écrit au milieu du XVIe siècle :

> « Ceux de cette île d'Hispaniola ont tous des bubons et, comme les Espagnols se couchaient avec les

> Indiennes, ils furent couverts de bubons. C'est une maladie très contagieuse qui provoque de violentes douleurs. Se sentant atteints et leur état ne s'améliorant pas, beaucoup rentrèrent en Espagne pour se soigner. D'autres revinrent pour leurs affaires. Ils transmirent leur mal caché à de nombreuses courtisanes, et celles-ci, à leur tour, à des hommes qui allèrent, en Italie, faire la guerre de Naples avec le roi Ferrante contre les Français. Là-bas, ils communiquèrent leur maladie. Finalement, ils la transmirent aux Français. Et comme tout cela se produisit en même temps, ils pensèrent l'avoir contractée auprès d'Italiens, c'est pourquoi ils l'appelèrent mal napolitain. D'autres l'appelèrent mal français pour avoir cru que des Français le leur avaient donné. Cependant certains le qualifiaient de gale espagnole [4]. »

Le récit est d'une parfaite précision. Il souligne l'origine américaine de la syphilis. Bien qu'il y ait des partisans d'une théorie uniciste selon laquelle la tréponématose aurait existé en Europe depuis la Préhistoire, le parcours rappelé par Lopez de Gomara est le plus souvent admis. En effet, en Amérique, en particulier sur le plateau mexicain, une tréponématose non vénérienne, la *pinta*, était très répandue à l'époque précolombienne. Ses effets étaient bénins, et Moctezuma, l'empereur aztèque, faisait porter sa litière par des *pintados*. Mais, affectant des populations qui, jusque-là, avaient été épargnées, revêtant une nouvelle forme, la maladie connut une propagation fulgurante.

Les mercenaires espagnols la répandent en Italie en 1494-1495. Bientôt, des hommes d'armes de toutes nationalités sont touchés et diffusent la vérole – c'est le nom qu'on lui donne alors – dans leurs pays respectifs. On sait que l'Écosse fut infectée dès 1495, que le mal progressa en France depuis le Sud : de Lyon il gagna Paris à l'automne 1496. L'année suivante, tout l'empire germanique fut contaminé. L'Afrique et l'Asie ne tardèrent pas à subir le fléau. L'Afrique du Nord fut atteinte en 1498 sans que nous en connaissions les vecteurs, émigrants juifs ou musulmans, ou plus certainement armées espagnole et portugaise implantées sur la côte (Ceuta, Arzila, Melilla). Les marins de l'expédition de Vasco de Gama, toujours en 1498, diffusèrent la maladie en Asie. Au début du XVIe siècle, la Chine était atteinte.

La violence de l'épidémie, la vitesse de son expansion frappèrent les contemporains. Aussi n'est-il pas surprenant que les descriptions aient immédiatement pullulé. Le *De morbo gallico* de Nicolo Leoniceno paraît à Venise en 1497 et le *De dispositionibus ques vulgares mal franzoso appellant* de Natalis Montesauri, en 1498. Suivent des traités français (Jacques de Béthencourt en 1527, Thierry de Héry, Jean Fernel) et espagnols (Torella, Villalobos). Ruy Diaz de Isla mérite une mention particulière. Certes, son ouvrage, *Tratado contra la buba o fruto de Todos Santos o antidoto eficaz contra el mal frances hallado y dispuesta en el Hospital de Todos Santos de Lisboa*, dédié au roi Jean III de Portugal, ne paraît qu'en 1537. Mais ce médecin portugais aurait examiné des compagnons de Colomb dès 1493 à Barcelone. Il est l'un des tout premiers, avec le chroniqueur Gonzalo Fernandez de Oviedo, à accréditer la thèse de l'origine américaine de la syphilis. Quant au nom de la maladie, il a été imposé par le médecin italien Girolamo Fracastori qui publia son *Hieronymi Fracastorii syphilis sive morbus gallicus*, à Vérone, en 1530 [5].

Francisco Lopez de Gomara n'est pas moins intéressant lorsqu'il s'attache à l'évolution de l'épidémie et au regard qui lui est porté : « Au début, c'était un mal terrible, puant et infâme ; aujourd'hui, il n'est plus aussi violent ni aussi infamant. » C'est beaucoup dire en peu de mots. En revanche, le chroniqueur est moins crédible lorsqu'il affirme que le remède, venu par les mêmes routes, a suivi la maladie. Il fait une référence explicite au traitement par le bois de gaïac utilisé dans le Nouveau Monde et d'ailleurs attesté par le témoignage d'un malade, Ulrich von Hutten, qui publie à Mayence, en 1519, un ouvrage intitulé *De guaiaci medicina et morbo gallico*. Mais Lopez de Gomara semble considérer le traitement comme très efficace. Bel optimisme!

*
* *

Si les effets de la syphilis furent dévastateurs, que dire des ravages consécutifs aux épidémies apportées par les conquérants? L'histoire du XVIe siècle américain est une interminable chronique de catastrophes microbiennes. Mais avant d'en apprécier l'étendue et l'influence, il nous faut nous interroger sur le peuplement du continent américain en 1492. Nous entrons ici dans un domaine où les polémiques n'ont pas cessé depuis près d'un demi-siècle. Partant souvent des mêmes documents, d'interprétation délicate il est vrai, les chercheurs arrivent à des résultats très éloignés. D'un côté, les tenants d'estimations basses. A partir des chiffres actuels, Angel Rosenblat pratique la méthode régressive et arrive à un total, pour l'ensemble américain à la veille de l'arrivée des Européens, de 12 millions d'habitants environ [6]. Mais le chiffre qu'il avance pour la population d'Haïti-Hispaniola (100 000 habitants) a été jugé trop élevé par Charles Verlinden, qui propose celui de 55 000 à 60 000 [7]. De l'autre côté, les partisans d'hypothèses hautes. Ainsi, pour Henry Dobyns, la population aurait été voisine de 100 millions d'habitants [8]. Les écarts, région par région, entre ses estimations et celles de Rosenblat sont impressionnants et irréconciliables, à un seul près, celui des Caraïbes. Or, si les calculs de Dobyns paraissent dans l'ensemble excessifs, ils seraient en revanche au-dessous de la vérité pour les îles. Les contemporains de Colomb croyaient tous à une population élevée : le chroniqueur Gonzalo Fernandez de Oviedo évaluait celle-ci à un million d'habitants, le licencié Zuazo, dont le témoignage date de 1518, à 1,13 million, Bartolomé de Las Casas à trois millions. Ils n'ont pas obligatoirement raison, mais l'identité de vues sur l'essentiel n'en est pas moins troublante. Des recherches récentes, nous le verrons, ont tendance à enfler toutes les affirmations antérieures.

La population de l'Amérique en 1492

	Rosenblat	Dobyns
Mexique	4 500 000	37 500 000
Amérique centrale	800 000	13 500 000
Caraïbes	300 000	550 000
Pérou	4 750 000	37 500 000
Terres méridionales	2 035 000	11 250 000
Total	12 385 000	100 300 000

Nous pouvons tirer un bilan, sans doute provisoire, de ce tableau. Les nombreuses et très rigoureuses études menées depuis un quart de siècle, en particulier par Woodrow Borah et Sherburne Cook, à partir des sources fiscales, des enquêtes, dénombrements et visites d'administrateurs espagnols et des documents pictographiques provenant des autochtones sont suffisamment convaincantes [9]. La population amérindienne en 1492 était considérable, de l'ordre de 60 millions à 80 millions d'habitants, alors que l'Europe en comptait une centaine.

Évolution de la population au Mexique

1519	25,3 millions d'habitants
1532	16,8
1548	6,3
1568	2,6
1580	1,9
1595	1,3
1605	1

Ce point de départ acquis, nous pouvons nous poser la question fondamentale de l'évolution des populations autochtones, une fois le contact établi avec les Européens. Nous allons tenter de l'aborder à travers trois exemples. Les chiffres fournis par Borah et Cook montrent au Mexique un recul continu de 3 % à 6 % par an, plus accentué dans les basses terres côtières, très exposées aux maladies, que sur les hauts plateaux. Le seuil, dérisoire, est atteint à la fin du siècle. La récupération ne commencera réellement que dans la seconde moitié du xviie siècle. Parallèlement à l'effondrement de la démographie indienne, la population d'origine européenne progresse grâce à l'immigration mais aussi à l'accroissement naturel.

Pour le Pérou, à partir d'un dénombrement de qualité des années 1560 et d'études concrètes portant sur l'évolution de quatre groupes de populations éparpillés à l'intérieur de l'empire inca, Nathan Wachtel arrive à des conclusions voisines [10]. La population chute de 10 millions vers 1530 à 2,5 millions vers 1560. La perte est de 2 % en moyenne par an. Elle est ensuite à peine ralentie puisqu'il n'y a plus, en 1590, que 1,3 million ou 1,5 million d'habitants. Au total, un effondrement qui, pour être proportionnellement légèrement inférieur à celui du Mexique, n'en est pas moins vertigineux. Le cas de l'île d'Hispaniola, enfin, est le plus impressionnant et le plus dramatique de tous. Alors qu'au Mexique et plus encore au Pérou, une petite partie de la population survit, les Arawaks disparaissent totalement [11].

Évolution de la population de l'île d'Hispaniola

1492	7 000 000 à 8 000 000	d'habitants
1496	3 770 000	habitants
1508	61 600	
1514	27 800	
1518	15 600	
1540	250	
1570	125	

Nous pourrions étendre le constat à d'autres secteurs géographiques. Par exemple, la tribu de Quimbaya, dans l'actuelle Colombie, perd, en trente ans, 80 % de ses membres [12]. Les preuves d'une dépopulation indienne généralisée sont donc éloquentes et indubitables. Même les chercheurs croyant à un faible peuplement avant 1492 ne nient pas l'hécatombe. Charles Verlinden admet une baisse globale de 50 % de la population d'Hispaniola entre 1492 et 1514. Quelles sont donc les causes de la dépopulation ?

On songe évidemment d'abord aux effets de l'oppression coloniale. Ils sont évidents. Les Indiens sont dépossédés de leurs moyens de production. Les Espagnols se réservent les meilleures terres. Le tribut ne cesse de s'alourdir. Les abus, constants, sont accompagnés de violence. L'aggravation des conditions de la vie quotidienne partage, avec la guerre, la responsabilité de la surmortalité masculine. Deuxième facteur capital de la disparition des Indiens : le traumatisme de la conquête. Les populations autochtones voient leur univers se désagréger. Les Indiens sont poussés au suicide par désespoir : « Beaucoup se pendent, d'autres se laissent mourir de faim, d'autres absorbent des herbes vénéneuses, des femmes enfin tuent leurs enfants à la naissance pour les libérer des tourments dont elles souffrent [13]. » Le thème de l'infanticide est récurrent dans les écrits des ecclésiastiques espagnols, de Bartolomé de Las Casas à un autre dominicain, Pedro de Cordoba, qui indique que des Haïtiennes « après la naissance ont tué de leurs mains leurs propres enfants afin de ne pas les laisser dans une servitude aussi pénible [14]. »

Aucune des explications précédentes n'est négligeable. Il n'empêche qu'aujourd'hui tous s'accordent à désigner comme principal coupable de la dépopulation indienne les épidémies qui, venues de l'Ancien Monde, se sont répandues sur le continent américain. Rien avant l'arrivée des Européens ne laisse supposer l'imminence d'une catastrophe microbienne. Les terres américaines étaient salubres et prospères. Tout juste peut-on émettre l'hypothèse, si l'on retient une estimation élevée de peuplement, d'un plafond démographique qui ne pouvait être franchi. Il est possible que, selon le schéma malthusien, l'équilibre entre population et ressources ait été menacé. Mais les autochtones ne pâtissaient d'aucune épidémie particulièrement virulente. Sans doute étaient-ils atteints de diverses affections parasitaires comme la leishmaniose, transmise par un moucheron et responsable de fièvres mortelles, mais, en règle générale, ces maladies étaient assez circonscrites en raison de la rareté des animaux domestiques.

Les Indiens ont subi une invasion ô combien plus redoutable que celle des armées de Cortés ou de Pizarre. Cela commença en 1493 à Hispaniola avec une épidémie de grippe [15]. Entre autres accès, il faut retenir celui de la variole que les Espagnols diffusent au Mexique à partir de 1519. « Alors se répandit l'épidémie : de grandes toux, des boutons ardents qui tuaient », dit un texte contemporain rédigé en langue nahuatl [16]. Mexico, assiégée, doit capituler. Mais le mal ne tarde pas à gagner l'Amérique centrale puis le domaine andin avant même l'arrivée des Européens. Il est probable que l'empereur Huayna Capac en ait été affecté alors qu'il guerroyait dans la région de Quito. Il y succomba. Nouvelles épidémies au Mexique : en 1523, la grippe ; en 1529, la rougeole. De 1545 à 1548, une véritable pandémie s'abat sur une aire très vaste, de la Nouvelle-Espagne à l'empire inca. Le chroniqueur Pedro Cieza de Leon en fit une description précise : « Vint une pestilence générale à tout le royaume du Pérou. Elle commença au-delà de Cuzco et se répandit dans toute la sierra où furent emportées d'innombrables personnes. La maladie provoquait d'abord des maux de tête, une forte fièvre, puis la douleur se déplaçait vers l'oreille gauche, et la victime mourait au bout de deux ou trois jours. » Cette maladie que les Aztèques appelaient le *matlazahuatl* a été longtemps identifiée comme le typhus, mais de récents travaux donnent à penser qu'il s'agissait de la peste pneumonique [17]. En 1558-1559, la variole sévit encore au Pérou, puis, de 1576 à 1581, c'est le tour de la peste pneumonique au Mexique et en Amérique centrale.

Les épidémies de la fin du siècle sont extrêmement complexes. Au Pérou, entre 1585 et 1590, il y a conjonction de trois attaques. La première est celle de la variole qui se déclare à Cuzco. Elle remonte vers le nord, s'empare de Lima l'année suivante puis de Quito en 1587. Dans cette dernière cité, quatre mille personnes meurent en quatre mois tandis que les Espagnols sont épargnés. La deuxième attaque suit un chemin inverse : depuis Panama et Carthagène [18], elle parvient à Quito, Lima, Cuzco et au Potosi. Peut-être s'agit-il de la peste bubonique ou du typhus. La troisième – la grippe ? –

apparaît au Potosi avant de gagner le nord. La simultanéité de deux de ces trois accès, à Quito en 1587, à Lima en 1589, provoqua d'immenses pertes [19]. En 1595 enfin, le centre du Mexique est la proie d'un autre complexe épidémique. Rougeole, typhus et oreillons feraient des ravages dans les populations autochtones déjà bien clairsemées.

Faisant le catalogue des catastrophes qui se sont abattues sur Mexico, le franciscain Toribio de Motolinia écrivait en 1523 : « Cette maladie [la variole] était inconnue dans cette terre et la Nouvelle-Espagne était pleine de gens, et quand les varioles affectèrent les Indiens, ce fut une telle maladie et pestilence dans toute la terre que dans la plupart des provinces la moitié de la population mourut et un peu moins dans les autres [20]. »

Le diagnostic mettant en évidence l'étrangeté de l'épidémie et les fortes densités de la population est irréprochable. Et ce n'était là, en dehors des Caraïbes, que le début d'un processus dévastateur. Au terme de son enquête, Woodrow Borah peut légitimement conclure : « La corrélation n'est pas entre primitivisme et dépopulation ; mais entre le degré d'isolation ou d'isolationnisme avant le contact avec l'Europe, et l'amplitude de la destruction démographique, une fois ce contact établi. Cela suggère que le facteur le plus important de la destruction démographique a été la dissémination des maladies. Les régions liées avec les lignes de trafic à longue distance depuis l'Europe jusqu'à l'Extrême-Orient ont absorbé l'impact de maladies variées, sur de longues périodes de temps ; et elles ont eu ainsi la possibilité de récupérer et de bâtir une résistance immunologique. Les peuples du Nouveau Monde et puis ceux d'Océanie, qui vivaient en isolement complet ou presque complet, ont absorbé, eux, en quelques décennies, l'impact de toutes les maladies qui pouvaient être disséminées. Ils reçurent en une très brève période la série de chocs que l'Europe et l'Extrême-Orient avaient été capables d'amortir en plusieurs millénaires [21]. »

Le processus a été l'occasion de belles batailles. Les uns crient au génocide, les autres dénoncent la légende noire qu'entretiennent les premiers. Ni génocide, ni légende noire[22]. Le terme de génocide est impropre. Nathan Wachtel l'a récemment souligné, « on ne saurait imputer aux Européens le projet conscient et raisonné d'une élimination systématique par le fer et le feu[23] ». A l'inverse, qui peut nier l'existence de la conquête, ses formes radicales, ses conséquences apocalyptiques? Qui peut contester que l'unification microbienne s'est faite au détriment des gens du Nouveau Monde? Ou que l'échange entre Amérindiens et Européens a été inégal? Nous n'allons cesser de le vérifier.

L'unification alimentaire

Au musée des Beaux-Arts de Marseille, on peut admirer deux immenses cartons de tapisserie que François Desportes réalisa pour les Gobelins en 1735. Les thèmes abordés, « le chasseur indien » pour l'un, « pêcheur et chasseur indiens » pour l'autre, n'étonnent pas chez un artiste qui fut avant tout le peintre de la vénerie de Louis XV. Mais, à l'occasion de cette commande, Desportes s'intéresse à la flore et à la faune américaines. Il fait figurer citrouille ou dindon, nous rappelant opportunément que dans ces domaines les échanges entre Européens et Américains ont été féconds. Riz, blé, caféier, canne à sucre font le voyage d'est en ouest; maïs, pomme de terre, haricot, tomate, manioc, tabac, piment font le trajet inverse. Malgré des réticences occasionnelles, les plantes migratrices ont été tôt ou tard partout adoptées. Songeons à la pomme de terre que les Espagnols ont découverte au Pérou dès 1539, mais qui ne s'est imposée en Europe qu'à la fin du XVIIIe siècle[24]. Il n'empêche, grâce aux emprunts dans les deux sens, l'unification alimentaire s'est faite non sans provoquer des bouleversements économiques et sociaux.

Nous prendrons deux exemples qui permettront, nous semble-t-il, de saisir toutes les modalités, toutes les implications de ces inestimables transferts. La canne à sucre d'abord. Grande graminée vivace qui peut atteindre jusqu'à cinq mètres de hauteur, elle serait originaire d'Asie. Pour les uns, elle viendrait de la côte du Bengale, pour les autres de l'archipel de l'Insulinde, peut-être de Nouvelle-Guinée. Au ve siècle avant Jésus-Christ, l'aire de la canne à sucre allait de l'Inde et de la Chine méridionale aux îles de l'Océanie. Après une longue pause, elle progressa en direction de l'Europe. Elle aurait été connue en Syrie au vi^e siècle après Jésus-Christ, en Égypte au viie siècle [25]. Au xe siècle, peut-être même un peu plus tôt, elle est acclimatée grâce aux Arabes dans les pays riverains de la Méditerranée occidentale. En Sicile, où elle occupe une place non négligeable dans la Conque d'or palermitaine, elle est déjà désignée, au xiie siècle, sous le nom romain de *canaimele* qui lui restera. Après une éclipse au cours de la première moitié du xiiie siècle en raison de l'élimination de la population arabo-musulmane, la culture reprend vers 1330-1340. C'est bientôt l'âge d'or jusqu'en 1460 [26]. Le cycle de la canne à sucre se poursuit pour ne s'achever que vers 1680 [27].

Dans l'Espagne musulmane, la première mention de la canne à sucre apparaît dans le calendrier de Cordoue de 961. Mais il est possible que les références qui figurent dans celui-ci aient été recopiées à partir de calendriers égyptiens [28]. Toujours est-il qu'au xie siècle sa culture semble attestée dans la zone de Motril et d'Almuñecar. Connaissant des fortunes diverses au cours des temps, elle s'y est maintenue jusqu'à nos jours. C'est au xie siècle encore qu'elle est introduite dans le Levant, principalement autour de Gandia, constituant l'un des produits d'exportation du port de Valence. Après une période faste aux xve et xvie siècles, elle est frappée de plein fouet par l'expulsion des morisques en 1609 [29].

En Afrique du Nord, l'apparition de la canne à sucre remonte peut-être au ixe siècle, mais c'est au xie siècle qu'elle connaît un réel essor, surtout au Maroc. La région méridionale du Sous devient sa terre d'élection, et elle fait la fortune du marché de Taroudant. En crise à la fin du

Moyen Age, elle connaît un impressionnant renouveau au
XVIe siècle, grâce à la dynastie saadienne. Elle est frappée
d'un déclin irrémédiable aux XVIIe et XVIIIe siècles [30].

Les chrétiens sont les agents de l'expansion ultérieure.
Ils bénéficient des expériences méditerranéennes, les croisés ayant découvert la canne à sucre dans le bassin oriental. Mais surtout, plus à l'ouest, l'héritage sicilien et celui
d'al-Andalus sont précieux. La conjugaison des intérêts
ibériques et italiens est à la base du soudain essor de la
précieuse plante dans l'Algarve portugais et plus encore
dans les îles de l'Atlantique, principalement Madère et les
Canaries.

C'est très probablement en 1433 que la canne à sucre
fut introduite à Madère. Elle se développe très rapidement de part et d'autre de Funchal. Nous avons vu que
Colomb vient, en 1478, y faire commerce du sucre pour le
compte de marchands génois. En 1498, de peur de voir les
cours s'effondrer, la production y est limitée à mille cinq
cents tonnes annuelles. De Madère, la canne à sucre gagne
les îles du Cap-Vert et même la colonie de São Tomé sur
la côte guinéenne [31]. Toujours de Madère, véritable plaque
tournante, la plante passe aux Canaries vers 1480, tout au
moins dans quatre des îles, Grande Canarie, Ténérife, La
Palma et La Gomera. Vers 1510, la production canarienne
était de l'ordre de huit cents tonnes [32].

Arrêtons-nous un instant. Le sucre, tout au long de
l'époque médiévale et encore au XVe siècle, est un produit
de luxe. Il a des usages médicaux. En raison de ses vertus
caloriques, il est recommandé aux personnes âgées. Il est
aussi considéré comme laxatif. Il a des usages culinaires.
Le sucre est plus ou moins raffiné, plus ou moins blanc
selon le nombre de cuissons. Le sucre ordinaire, après une
seule cuisson, servait à la fabrication de confitures et de
pâtisseries (beignets...). Le sucre que l'on appelle « fin »,
après trois cuissons, est exporté sous forme de pains. Malgré ces utilisations diverses, la consommation du produit,
concurrencée par le miel, reste limitée.

La culture de la canne à sucre est par ailleurs coûteuse
et absorbante. Le travail est presque permanent au cours
de l'année. En Sicile ou en Andalousie, la plantation a lieu

en janvier. Suivent les passages à la houe, les sarclages et l'irrigation en février et mars, la fumure en avril et mai, le nettoyage des cannes en septembre, la préparation des terrains à l'automne, la récolte en décembre [33]. La phase industrielle n'est pas moins complexe : nettoyage des cannes, découpage, transport aux pierres à moudre puis aux presses, broyage, raffinage et cristallisation. Jean Meyer le souligne : « La canne à sucre est triplement exigeante : en eau, en travail humain, en engrais ; elle appauvrit très rapidement les sols [34]. » Elle est aussi une insatiable consommatrice de bois. Le moulin à sucre, ou plus exactement le complexe moulin-presse-chaudières, qui commande toute la production, est d'un prix très élevé.

L'étape des îles de l'Atlantique s'avère alors fondamentale. Portugais, Espagnols, Génois ont tout de suite compris qu'un nombre exceptionnel de conditions favorables à la canne à sucre y étaient réunies. Le climat tout d'abord. En dehors des Açores, trop septentrionales, les îles bénéficiaient des hautes températures et de l'humidité nécessaires. Ensuite, les nouveaux arrivants, régnant en maîtres, pouvaient disposer à leur guise de vastes espaces, n'hésitant pas à brûler à Madère une partie de la forêt et à imposer un dur labeur aux populations locales ou à d'autres, importées d'Afrique. Tout était propice au développement d'une culture coloniale [35]. Rappelons que nulle part, ni en Sicile, ni en Espagne, malgré une idée bien ancrée, on n'avait eu recours dans les plantations sucrières à une main-d'œuvre servile. Avec l'occupation des îles atlantiques, les « capitaines du sucre » n'allaient pas s'en priver.

Il ne restait plus qu'à faire traverser l'océan à la canne à sucre. Ce fut chose rapidement faite puisque Colomb en transportait quelques plants dès son deuxième voyage. Dès 1503, Saint-Domingue produit du sucre. Dès 1509, un premier moulin fonctionne. Dès 1515, le sucre américain arrive en Espagne [36]. Cinq ans plus tard, trois moulins sont en état de marche. Ils sont trente-quatre en 1530. Bien entendu, la culture, l'industrie du sucre, aux Antilles comme ailleurs, requiert une main-d'œuvre nombreuse. Décimés par la maladie, les Indiens doivent supporter de surcroît l'épouvantable régime de la plantation. A mesure que leurs rangs s'éclaircissent, ils sont remplacés par des esclaves noirs.

La canne à sucre progresse tel un raz de marée. A la Jamaïque, il y a déjà deux moulins en 1514, et à Porto Rico un autre en 1523. Le premier installé au Mexique est celui de Tuxtla, en 1524. Au Pérou, la culture de la canne est introduite, au nord, dans la vallée de Chiocana, sans doute en 1549. Elle progresse rapidement dans les vallées côtières du nord et du centre du pays ainsi que dans les vallées du versant oriental des Andes. La production est destinée principalement aux villes de la région, Lima ou Arequipa [37]. Même situation en Équateur où, au début du XVIIe siècle, l'on trouve plusieurs moulins dans les dépressions intérieures de la cordillère des Andes. Indiens et Noirs y travaillent [38].

Le pays sucrier par excellence est le Brésil. Forts de leurs acquis dans les îles atlantiques et profitant de la montée des prix, les Portugais y plantent des cannes et y construisent des moulins (*engenhos*). Le premier installé, en 1518, se trouve à Itamaraca, au nord de Recife. Dans les années 1530-1560, trois zones, autour de São Paulo, de Recife puis de Salvador (ville fondée en 1549), se développent. Dans le dernier tiers du siècle, le Brésil se convertit en la principale zone de production du monde. Il y avait soixante-dix *engenhos* dans l'ensemble du territoire. Il y en aura trois cent quarante-six en 1629.

Le développement de la production repose sur des concessions octroyées par les capitaines-donateurs, représentants du souverain portugais, à des particuliers, à charge pour ceux-ci de construire un moulin et d'assurer la défense militaire contre les Indiens. Chaque propriété comprend trois éléments : les plantations de cannes, les pâturages destinés aux bêtes de somme, la réserve forestière fournissant le bois de chauffe. La main-d'œuvre est, avec le temps, de moins en moins assurée par les Indiens et de plus en plus par les esclaves noirs. Une ordonnance royale de 1559 autorisait le titulaire d'une concession à utiliser cent vingt esclaves africains. Frédéric Mauro estime les arrivées d'esclaves à cinquante mille entre 1500

L'unification du monde

et 1600. Ce sont soixante-quinze mille malheureux qui débarquent dans le seul Pernambouc (Recife) de 1600 à 1630 [39].

Stimulée par l'augmentation de la demande européenne, la production croît de manière vertigineuse, faisant la fortune des maîtres des *engenhos*, souvent anoblis et maîtres de la société coloniale. De 2 700 tonnes en 1570, elle s'élève à 15 000 tonnes environ vers 1600 et atteint 20 000 tonnes en 1630. La majeure partie de cette production prend le chemin de l'Europe. A cette date, trois cents navires quittent chaque année Pernambouc avec une cargaison de soixante-dix mille à quatre-vingt mille caisses. Cette avalanche eut pour conséquence la stagnation ou le recul des plantations des Canaries ou de Madère, et davantage encore de celles de la péninsule Ibérique. La canne à sucre était devenue américaine.

Colomb rapporta, lors de son premier voyage, des graines de maïs. Après bien des controverses, on s'accorde à dire aujourd'hui que cette plante est originaire d'Amérique. Des fouilles archéologiques réalisées près de Mexico et à Tehuacan, à deux cents kilomètres au sud de la capitale aztèque, ont révélé la présence en profondeur de grains de pollen de maïs et même d'épis de maïs sauvage. Les Amérindiens ont fait fructifier cette petite plante. Au XVe siècle, sa culture était très répandue du 45e degré de latitude nord au 40e degré de latitude sud, pratiquement de Montréal à Santiago du Chili, soit extensivement, en culture sèche, soit intensivement, sur les terrasses irriguées du Pérou et les rives des lacs mexicains. Le maïs a été à la base du développement des civilisations aztèques, maya et inca [40].

Plante miraculeuse, affirme le médecin sévillan Juan de Cardenas, installé à Mexico, et auteur, en 1591, d'un ouvrage intitulé *Problemas y secretos maravillosos de las Indias*. La productivité est exceptionnelle, un rendement de cent cinquante grains pour un semé est, dans les bonnes terres, considéré comme faible. Des records de huit cents pour un ont même été obtenus. Il était en outre possible, aux abords de Mexico, d'obtenir deux récoltes annuelles, alors qu'en Europe, du fait de la pratique de l'assolement biennal ou triennal, on obtenait une récolte de céréales tous les deux ans ou, au mieux, deux tous les trois ans [41]. Le maïs, qui capte aisément le soleil, mûrit rapidement. Il accomplit son cycle en cent vingt jours dénués de gelée sans exiger beaucoup de travail de la part de l'homme, cinquante jours de soins par an environ. Il laisse au paysan un temps précieux que les États aztèque, maya ou inca ont détourné à leur profit. Fernand Braudel le souligne : sans le maïs, pas de pyramides géantes, pas de murs cyclopéens, pas de Macchu-Picchu [42].

Arrivé en Europe, le maïs est immédiatement acclimaté. On le connaît sous forme de culture de jardins en Andalousie en 1500, et sans doute au Portugal vers 1520. Pourtant, il semble bien que sa véritable diffusion ait été plus tardive qu'on ne l'a longtemps cru. Dans la péninsule Ibérique, il n'a guère progressé au XVI° siècle, peut-être tout simplement parce qu'en cette période de croissance économique, des pains de meilleure qualité ne manquaient pas. Tout juste enregistre-t-on quelques timides progrès qui justifient son inclusion dans la liste des produits soumis à la dîme, dans l'évêché de Tarragone en 1573, dans celui de Malaga en 1583. En l'état actuel des recherches, il semble que ce soit la Vénétie qui ait été le premier terrain favorable à l'expansion de la céréale : elle y est connue en 1539. Quinze ans plus tard, elle se développe dans la Polésine, toute proche de Venise. On lui donne le nom de *grano turco*.

L'impulsion réelle est donnée, à l'extrême fin du XVI° et au début du XVII° siècle, dans l'Espagne du Nord-Ouest. José Manuel Perez Garcia met en étroite relation les courtes autant que violentes crises qui affectent le monde rural et l'essai d'étendre la culture du maïs [43]. Les Asturies en seraient le laboratoire efficace, au point que dans certaines localités (Villaviciosa ou Gijon), entre 1610 et 1619, le maïs représenterait 40 % environ de la production céréalière. Après 1620, il en fournirait plus de la moitié dans la partie littorale de la région. L'apport serait si remarquable que les Asturies en exporteraient dès 1612 et Santander dès 1617. Dans un deuxième temps, la Galice occidentale, le nord-ouest du Portugal, le Pays Basque, le nord-ouest de la Navarre adoptent le nouveau venu.

C'est ainsi qu'en 1615 le prélèvement de la dîme sur le maïs est appliqué au Pays Basque. La progression décisive a lieu à l'occasion des mauvaises récoltes qui se succédèrent entre 1626 et 1644. Ce sont les paysans les plus modestes qui, désireux de sortir de ce cycle adverse, s'en font les meilleurs agents. La junte du royaume de Galice demande en 1637 l'autorisation d'exporter les excédents. Enfin, dans un troisième temps, les terres encore réfractaires du nord-ouest de la péninsule Ibérique (Galice cantabrique, vallée navarraise du Baztan) imitent leurs voisines à partir des années 1630-1640. Au Sud, le maïs ne peut pénétrer à cause du relief et du climat (froids printaniers, gelées tardives). La chronologie ainsi établie est confirmée pour l'Algarve, la région la plus méridionale du Portugal où le maïs, appelé *milho grado*, acquiert quelque importance après 1630 [44]. La période d'euphorie dure au moins jusqu'en 1680. Le maïs permet aux régions concernées de ne pas connaître la dépression fortement ressentie en Castille. En Galice, l'espérance de vie est désormais proche de trente-cinq ans, et 60 % de la population parvient à franchir le cap des vingt ans. Après 1680, les progrès sont moins spectaculaires, mais la « civilisation du maïs » a des effets bénéfiques jusque vers 1730.

En France, la marche du maïs est à peu près similaire, avec un léger décalage. A Bayonne, où il apparaît en 1523, on le désigne sous le nom de « blé d'Inde ». Il passe ves 1563 au Béarn, où il sert de fourrage vert. Il est dans les jardins toulousains vers 1600. Il prend bientôt, en Languedoc, la place du pastel. Il est coté au marché de Castelnaudary en 1637, à celui de Toulouse en 1639. Quelques années plus tard, il atteint Saintonge et Poitou et progresse vers l'est en direction de la vallée du Rhône qu'il commence à remonter. Là aussi, la barrière climatique l'arrête. En 1653-1654, il sauve la France méridionale de la famine qui n'épargne pas les régions les plus septentrionales [45].

C'est le temps de la millasse, de la polenta italienne ou de la *mamaliga* de Roumanie. Un peu partout les paysans mangent sans plaisir des bouillies et des galettes de maïs. Mais ce changement de nourriture permet de garder le blé et de le destiner à la vente. Outre ce transfert capital, le maïs, envahissant la jachère, apporte une solution de qualité au problème de l'alimentation du bétail. De par ses grandes capacités d'adaptation et ses multiples usages, il a été l'instrument de ce que José Manuel Perez Garcia appelle une révolution paysanne silencieuse.

Il fait le tour du monde. Il parvient en Chine, où sa présence est attestée en 1555 dans la province de Hunan, au nord du pays ; une décennie plus tard, dans celle du Yunnan ; vers 1577, dans celle de Fou Kien : il a probablement emprunté la voie maritime et la voie continentale à la fois, méritant le nom de « blé des barbares occidentaux », ou « blé de jade » en raison de sa couleur [46]. Il gagne aussi l'Afrique. Au Congo, où il a été véhiculé par les Portugais, on l'appelle *masa ma mputa*, « épi du Portugal ». Peu apprécié à la fin du XVIe siècle, il a fini par occuper une grande place en pays yoruba. En Afrique du Nord, il est introduit dans les vallées algérienne de la Mitidja et tunisienne de la Medjerda. Dans la première moitié du XVIIe siècle, cette propagation est le fait des morisques chassés d'Espagne [47]. Nous retrouvons ici les minoritaires dispersés, formidables intermédiaires culturels. Outre le maïs, ils auraient apporté tomates et haricots verts. Et encore le *higo chumbo*, arbre américain dont les fruits étaient destinés à prendre une grande part dans l'alimentation des classes les plus pauvres du Maghreb. On en a fait le figuier de Barbarie. Peut-on rêver plus beau transfert sémantique ?

L'or et l'argent

Au-delà du cap Bojador, « il n'y avait que du sable, on ne trouvait ni arbre ni herbe. Cette mer sableuse s'étend au pied des Monts Clairs sur trente-sept journées de large séparant les hommes blancs et noirs les uns des autres.

L'unification du monde

Des caravanes la traversent, comprenant parfois jusqu'à sept cents chameaux, jusqu'au lieu appelé Tambucatu à la recherche de l'or arabique qu'on y trouve en grande quantité. Ce qu'apprenant, le seigneur infant fut incité à faire explorer ces pays par voie de mer pour commercer avec eux et nourrir ses nobles[48] ». Ce texte, qui date de 1485 environ, est un récit adressé par le navigateur portugais Diogo Gomes au cartographe allemand Martin Behaim. Il nous montre que la quête de l'or obsédait les esprits dans l'Europe du xve siècle. Colomb est bien homme de son temps.

L'extrait indique également que les Portugais – il est question de l'infant Henri le Navigateur – connaissaient bien l'or dit « du Soudan » qui, en fait, provenait de trois zones distinctes : haut Sénégal, haut Niger, côte de Guinée. L'or africain est connu, dans le monde méditerranéen, depuis le xe siècle. Il fit longtemps la fortune de l'Afrique du Nord et de l'Espagne musulmane. Peu à peu, les chrétiens s'insinuèrent sur les marchés des villes nord-africaines où arrivaient les caravanes et les Portugais, progressant inexorablement le long des côtes occidentales, détournèrent à leur profit une partie du pactole[49].

Nous avons vu le rôle ambigu mais fondamental que le Découvreur assigne à l'or. Il n'a eu de cesse, ainsi que tous ses compagnons, d'en trouver. Préparant son troisième voyage, Colomb prévoit d'emmener vingt laveurs d'or. Nous sommes alors en 1497. Le précieux métal a été découvert à Cibao, presque au centre de l'île d'Hispaniola. C'est le temps de l'orpaillage, de l'exploitation systématique des placers. Les Indiens, hommes et femmes, munis de morceaux de bois et de tamis de fibres végétales, sont contraints de chercher inlassablement dans les alluvions. Cibao fournit les trois quarts de la production de la période 1493-1530, celle que Pierre Chaunu appelle le premier cycle de l'or[50].

Les Espagnols pénètrent sur le continent en 1519. Ils font main basse sur tous les trésors aztèque, maya, inca. « Je ne suis pas venu pour labourer – écrit Hernán Cortés –, mais pour ramasser de l'or. » La rançon de l'empereur inca Atahualpa tombé aux mains de Pizarre en novembre

1532 rapporte plus d'un million de pesos en or et 52 000 marcs d'argent [51], soit 12 000 kilos d'argent et 5 600 kilos d'or. C'est l'âge d'un cycle mixte or-argent qui dure jusque vers 1560. La production des deux métaux augmente, mais les quantités d'argent obtenues dépassent, dès la décennie 1531-1540, celles d'or. En valeur, cependant, l'or demeure le plus important : le rapport argent/or est de 10,5 pour 1. Au cours de cette deuxième période, vers 1540, sont ouvertes les mines d'or de Buritica, dans le Nouveau Royaume de Grenade, à proximité du port de Carthagène des Indes. Ce sont elles qui ont donné naissance au mythe de l'Eldorado. Elles ont pris le relais des filons de Saint-Domingue, pratiquement épuisés dès 1520. A Buritica, sont amenés de nombreux esclaves noirs provenant des régions africaines aurifères. Ils servent, pour la plupart, de personnel d'encadrement à la population indienne. L'argent, pour l'essentiel, provient alors du Mexique. Il s'agit toujours de l'exploitation de placers, mais peu à peu on découvre des mines à la frontière du Mexique méridional humide et du Mexique septentrional sec : Guachinango, Zacatecas (la principale de toutes), Guanajuato sont ouvertes dans les années 1540 ; Compostela de la Guadalajara, Durango, Sambrerete, dans les années 1550... Leur rendement est rapidement appréciable. On fait appel à une main-d'œuvre indienne rémunérée en étoffes fabriquées à Mexico par d'autres Indiens, des femmes travaillant, elles aussi, dans des conditions épouvantables. L'encadrement est, on s'en doute, espagnol, mais aussi partiellement allemand, car on a fait venir des techniciens ayant l'expérience des mines d'Europe centrale.

La troisième étape est celle du cycle de l'argent. Après 1560, la production de l'or décline au point de ne guère dépasser les quantités du début du siècle. La progression de la production de l'argent est au contraire faramineuse. Elle résulte, pour une part, de l'exploitation intensive des mines du Mexique qui permet le traitement des minerais par l'amalgame au mercure. Ce procédé remplaça la pratique indienne des fusions successives du minerai dans de petits fourneaux. Beaucoup plus rapide, il consistait à broyer le minerai dans des moulins, à le mêler à du mercure, à un sulfate de cuivre, du sel et de l'eau. Le mercure était acheminé depuis la mine espagnole d'Almadén, dans la Manche, où l'on faisait travailler principalement des esclaves et des condamnés.

La profusion d'argent est surtout due à l'exploitation des mines du Potosi, au Pérou. Celles-ci furent repérées en 1545. Lisons le récit de Pedro Cieza de Leon : « Les mines de Porco et d'autres encore [...] étaient ouvertes pour la plupart depuis l'époque des Incas, et l'on en exploitait déjà les veines, mais la richesse des veines de la montagne du Potosi était restée inconnue et l'on ne commença à en extraire le métal qu'en 1547. Cette année-là, un Espagnol nommé Villaroel qui, avec quelques Indiens, cherchait des métaux précieux, découvrit cette merveille située sur une haute colline, la plus belle de la région. Comme les Indiens appellent Potosi les monts et choses élevées, ce nom lui resta [...]. En haut de la montagne, on découvrit cinq veines très riches [...]. Leur richesse était si considérable que de tous côtés les Indiens vinrent pour extraire l'argent bien que l'endroit fût très froid et qu'à proximité n'existât aucun village [...]. Il vint tant de monde pour extraire l'argent que l'endroit prit l'aspect d'une grande ville [52]. » En quelques années, le Potosi se convertit en une invraisemblable entreprise. Dans un désert glacé, à plus de quatre mille mètres d'altitude, d'immenses travaux sont accomplis. Des lacs de retenue sont construits à proximité du site par six mille Indiens.

La découverte de riches mines de mercure à Huancavelica, à mille quatre cents kilomètres au nord du Potosi, donne l'impulsion définitive. Le minerai d'Almadén continue à être convoyé vers les mines du Mexique, mais il n'entre que pour une très faible part, après 1575, dans le complexe péruvien. Pour l'ensemble américain, Pierre Chaunu a évalué, pour la période 1559-1660, l'apport annuel respectif d'Almadén et Huancavelica à cent quarante et deux cent quatorze tonnes [53]. Les mines mexicaines sont reléguées au second plan. A la fin du xvie siècle, 80 % de la production américaine d'argent vient du Potosi, et le métal blanc représente, à lui seul,

95 % des exportations du Nouveau Monde vers l'Europe. Pedro Cieza de Leon se fait témoin de l'abondance. En l'an de grâce 1549, dit-il, « chaque samedi, dans la propre maison du corregidor où se trouvait le coffre aux trois clés, on faisait fondre l'argent, et Sa Majesté retirait du quint royal entre vingt-cinq mille et trente mille pesos, quelquefois un peu moins, quelquefois un peu plus. Et, même avec une production qui faisait gagner au quint royal plus de cent vingt mille castillans chaque mois, on disait que l'on tirait peu d'argent et que les mines n'étaient pas en pleine exploitation. De plus le métal fondu ne correspondait pas à tout le métal extrait car beaucoup d'Espagnols réussissaient à échapper à l'enregistrement et l'on croit à bon droit que nombre d'Indiens revinrent chez eux avec de grands trésors [54]... »

Le trait est juste. Mais le chroniqueur passe sous silence les épouvantables conditions de travail dans les mines. L'exploitation est confiée à des entrepreneurs privés qui emploient une main-d'œuvre salariée. Chaque jour, le mineur indien travaille huit heures et doit extraire vingt-trois kilogrammes de minerai sous peine d'amende. Sur son salaire, il paie un assistant, achète la chandelle, acquitte une taxe royale. Atteint par la turberculose ou la silicose, il ne résiste pas au-delà de quelques mois. A Huancavelica, la situation est pire encore. Le *socavón*, la terrible carrière souterraine, est le tombeau d'une foule d'Indiens qui ne survivent pas plus de deux ou trois semaines. Pour combler les vides, les autorités espagnoles instituent, à partir de 1570, le système de la *mita*. Les villages indiens doivent désigner ceux qui, en vertu de cette « corvée d'intérêt public », seront astreints au travail de la mine. L'hécatombe est telle que, au début du XVIIe siècle, il est décidé de fermer le *socavón*.

Le binôme Potosi-Huancavelica est un modèle d'exploitation coloniale. Le Potosi est devenu une métropole artificielle dont la croissance laisse rêveur : 25 000 habitants en 1555, 120 000 en 1588, 160 000 probablement à son apogée en 1610. Il dépasse toutes les cités ibériques ou italiennes de l'époque. Les Indiens, qui représentent la moitié de la population, y côtoient 40 000 Espagnols, autant de Créoles dont une toute petite partie née sur place, 6 000 Noirs. On se doute que cet explosif amalgame de déracinés, ballottés entre la mine, la taverne et le bordel, est secoué de mouvements violents. Le premier remonte à 1545 : une bataille rangée laisse cinquante morts du côté des Indiens, cinq du côté des Espagnols.

**

Enregistrés par les officiers royaux, les métaux précieux sont acheminés jusqu'en Espagne. L'argent péruvien est convoyé par mer, de Callao à l'isthme de Panama où il est transporté à dos de mulet avant d'être de nouveau embarqué à Portobelo. Les métaux mexicains partent par Veracruz, ceux de Colombie par Carthagène. Tous les vaisseaux se réunissent à La Havane et franchissent ensemble l'Atlantique pour mieux se préserver du danger corsaire. La *Casa de contratación*, nous le savons, contrôle strictement les arrivées à Séville.

Sur les bords du Guadalquivir, l'arrivée de la flotte des Indes était un événement qu'un témoin oculaire décrit pour l'année 1595 : « Le 22 mars abordèrent aux quais du fleuve de Séville les navires chargés de l'argent des Indes ; on commença à les décharger et on déposa à la *Casa de contratación* trois cent vingt-deux charrettes d'argent, d'or et de perles de grande valeur. Le 8 avril, on retira de la nef capitane cent trois charretées d'argent et d'or, et le 23 mai arrivèrent par terre, de Portugal, cinq cent quatre-vingt-trois charges d'argent, d'or et de perles provenant d'un navire amiral que la tempête avait détourné sur Lisbonne. Cette année-là, on put voir le plus grand trésor qu'homme vivant ait jamais vu à la *Contratación* car il s'y accumulait l'argent de trois flottes [55]. » L'enthousiasme de l'observateur est justifié. Jamais les mines américaines n'ont autant donné qu'au cours de la dernière décennie du XVIe siècle. Après les deux premiers cycles déjà entrevus, celui de l'or jusque vers 1530, celui de l'or et de l'argent de 1530 à 1560, l'argent inonde le marché sévillan. La période de plein rendement se situe de 1580 à 1630 avec une pointe autour des années 1591-1600. Après 1630, c'est le repli irrémédiable. Mais, au total, ce sont cent quatre-vingts tonnes d'or et plus de seize mille tonnes d'argent qui ont été officiellement débarquées à Séville. Et probablement beaucoup plus, car d'une part les calculs établis par Earl Hamilton, voilà soixante ans, semblent au-dessous de la réalité, d'autre part la contrebande, à Séville ou ailleurs, fut, de toute évidence, considérable [56]. Peu importe. Déjà la moyenne annuelle des arrivées d'or, 1 222 kilos, est presque le double de la production de l'or africain lors des belles années du début du XVIe siècle. Et celle de l'argent, 111 tonnes, montre à elle seule de quelle manne bénéficia l'Ancien Monde et au prix de quelles souffrances elle fut obtenue.

Arrivée d'or et d'argent à Séville (1503-1560)

	Or (kg)	Argent (kg)
1503-1510	4 965	0
1511-1520	9 153	0
1521-1530	4 889	148
1531-1540	14 466	86 193
1541-1550	24 957	177 573
1551-1560	42 620	303 121
1561-1570	11 530	942 858
1571-1580	9 429	1 118 592
1581-1590	12 101	2 103 027
1591-1600	19 451	2 707 626
1601-1610	11 764	2 213 631
1611-1620	8 855	2 192 255
1621-1630	3 889	2 145 339
1631-1640	1 240	1 396 759
1641-1650	1 549	1 056 430

On a beaucoup débattu des conséquences de cette rivière d'argent sur l'économie européenne. On a longtemps cru à une influence directe sur l'inflation. On sait aujourd'hui que la montée des prix a été très forte au cours de la première moitié du XVIe siècle, donc avant l'arrivée massive des métaux précieux. Cependant, l'or et l'argent ont accompagné et renforcé la prospérité de l'Espagne et de l'Europe. Disposant d'une monnaie forte, la monarchie hispanique a pu conduire une politique ambitieuse et dévorante. Les armées de Charles Quint et de Philippe II, intervenant en Italie, en Allemagne et surtout aux Pays-Bas, ont été un gouffre. De grandes quantités de métaux précieux n'ont fait que traverser l'Espagne. Perpétuellement endettée, la Couronne eut recours aux prêts d'indispensables créanciers. Récupérant leurs avances sur l'or et l'argent, les marchands banquiers de Gênes ont réalisé d'immenses profits. Sur le plan économique, la période 1528-1627 est, selon l'expression de Felipe Ruiz Martin, le siècle des Génois.

En Espagne, la lucidité des contemporains est étonnante. Fleurit la vogue de l'arbitrisme. Des hommes portent sur leur temps un regard sans complaisance, dénoncent les effets pervers de l'afflux des métaux, en particulier l'enrichissement passager qui pousse à l'oisiveté, et proposent des remèdes aux maux de leur nation. Pour Diego Saavedra Fajardo, « l'agriculture a délaissé la charrue et, vêtue de soie, elle a pris soin de ses mains durcies au travail. La marchandise férue de noblesse a échangé le comptoir pour la selle de cavalier et a voulu caracoler dans les rues ». On ne saurait mieux déplorer l'abandon des activités productrices. Avant lui, un autre arbitriste, Martin Gonzalez de Cellorigo, avait eu des accents semblables : « C'est ainsi que le marchand, par illusion du profit assuré que rapportent les titres, abandonne son négoce, l'artisan son métier, le laboureur son champ, le pasteur ses brebis... » Et de désigner les coupables : « S'il n'y a pas d'or et d'argent en Espagne, c'est parce qu'elle en possède ; et ce qui fait sa pauvreté, c'est sa richesse [57]... »

Pleurant sur les malheurs de sa nation, Saavedra Fajardo n'oublie pas totalement qu'or et argent ont fait beaucoup de victimes sur le continent américain. Il a une phrase pour « ces fruits précieux de la terre tirés à la lumière par les fatigues des Indiens ». Les fatigues, bel euphémisme ! L'unification économique – on parle d'économie-monde – s'est faite sous l'égide des Européens et à leur seul bénéfice. Elle s'ajoute aux unifications microbienne, alimentaire, linguistique, etc., qui toutes ont

assuré la domination de l'Ancien Monde pour longtemps.
L'Ancien Monde, l'expression est inexacte. Il a été question dans le chapitre précédent de triple diaspora. C'est désormais de quadruple émigration qu'il faudrait parler.
La dernière, l'africaine, n'est pas la moins nourrie. La traite en direction de l'Amérique, et aussi de la péninsule Ibérique, où les esclaves ne sont pas inconnus aux XVIe et XVIIe siècle, a porté à cette époque sur des centaines et des centaines de milliers d'individus[58]. L'échange inégal de l'après-1492 n'a pas eu lieu entre l'Ancien et le Nouveau Monde mais entre l'Europe et les autres continents.

CHAPITRE V

COMMÉMORATIONS

1892, de Madrid à Chicago

En 1892, l'immense empire espagnol constitué au XVIe siècle est devenu une peau de chagrin. La plupart des territoires américains se sont émancipés de leur métropole entre 1821 et 1824. Ne restent plus de l'ancienne constellation que quelques éléments, Cuba, Porto Rico, Guam et les Philippines. A ces reliques d'un passé glorieux, l'Espagne politique et intellectuelle de la fin du XIXe siècle est infiniment attachée. Dans ces circonstances, la personne de Christophe Colomb est convertie en une figure emblématique évocatrice de grandeur révolue et porteuse de message civilisateur. Elle est devenue un enjeu entre l'Espagne et ses anciennes colonies.

L'affaire des restes du Découvreur en est une belle illustration. Colomb mourut à Valladolid en 1506. Diego, son fils, fit transporter sa dépouille au monastère de la chartreuse de Séville en avril 1509, en attendant un transfert définitif à la cathédrale de la même cité. En vain. En quête d'une autre solution symboliquement forte, Diego interpréta à sa manière le codicille du testament de son père et demanda que ses restes fussent transportés à Saint-Domingue. En 1544, les cendres de Colomb étaient déposées en la cathédrale de l'île.

En 1795, Saint-Domingue, partie orientale de l'île d'Haïti, devint française en vertu du traité de Bâle. Les restes de Colomb ne pouvaient demeurer en terre non espagnole. En décembre, ils furent exhumés et transportés à Cuba pour être enterrés à la cathédrale. Tout aurait été simple si en 1877 on n'avait pas découvert à Saint-

Domingue – devenue république indépendante depuis 1844 – une urne contenant des cendres et sur laquelle étaient gravés les mots « découvreur de l'Amérique ». Commença alors une virulente polémique, les dominicains étant persuadés que Colomb était toujours leur, les Espagnols qu'il y eut, en 1877, surpercherie [1].

C'est donc dans ce climat que fut préparée la commémoration du quatrième centenaire de 1492 ou, plus précisément, selon les mots alors employés, du quatrième centenaire de la découverte de l'Amérique. En 1888, en Espagne, fut créée la Commission du centenaire. Elle avait à sa tête le président du Conseil Práxedes Mateo Sagasta. Membres du clergé, de l'armée, présidents des académies royales et des chambres de commerce en faisaient partie. Son activité fut limitée. Sans être supprimée, elle fut mise en sommeil. Le gouvernement libéral ayant été remplacé par un gouvernement conservateur, en 1891 fut mis sur pied un comité (*junta*) du centenaire présidé par le nouveau président du Conseil Canovas del Castillo et constitué des ministres d'État du Travail et d'Outre-Mer, de représentants de diverses ambassades et de quatre villes. Le comité prépara un programme comprenant principalement une exposition « historico-américaniste » prévue à Madrid et un congrès des américanistes qui devait se tenir à La Rabida. D'autres manifestations, nées à l'initiative de municipalités, de sociétés savantes ou d'associations professionnelles, reçurent parfois le soutien de l'organisme officiel [2]. L'Espagne n'eut pas l'exclusivité des commémorations. A Gênes, à New York, à Chicago, à La Havane, 1892 fut l'occasion d'actes publics d'envergure [3].

Christophe Colomb, trait d'union entre l'Ancien et le Nouveau Monde, fut partout la vedette des festivités. Le choix des quatre municipalités espagnoles appelées à faire partie du comité national est clair : toutes ont un rapport étroit avec l'aventure colombine (Grenade, lieu des Capitulations, Huelva, lieu du départ du voyage, Barcelone, lieu de l'accueil royal au retour, Valladolid, lieu de la mort du navigateur). Au grand dam des Sévillans, qui s'estimaient lésés. Les pays du Nouveau Monde partageaient ces vues. Si 1892 n'a pas réinventé Christophe Colomb, la commémoration a largement contribué à sa promotion. Un éditorial du quotidien *La Andalucia* du 4 avril 1892 donnait le ton : Colomb « vécut en un siècle de profonde obscurité ; mais pour le génie, la nuit garde en son sein des éclairs de lumière [4] ».

La geste du Génois fut l'objet de nombreuses publications. Des documents fondamentaux virent enfin le jour : des autographes de Colomb, réunis par la duchesse d'Albe ; les pièces du procès opposant au XVIe siècle la Couronne aux héritiers du navigateur, éditées par la Real Academia de la Historia ; l'ambitieuse *Raccolta colombiana*, commencée en cette année anniversaire à Gênes. Cette moisson généreuse a nourri une foule d'études que l'on peut qualifier, à la suite de Salvador Bernabeu Albert, de « réalistes ». C'est la belle époque de l'histoire positiviste qui s'applique à merveille à dénouer l'inextricable écheveau des tribulations de Colomb. Cesáreo Fernández Duro, Rafael Altamira ou le président du Conseil Canovas del Castillo, preuves à l'appui, s'en prenaient à la vision romantique ou mystique – les adjectifs sont de Bernabeu – de ceux qui voyaient en Colomb un héros victime de l'ingratitude de l'Espagne. Le chantre de ce dernier courant est le comte Antoine Roselly de Lorgues, inspirateur de Léon Bloy et de Paul Claudel, auteur entre autres d'un *Christophe Colomb, serviteur de Dieu* publié à Paris en 1876. On comprend que Pie IX ait nommé le comte postulateur officiel de la cause de béatification de Christophe Colomb, près la cour de Rome.

Si les « réalistes » gagnaient du terrain dans les milieux intellectuels, les opinions publiques étaient emportées par la ferveur colombine. Des rues furent débaptisées pour prendre le nom de Colomb. Surtout, les monuments édifiés de part et d'autre de l'Atlantique, oubliant presque systématiquement les autres artisans de l'épopée de 1492, étaient un chant à la gloire du navigateur. Le plus ancien fut celui de Gênes, installé sur la place Acquaverde que nul voyageur sortant de la gare ne peut ignorer. Il date de 1862. Le suivit le Christophe Colomb placé à Barcelone, au bout des *ramblas* face à la mer (1882-1888). Vint la vague des réalisations de 1892 : à Salamanque ; à Mexico ; à La Rabida où l'œuvre de Rodrigo Velazquez placée devant le monastère et inaugurée le 12 octobre par la reine Marie-Christine associe Isabelle, Ferdinand et le Découvreur ; à Grenade où la création de Mariano Benlliure représente la reine acceptant les propositions de l'explorateur. Deux autres monuments méritent une mention particulière, ceux de New York et de La Havane. Le premier, dû à Russo, fut inauguré, naturellement le 12 octobre, par le vice-président Morton. La cérémonie sanctionna la victoire de la communauté italienne sur son homologue espagnole qui, par l'intermédiaire du cercle Colomb-Cervantes, avait confié un projet au sculpteur Fernando Miranda. Il s'agissait, pour une fois, de représenter les frères Pinzon auprès du Génois. Le second est le mausolée de l'amiral. Il fut mis au concours en 1891. Le vainqueur, Antonio Mélida, conçut un projet très intéressant du point de vue iconographique. La base était inspirée des temples aztèques. Le cercueil était soutenu par les hérauts de Castille, León, Aragon et Navarre (laquelle, on le sait, n'avait été rattachée à l'ensemble espagnol qu'en 1512, six ans après la mort du Découvreur...). Le tout était couronné de la palme du martyr et des chaînes de l'ingratitude[5]. Le comte Roselly de Lorgues pouvait être satisfait !

Pour mieux relier passé et présent, on mit en avant le duc de Veragua, descendant de Christophe Colomb. Nommé vice-président des commission et comité espagnols, il fut accueilli avec tous les égards à New York. Et puis, quelle meilleure manière de célébrer Colomb le marin qu'une démonstration navale ? A Huelva, à Gênes, à New York, des navires appartenant à de nombreuses nations européennes et américaines furent rassemblés, successivement, dans les ports. La première concentration eut lieu à Huelva le 3 août, date anniversaire du départ de l'expédition colombine. La principale attraction fut la reproduction de la *Santa Maria* fabriquée entre avril et juin à l'arsenal de Cadix. Présentation en fut faite aux Gaditans le 26 juin avant le déplacement à Huelva. Le navire rejoignit alors les répliques de la *Pinta* et de la *Niña* réalisées à Barcelone grâce à des fonds américains.

La plupart des navires se rendirent ensuite à Gênes où eut lieu, le 12 septembre, la deuxième fête navale en présence du roi Humberto. Cependant, la *Santa Maria* resta à Cadix où elle subit quelques modifications. Nouveau départ du navire de Colomb à la mi-février 1893 en direction des Canaries. Comme il n'inspirait guère confiance, il fut remorqué jusqu'à Tenerife. La traversée de l'Atlantique fut faite à la voile. Avant de parvenir à New York, le navire fit des escales triomphales à Porto Rico le 30 mars, à La Havane début avril. Point de mire de tous les badauds, à New York en particulier lors d'une démonstration fin avril, il fut encore remorqué jusqu'à Chicago.

Gênes, Chicago et Madrid présentèrent chacune une grande exposition. La dernière, archéologique et ethnographique, fut unique en son genre. Un navire viking y côtoyait des milliers de pièces du Mexique (olmèques, zapotèques, mixtèques...), de Costa Rica, du Pérou [6]. Les deux autres avaient des ambitions différentes. Tant l'exposition italo-américaine, ouverte au public entre les mois de juillet et novembre 1892, que l'exposition universelle colombine de Chicago, inaugurée le 1er mars 1893, mettaient l'accent sur les progrès techniques, sur les avancées de l'industrialisation. A Gênes, galeries des tissus, des produits chimico-pharmaceutiques, des machines et du travail (métallurgie, chantiers navals...) se succédaient [7]. A Chicago, palais des arts mécaniques, des manufactures et arts libéraux, des transports, des mines, de l'électricité constituaient l'essentiel. Un palais des dames célébrait la femme, esprit du progrès et de la civilisation.

Utilisant les mêmes ressorts et les mêmes thèmes se dessinent deux politiques de la commémoration. D'un côté Italiens et Américains mobilisent un Christophe Colomb annonciateur d'un avenir radieux, porteur d'innovations révolutionnaires. 1892 est l'occasion d'une ode au progrès. Pour les Génois de l'époque, le progrès s'appelle l'unité italienne. Déjà, en 1862, au pied de la statue du Découvreur, avaient été gravés les mots : « A Christophe Colomb, la patrie. » Présentant le programme des réjouissances, le journal *Il secolo XIX* en donne le sens : rassembler tous les Italiens autour de l'un de leurs plus illustres concitoyens. « La fête solennelle d'aujourd'hui, nouvelle affirmation du travail, de l'accord, de l'amour entre les Italiens de toutes les régions de la péninsule, sera un baume pour l'âme de Colomb errant dans les espaces célestes de l'infini », est-il souligné. L'exposition est une vitrine du savoir-faire italien [8].

L'idéologie qui sous-tend les commémorations aux États-Unis n'est guère différente. Deux villes du Nord – sorti vainqueur de la guerre de Sécession trente ans plus tôt – veulent affirmer avec éclat l'unité américaine, les richesses du creuset, la puissance de l'économie nationale, le rôle éminent du pays dans les progrès de l'humanité. La grande parade du 12 octobre 1892 à New York illustre ce souci. Trois éléments sont juxtaposés au milieu d'une forêt de cyclistes : le rappel de la découverte, celui des émigrations, celui des valeurs. Ainsi le char des explorateurs et celui des conquistadors, Colomb à leur tête, était-il proche des chars de l'âge de pierre et des adorateurs du soleil. Les colons de langue espagnole, autour de la *Santa Maria*, bien sûr, précédaient les Hollandais et les quakers. Étaient intercalés les chars du Capitole, autrement dit de l'union des quarante-quatre États, de la Liberté, de la Science, de la Renommée, d'Électre où Edison domptait l'hydre électricité. Colomb, Edison, même combat dans cette évocation manichéenne mais efficace d'une civilisation occidentale bienfaitrice. La procession du 20 octobre 1892 à Chicago était *grosso modo* une copie de celle de New York. Elle offrait un saisissant raccourci historique, des aborigènes à la Liberté éclairant le monde en passant par les explorateurs, la déclaration d'Indépendance américaine, le génie de l'invention, l'agriculture, les mines, les sciences, la littérature, l'art... Par ailleurs, l'Exposition universelle était conçue pour dépasser en magnificence toutes les manifestations antérieures, la référence précise étant l'exposition de Paris en 1889. Celle-ci avait entraîné une dépense de six millions et demi de dollars, Chicago en engloutit vingt-huit millions. Il fut même prévu, un temps, de faire construire, par Eiffel, une tour plus grande que la parisienne [9].

L'attitude espagnole est radicalement différente. Elle est foncièrement défensive, tournée vers le passé. Les expositions, les congrès – on en a recensé onze d'importance, à commencer par la grande réunion des américanistes à La Rabida du 7 au 11 octobre 1892 –, les revues, dont la publication officielle *El centenario*, favorisèrent le développement d'une réflexion approfondie sur l'histoire de l'Espagne. Auteurs espagnols ou hispanistes mettent l'accent sur les qualités du système colonial qualifié de généreux et d'humanitaire et présenté comme très supérieur à la colonisation anglaise. On débat des conséquences de l'engagement espagnol en Amérique et des limites des profits qui en furent retirés. L'intérêt pour les études américaines (sciences naturelles, anthropologie, art) permet de poser la question de l'état de développement des civilisations précolombiennes à la fin du xve siècle.

Les retards, les reports, les annulations de manifestations témoignent des difficultés du temps. La commémoration de 1492 ne fut pas très heureuse en Espagne. Séville bénéficia de la visite de la régente accompagnée de ses enfants. Mais l'arc de triomphe prévu pour l'arrivée royale le 8 octobre n'était pas achevé. De Séville, Marie-Christine se rendit à Cadix et à La Rabida. Elle devait séjourner ensuite à Grenade. Une maladie subite du jeune Alphonse XIII retint toute la famille à Séville avant un retour tardif et direct à Madrid, début novembre. L'annonce tardive du changement de programme provoqua une émeute, le 3 novembre à Grenade. Les habitants détruisirent tous les préparatifs de la fête [10].

Des conflits nés entre orientalistes entraînèrent aussi l'annulation du congrès qui devait se tenir à Cordoue, Grenade et Séville. Tout juste peut-on relever l'existence d'un congrès africaniste et d'une exposition morisque. Ajoutons-y des publications intéressantes dont l'ouvrage de Duran y Lerchundi sur les personnages ayant participé à la guerre de Grenade. Ce livre et d'autres ont contribué à enrichir l'information sur le passé musulman du pays et à nourrir de vives polémiques sur la justification et l'utilité de l'expulsion des morisques que libéraux et conservateurs avaient engagée depuis le milieu du xixe siècle. Mais, au total, la reddition de Grenade eut peu d'écho. Quant à l'expulsion des juifs, nous n'en trouvons de mention ni d'un côté ni de l'autre de l'Atlantique. Un homme comme Angel Pulido, auteur d'un voyage en Méditerranée orientale qui lui permet de découvrir la culture séfarade, est bien isolé en 1883. Il se fera entendre un peu plus tard. En attendant, en 1892, la mémoire est très sélective [11].

Dans le monde entier, le quatrième centenaire fut une commémoration colombine et rien de plus. Derrière la belle unanimité de 1892 apparaissaient l'assurance américaine et la crise de conscience espagnole. Le conflit éclata, en 1898, entre États-Unis et Espagne. La flotte de guerre espagnole fut détruite aux Philippines et sur les côtes cubaines. Le traité de Paris, le 10 décembre 1898, confirma la disparition totale de l'empire colonial espagnol. Quelques mois plus tôt, Antonio Mélida avait terminé le mausolée de Christophe Colomb. L'inauguration à La Havane ne put avoir lieu. En décembre, le monument fut transporté en Europe : quatre siècles plus tard, Colomb effectuait son cinquième retour.

1492 et l'iconographie

Au premier plan, Colomb agenouillé et rendant grâce à Dieu. A ses côtés, peut-être le jeune Rodrigo de Triana qui eut le bonheur de voir la terre le premier. Derrière eux, deux des frères Pinzon, dont Martin, le regard dubitatif porté sur l'amiral. Au second plan, la *Santa Maria*, toutes voiles déployées. Telle est la manière dont Francesco Solimena évoque l'arrivée en Amérique le 12 octobre 1492 dans un tableau du début du XVIIIe siècle qui se trouve au musée des Beaux-Arts de Rennes. Le peintre napolitain fut-il le premier à s'inspirer d'un événement de 1492 ? Cela est douteux car, d'une part, il existe des dessins anonymes du XVIIe siècle à la Galleria Estense de Modène évoquant Colomb, et, d'autre part, il est probable que Luca Giordano (Lucas Jordan pour l'Espagne) a réalisé à la fin du même siècle pour le palais du Buen Retiro quatre grandes fresques sur le thème de la victoire remportée par les Rois Catholiques sur les musulmans de Grenade. Ces fresques, comme le palais, ont été perdues, mais il en reste une trace : un graveur de la seconde moitié du siècle suivant, Juan Barcelon, les reproduisit. A l'en croire, il s'agissait de compositions pleines de mouvement où l'on pouvait voir l'intrépide Ferdinand d'Aragon terrassant ses adversaires. Luca Giordano, dont on sait qu'il réalisa pour le palais en question une série des travaux d'Hercule et l'allégorie de la Toison d'or qui, elle, est conservée, avait naturellement travaillé sur commande. La victoire de 1492 était donc considérée par les commanditaires – l'entourage du roi Charles II – comme un épisode particulièrement glorieux de la monarchie espagnole [12].

Le rapprochement entre le programme de Luca Giordano et le tableau de Francesco Solimena est indispensable car il permet de formuler, à défaut de la résoudre, une question importante : quand la hiérarchie entre les différents grands événements de 1492 a-t-elle été modifiée? Nous avons deux peintres, napolitains l'un et l'autre – et Solimena est très redevable aux leçons de Giordano son aîné –, qui s'intéressaient à deux épisodes distincts de l'« Année admirable ». Il faut ajouter que Solimena est également l'auteur d'un *Christophe Colomb recevant les bulles du pape* conservé par le musée de Rouen et d'une allégorie de l'Europe, de l'Amérique, de l'Asie et de l'Afrique, aujourd'hui à la galerie Doria Pamphili de Rome.

Nous avons vu que les hommes de la fin du xve siècle accordaient la plus grande importance à la prise de Grenade. Et que leurs descendants, quatre siècles plus tard, l'avaient reléguée au second plan, exaltant de préférence l'aventure américaine. On peut se demander s'il n'y a pas eu une inflexion décisive entre Giordano (1632-1705) et Solimena (1657-1747), entre la fin du xviie siècle et le début du xviiie. En 1650, à l'époque où les dessins de Modène sont produits, Girolamo Graziani, secrétaire de Francesco d'Este, duc de Modène, publie un long poème héroïque de vingt-six chants, *Il conquisto di Granata*, réédité dès 1654 à Paris par les soins de l'interprète du prince de Conti. Preuve que, décidément, la reddition du 2 janvier n'est pas oubliée. Il y a là quelque logique pour un monde chrétien ayant conscience du péril turc jusqu'en 1683. A cette date, les Ottomans assiègent Vienne en vain : le déclin de leur empire est irrémédiable. Le souvenir de la victoire des Rois Catholiques, à Grenade, perd de son actualité.

Autre interrogation que suggèrent le dossier de Modène et le tableau de Solimena : à quand remonte la « réinvention » de Colomb ? Celui-ci, victime de sa disgrâce et de la faveur accordée en 1506, immédiatement après sa mort, à son émule le Florentin Vespucci, était tombé aux oubliettes. La Colombie n'est pas l'Amérique ! Mais la mémoire de l'aventure colombine était sans doute moins enfouie qu'il n'y paraît. C'est Colomb que Solimena – il est vrai très lié à l'Espagne parce que napolitain –, met en pleine lumière.

Le Découvreur ne quittera plus le devant de la scène. Le XVIIIe sièce lui appartient, même si Francisco Bayeu, le beau-frère de Goya, peint une *Reddition de Grenade*. Le Valencien Vicente Lopez, peintre de la cour de Charles IV, et Zacarias Gonzalez Velazquez s'attachent à l'arrivée de Colomb en Amérique. Au XIXe siècle, la mode romantique orientalisante n'arrive pas à le déboulonner de son piédestal. Certes, de nombreux artistes s'intéressent alors à Grenade. De José Madrazo, auteur en 1837 d'une composition intitulée *Gonzalo Fernández de Cordoba en el asalto a Montefrío*, à Mariano Fortuny, dont le tableau *La Matança dels Abencerajes* date de 1871, les jalons sont nombreux. Relevons qu'en 1870 le Français Henri Regnault rapporte d'un voyage en Espagne et au Maroc *L'Exécution sans jugement sous les rois maures de Grenade*. Il s'agit du même épisode mythique de la fin tragique des Abencérages à l'intérieur de l'Alhambra. On sait qu'il a beaucoup inspiré les écrivains du XIXe, Chateaubriand au premier chef. On sait moins que peintres et musiciens y ont aussi porté un vif intérêt. Cherubini en 1813 (*Les Abencérages*), le Catalan Felipe Pedrell en 1874 (*L'ultimo Abenzerragio*) lui consacrent chacun un opéra. Dans le domaine musical, l'œuvre la plus insolite et la plus significative est celle d'Emilio Arrieta et Temistocle Solera, présentée au théâtre du palais royal de Madrid en

1850 et intitulée *La conquista de Granada*. Le beau rôle y est accordé à Isabelle la Catholique tandis que Ferdinand, étrangement, n'apparaît pas, sa place étant occupée par Gonzalve de Cordoue (le Grand Capitaine). Le fascinant personnage qu'est Temistocle Solera – librettiste des premiers opéras de Verdi, en particulier de *Nabucco*, protégé de la reine Isabelle II, peut-être son amant, futur directeur de la police du Caire ! – fait chanter aux chœurs : « A la vue de l'œuvre audacieuse du génie ibère, le vil serf de Mahomet est atterré. » Et, à Isabelle : « Ô, Génie errant, ce n'est pas en vain que le ciel te dirige vers moi ! Vole, Colomb, et montre à la foule insensée les plages inconnues. Vaillant Génois, Dieu qui t'a inspiré sera ton guide sur les eaux et ton nom toujours sera uni à celui d'Isabelle. » Le comte Roselly de Lorgues a dû apprécier !

En fait, Colomb et la reddition de Grenade se sont longtemps partagé les faveurs des artistes. La réception du Découvreur par les souverains à Barcelone est le thème d'un tableau de Delacroix et (en 1846 ou 1847) d'un autre de Joseph Robert-Fleury. Pharamond Blanchard, artiste lyonnais qui a résidé en Espagne de 1825 à 1837, reçoit une commande de l'État en 1850. Sa *Première Messe en Amérique* accorde une place capitale à la végétation luxuriante. Mais Blanchard, qui a choisi le moment de l'élévation, insiste sur le recueillement des Européens contrastant avec la distraction des Indiens présents. Un autre peintre lyonnais, Claude Jacquard, s'attache à la mort du navigateur.

Après 1850, les peintres romantiques sont relayés par le déferlement d'une peinture narrative prolifique dont l'histoire est le terrain de prédilection. Le genre a été négligé, voire méprisé par les historiens de l'art jusqu'à ce que Carlos Royero lui consacre un très beau livre [13]. Les trois sujets qui nous occupent, guerre de Grenade, expulsion des juifs, carrière de Colomb, ont fait l'objet en Espagne de quatre-vingt-dix-huit œuvres entre 1850 et 1900 ! Trois exemples, un pour chaque thème, permettent de préciser les intentions des artistes, de leurs commanditaires et de leur public. Antonio Muñoz Degrain, né en 1841, fut un des meilleurs peintres du XIXe siècle et le maître de

Picasso. Il ne dédaigna pas le réalisme historique et composa en 1878 une *Isabelle la Catholique donnant ses bijoux pour l'entreprise de Colomb*. La reine, au centre, indique le coffre à deux personnages venus demander audience : Luis de Santangel et Alonso de Quintanilla. Derrière la reine, se tient la comtesse de Moya, favorable, comme les deux courtisans, au navigateur. Au fond, assis à une table, Ferdinand d'Aragon semble absorbé dans la lecture d'un document. Un cardinal (Pedro Gonzalez de Mendoza?) et d'autres nobles sont également présents. L'épisode est légendaire, mais le peintre, qui a su réunir quelques-uns des principaux héros de l'affaire colombine, donne à celle-ci toutes les apparences de la vraisemblance. Son goût du détail, le soin donné au décor lui permettent de créer un climat. Pourtant, la critique n'a guère apprécié le tableau, lui reprochant le manque d'émotion, d'enthousiasme des personnages [14]. Cela n'empêcha pas Muñoz Degrain de le présenter à l'Exposition de Paris et de revenir sur le sujet, bien sûr en 1892, avec *Isabelle priant pour l'entreprise de Colomb*.

L'Aragonais Francisco Pradilla y Ortiz fut couvert d'honneurs. Médaillé aux expositions de Paris en 1878, de Vienne en 1882, de Berlin en 1892, directeur du musée du Prado, il reçut commande d'une composition pour le Sénat. Le thème imposé fut *La Reddition de Grenade*. Il s'acquitta de sa tâche en 1882 et présenta une toile gigantesque de 5,5 mètres sur 3,3 mètres. Le peintre semble avoir lu les chroniques. Il représente le moment précis de la remise des clefs, Boabdil s'inclinant devant Ferdinand accompagné d'Isabelle, des infants, du comte de Tendilla, du Grand Capitaine, du duc de Medina Sidonia... Grenade est enveloppée dans les nuées hivernales L'œuvre rallia tous les suffrages. Avec un infini luxe de précautions, elle fut transportée à Munich pour figurer à l'exposition [15].

Emilio Sala fait preuve du même souci de réalisme avec *L'Expulsion des juifs* composée lors d'un séjour à Paris en 1889. Assis sous un dais, Ferdinand et Isabelle, en présence de nombreux membres de la cour, écoutent les arguments d'un représentant de la communauté juive (Abraham Senior, Abravanel?). Entre eux, Torquemada. L'attitude hiératique des souverains contraste avec l'agitation de ce dernier, véritable personnage central de la scène. Les contemporains ont parfois reproché le caractère hautain de l'orateur. La toile, exhibée à Berlin en 1891, fut cependant achetée l'année suivante par l'État espagnol [16].

Le mouvement auquel appartiennent ces artistes est international. Les récompenses obtenues un peu partout disent mieux que tout discours le bon accueil que leurs œuvres reçurent. Les critiques furent somme toute limitées et réservées aux compositions les plus libres. Les peintres français participaient au mouvement, ainsi Joseph Robert-Fleury et Claude Jacquard, déjà cités, avec respectivement *L'Entrée triomphale de Clovis à Tours* et *La Mort de Gaston de Foix*. Surtout, ce qui nous concerne davantage, les peintres italiens se sont beaucoup attachés à la vie de Colomb. Dans le cadre de l'exposition de Gênes de 1892, le public put voir *Le Départ de Palos* d'Angelo Achini ou le *Colomb enchaîné* de Nicolas Baravino – par ailleurs auteur d'un *Galilée devant l'Inquisition* –, tandis que dans le domaine de l'opéra, à la Scala de Milan, était créé le *Christophe Colomb* d'Alberto Franchetti.

Le mouvement reste pourtant éminemment espagnol. Quatre-vingt-dix-huit tableaux recensés pour les trois thèmes, avons-nous dit. Entrons dans les détails. Le départ est clair. Soixante-trois toiles narrent un épisode de la vie de Colomb, trente-trois s'appliquent à la guerre de Grenade, deux seulement à l'expulsion des juifs. Et, si les artistes offrent une sorte de reportage complet de l'affrontement avec les musulmans, depuis la bataille initiale, au cours de laquelle Boabdil fut fait prisonnier, jusqu'au départ de l'émir de son ancienne capitale, la vie de Colomb est intentionnellement tronquée. A en croire nos auteurs, elle aurait commencé en 1485 lorsqu'il frappe à la porte du monastère de La Rabida. Quatre temps forts scandent son épopée : l'arrivée à La Rabida (neuf tableaux), la présentation du projet aux Rois Catholiques (huit tableaux), l'arrivée en Amérique (douze tableaux), la réception à Barcelone (sept tableaux). Colomb est ainsi, sans restriction aucune, espagnol. Et triomphant.

Dans cette chronique en images, les écarts à la norme ne sont pas moins intéressants. Il faut y ranger les deux toiles sur l'expulsion des juifs, les trois représentant Colomb enchaîné après sa disgrâce, les quatre ayant pour thème la mort du Génois, les neuf s'attachant à Boabdil. Nous sommes là du côté des vaincus, comme si les peintres, à l'instar des politiques ou des écrivains, revendiquaient le passé dans sa totalité. La peinture historicisante s'insère dans le vaste courant de réflexion sur la décadence. Dans la formation d'une conscience nationale, les thèmes les plus polémiques de l'histoire de la fin du xve siècle sont au cœur du débat entre traditionalistes et libéraux.

Les fêtes de maures et chrétiens

« Cortés s'adresse à Moctezuma : il n'est pas venu faire la guerre mais pour révéler la religion chrétienne. Moctezuma l'accueille avec des paroles de paix. Cortés loue la puissance de Charles Quint : celui-ci ne veut dépouiller Moctezuma ni de ses trésors, ni de son empire ; mais qu'il abandonne le culte des idoles et accepte le baptême. Moctezuma se soumet et se convertit avec enthousiasme, ainsi que ses vassaux.

« Mais le prince Cuauhtemoc se révolte : " Empereur Moctezuma, Grand Roi : tu ne mérites plus ce titre, tu n'as plus le droit de porter la couronne, car tu as perdu courage, car tu as peur. Les Espagnols ne racontent que mensonges, ils se moquent de toi. Tu t'es rendu mais moi je ferai la guerre. Je ne veux pas que nos dieux périssent. J'ai dans la main flamme, bruit, cendres, fumée, sable, poussière, vents, tempêtes : je chasserai les Espagnols. Qu'ils rentrent chez eux ou qu'ils meurent. " Moctezuma répond : " Ne parle pas ainsi, mon fils. " Cuauhtemoc tire son épée, se précipite vers Cortés et le frappe au visage. Cortés répond : " Pour l'honneur de mon roi, je te pardonne. "

« Cuauhtemoc appelle aux armes, et la bataille s'engage. Elle constitue le sommet du drame. Le chœur prie les saints de donner la victoire aux Espagnols. Le miracle a lieu : Cuauhtemoc est tué. Son aveuglement le conduit en Enfer.

« L'issue du combat a prouvé la puissance de Dieu chrétien, Moctezuma exprime à nouveau son amour pour le Christ et la pièce se termine par des louanges à Cortés : " Que l'éclair qui nous a rejoints ici nous rejoigne aussi au Paradis. Vive don Fernando [17] ! " »

Cette longue citation que j'emprunte à Nathan Wachtel est le résumé de *La Danse de la Grande Conquête* telle qu'elle est jouée à Villa Juarez (autrefois Jicotepec). La pièce est très ancienne : elle était récitée en nahuatl jusqu'en 1894.

« A cette époque, il y avait dans un village proche de cette ville [Saragosse], une fête célébrée en l'honneur d'un martyr de ce royaume, qui attirait des gens de toute la région ; et parce que deux camarades, soldats des Flandres, et moi n'avions rien à faire, nous allions nous divertir en ce village (...). Nous arrivâmes au village à une heure de l'après-midi et nous trouvâmes sur la place deux compagnies de paysans, une de musulmans armés d'arbalètes à jalets, une de chrétiens avec des armes à feu. Ils avaient installé, au milieu de la place, un château de bois de dimensions moyennes, où les musulmans devaient se tenir ; le jour venu, quand la procession arrivait à sa hauteur, les chrétiens l'assaillaient et, après l'avoir emporté, s'emparaient des musulmans qu'ils promenaient, enchaînés, par les rues. Ils tiraient de nombreux coups d'arquebuse en signe de victoire [18]. »

Ce second texte, reproduit par Robert Ricard, est un passage d'une nouvelle picaresque anonyme, *Vida y hechos de Estebanillo González, hombre de buen humor*, publiée à Anvers en 1646.

Les documents ainsi rapprochés montrent que, dans le domaine folklorique, il n'y a pas d'océan Atlantique. L'esprit, la structure de la fête mexicaine et de la fête espagnole sont les mêmes. Puisant dans l'histoire leurs arguments – l'affrontement entre indigènes et Espagnols ou celui entre musulmans et chrétiens –, les récits sont organisés sur un rythme ternaire (rencontre-révolte-combat d'un côté, installation des musulmans-défilé des chrétiens-combat de l'autre). Leur message est identique : réaliser la conjonction entre adversaires en marquant bien la domination espagnole (ou chrétienne). *La Danse de la Grande Conquête* et la fête aragonaise ne sont nullement isolées. Elles ont d'innombrables sœurs sur les deux continents.

En Amérique, d'abord. Au Mexique, à Puebla, à Zacatecas, à Aguascalientes, à San Juan de Amecac... Au Guatemala, où elles sont légion dans la région de Quezaltenango et de Totonicapán, près des lieux où, en 1524, eut lieu la bataille entre Tecum Uman et Alvarado. Au Pérou, à Chayanta, à Toco, à Huamantanca... Aux États-Unis, à Santa Cruz de la Cañada (Nouveau-Mexique). Au Panama, en Uruguay, au Paraguay, au Brésil où elles s'appellent *congadas* – ce qui dénote une volonté d'inspiration africaine –, aux Philippines. En somme, elles sont présentes dans toute l'aire d'influence ibérique. Et elles portent, pour la plupart, le nom générique de *danzas de moros y cristianos* [19].

En Europe, la diffusion n'est pas moindre. En Espagne, terre d'élection, naturellement, on a pu en recenser, il y a peu, deux cent vingt. On les célèbre dans l'ensemble du pays, de la Galice au nord-ouest à la région d'Almeria au sud-est. Mais il y a une nette prédominance du Levant et de l'Andalousie orientale, et, dans une moindre mesure, de l'Aragon. La géographie épouse très exactement celle d'une longue présence musulmane puisque les morisques sont demeurés nombreux dans ces trois régions jusqu'à leur expulsion en 1609 [20].

Les « fêtes de maures et chrétiens » peuvent être classées en trois catégories. Dans les danses aragonaises, le Bien et le Mal sont les protagonistes, et le combat entre maures et chrétiens s'insère dans un schéma très archaïque. Dans le Levant – où la fête la plus célèbre a lieu à Alcoy, non loin d'Alicante –, l'accent est mis sur un défilé où les associations (*filaes* ou *comparsas*) à l'intérieur de chaque localité rivalisent en ingéniosité et en luxe. Le troisième type est celui de l'« ambassade », répandu en Andalousie où négociations et combat éclipsent les autres éléments. Mais d'autres pays européens connaissent les fêtes de maures et chrétiens. Il en existe en Yougoslavie. Le bourg de Martres-Tolosane, au sud de Toulouse, les pratique depuis 1844 [21]. Et comment ne pas en voir une adaptation originale dans les spectacles de marionnettes siciliennes [22] ?

Certaines de ces manifestations sont très récentes. L'engouement festif actuel incite bien des villages qui n'en possèdent pas à en créer, ne serait-ce que pour attirer des touristes l'espace d'une journée. La ville de Murcie en célèbre une depuis 1982. Plus intéressantes sont celles d'origine ancienne. Contrairement à ce que l'on croit parfois, les fêtes ou les danses de maures et chrétiens ne sont pas une invention du XIXe siècle. Qu'elles aient été alors le lieu d'enjeux sociaux, que de nombreux textes récités aujourd'hui aient été écrits et fixés à cette époque ne fait pas de doute, mais leur existence est avérée bien antérieurement. Arturo Warman cite ainsi le chroniqueur Bernal Diaz del Castillo : Cortés arrive à Coatzacoalcos où il est reçu avec « des arcs de triomphe et des embuscades de chrétiens et de maures [23] ». L'événement date de la fin de 1524 ou du début de 1525. En Espagne, de nombreux exemples peuvent être glanés. Contentons-nous de deux. A Vera, dans l'actuelle province d'Almeria, la municipalité décide d'organiser des fêtes le 25 septembre 1581 : l'on donnera le matin « des maures et chrétiens ». Dans le village voisin de Cuevas de Almanzora, c'est le 13 novembre 1619 qu'est organisé « le jeu de maures et chrétiens » ; un responsable, à qui est remis une arrobe et demie (seize kilos) de poudre, est désigné. La fête d'Alcoy existe au plus tard en 1668.

Le rituel est complexe, les éléments divers et parfois confus. Traditions orales et textes érudits sont étroitement mêlés. Il n'est pas certain que les spectateurs ni même les acteurs saisissent toujours le sens de phrases alambiquées et déclamatoires. Mais quelques repères peuvent être donnés. Un fonds historique fournit bien entendu une trame ou un cadre plus ou moins respecté, plus ou moins subverti. A Veracruz au Mexique ou à Villajoyosa dans le Levant espagnol, l'élément nautique, clair rappel de la panique que provoquait jadis le danger corsaire, est primordial. La fête de maures et chrétiens a aussi beaucoup d'affinités avec le jeu de cannes tel qu'il était pratiqué dans l'Espagne du bas Moyen Age. L'un et l'autre furent d'ailleurs parfois associés, ainsi dans les cérémonies rapportées par Bernal Diaz del Castillo. Relevons encore qu'à Cuevas de Almanzora, en 1619, il était question de *jeu* de maures et chrétiens. Le jeu de cannes était l'une des distractions favorites de l'aristocratie : des équipes de cavaliers « chrétiens et musulmans » s'affrontaient lors de tournois. Les costumes, somptueux, étaient dispendieux.

A cette tradition s'ajoutent les emprunts à des légendes colportées par des nouvelles ayant joui d'une grande popularité. L'une des plus diffusées est celle de Charlemagne et des douze pairs de France, occasion d'une lutte manichéenne entre l'empereur chrétien et l'amiral musulman Balan. Le premier est accompagné de Roland, Olivier ou Ogier le Danois, le second de Fierabras (ou Ferrabraz) qui finira, dans la plupart des versions, par embrasser la foi chrétienne. On retrouve cet argument dans la ville mexicaine de San Juan de Amecac comme dans beaucoup de *congadas* brésiliennes ou dans le théâtre de marionnettes palermitain.

La date de la fête est celle où l'on vénère le saint patron : le 23 avril, jour de la Saint-Georges, à Alcoy ; le 3 mai, jour de Sainte-Croix, à Santa Cruz de la Cañada ; le 24 juin, jour de la Saint-Jean, à Zacatecas ; le 8 septembre, jour de la Nativité de la Vierge, à Villena. Toutes ces fêtes coïncident avec la fin d'un cycle de production agraire ou industrielle : collecte des olives, des oranges, vendanges, etc. La fête religieuse s'est souvent superposée à d'autres, ancestrales. Partout le clergé a veillé à donner un contenu religieux aux cérémonies, si bien qu'il n'est pas rare de voir les musulmans s'emparer de la statue de la Vierge ou du saint que les chrétiens ne manqueront pas de récupérer. Dans le Nouveau Monde, prêtres et religieux, pour parvenir à leurs fins, surent utiliser les fêtes précolombiennes où était pratiqué un simulacre de combat. Arturo Warman pense qu'ainsi a pu se constituer ce qu'il appelle une culture de conquête. Comme la messe, au contraire des cérémonies préhispaniques, ne demandait aucune participation active des fidèles, des manifestations spectaculaires furent promues. La danse de maures et chrétiens en est une. Familière aux hommes venus de la péninsule Ibérique, elle pouvait assimiler des rites indigènes.

Les commémorations que représentent ces fêtes peuvent être ambiguës. Dans la tragédie d'Atahuallpa telle qu'elle est retracée au Pérou ou en Bolivie – en particulier à Oruro –, le jour de la Vierge du *Socavón* est entretenu le mythe messianique du retour de l'inca. Le traumatisme de la conquête est encore profondément vécu. De même, les Maures n'ont pas obligatoirement, dans les représentations espagnoles, le rôle néfaste qui semble leur être dévolu. Entre la lettre des textes et ce qu'en font les acteurs, il y a un abîme. D'une manière générale, le cœur des habitants penche du côté des musulmans. Les *comparsas* maures ont toujours à refuser des candidats à la figuration, les chrétiennes en recherchent : signe d'une image ambivalente.

CONCLUSION

Le vocabulaire folklorique, *fêtes* ou *danses de maures et chrétiens*, nous ramène opportunément à la profonde interdépendance des événements de 1492. Nous avons longuement tenté de montrer qu'entre les quatre grands phares de l'*annus mirabilis* il existe une unité de temps et de lieu qui n'est nullement un caprice de l'histoire. Mais, au cours des siècles, les hommes se sont ingéniés à en détruire la cohérence et l'harmonie. On peut trouver deux raisons immédiates à cette sélection. Si la reddition de Grenade et l'expulsion des juifs mettaient un terme à une « convivence » pluriséculaire, le voyage de Colomb qu'escortait la grammaire de Nebrija en annonçait une nouvelle : 1492 clôt un cycle et en ouvre un autre. Par ailleurs, reddition et expulsion sont depuis les Lumières à ranger au nombre des épisodes douloureux, qu'il vaut mieux laisser en sommeil. L'aventure du Génois a été, dans les consciences occidentales, perçue d'une manière singulièrement plus positive. Même les anarchistes espagnols, en 1892, faisaient chorus. Pour la plupart d'entre eux, Colomb était un héros, représentant, selon le mot de Carlos Serrano, la science face à la superstition. On n'a donc cessé de débiter 1492 en tranches.

La découverte de l'Amérique par les Européens est, à elle seule, un fait considérable. Il a modifié le cours de l'histoire. Très vite au XVIe siècle, on lui accorda la plus grande attention. L'exilé Josef ha Cohen traduisant le chroniqueur Lopez de Gomara en fournit une preuve magnifique. Or Lopez de Gomara, dont l'œuvre fourmille de notations intéressantes, fut l'un des premiers hérauts de l'aventure américaine. N'écrivait-il pas dans la dédicace de son *Histoire générale des Indes* destinée à Charles Quint : « La plus grande chose depuis la création du monde, en dehors de l'Incarnation et de la mort de celui qui la créa, est la découverte des Indes (...). Jamais nation ne répandit, comme l'espagnole, ses coutumes, sa langue et ses armes, ni n'alla si loin par voie de mer et de terre, les armes sur le dos » ?

Quelle superbe ! On est loin de la manière discrète du sculpteur de Torremarte qui gravait : « Cette œuvre a été faite en 1492, l'année où fut gagnée Grenade. » Entre l'artiste anonyme, revenu de la guerre en son village, et le chapelain de la maison d'Hernán Cortés qui s'adresse au « roi des Romains », il y a un monde. Ou plutôt un empire, tombé par hasard dans le patrimoine espagnol. Par hasard ? Lopez de Gomara n'en a cure. Écoutons-le encore dans un avertissement aux traducteurs : « Quelques-uns voudront peut-être transposer cette histoire dans une autre langue pour que les hommes de leur nation entendent les merveilles et les grandeurs des Indes et connaissent que les œuvres valent et même dépassent la renommée qui leur est attachée de par le monde. Ceux-là, je les prie instamment, pour l'amour qu'ils portent aux histoires, de bien en respecter le sens, de veiller à la propriété de notre langue qui très souvent exprime en peu de mots de grandes idées. » Ces fortes phrases n'ont pas découragé Josef ha Cohen. Mais que la leçon de Nebrija a bien été apprise ! L'empire porte à la mégalomanie.

Nul doute que l'enivrement du chroniqueur n'ait été partagé. Les maîtres de l'Espagne pouvaient, non sans vanité, admirer les cartes que produisaient avec une belle régularité les écoles de Lisbonne, de Séville, de Gênes ou d'ailleurs. Juan de la Cosa, le cartographe embarqué sur la *Marie-Galante*, le navire de Colomb lors de la deuxième expédition, fit, dès 1500, le dessin des côtes orientales du Nouveau Monde. En 1507, avec sa mappemonde, Waldseemüller non seulement le baptise Amérique mais a l'intuition de l'océan Pacifique. Entre 1525 et 1529, le Portugais Diogo Ribeiro réalise à la *Casa de contratación* de Séville plusieurs planisphères où est représentée la côte orientale de l'Amérique du Nord, de la

Conclusion

Floride à la Nouvelle-Écosse. En 1559, Lopo Homen fournit un tracé déjà précis des côtes occidentales du continent révélé. Pour les souverains espagnols ou portugais, l'empire gonflait à vue d'œil.

Au fur et à mesure qu'Atlantique, Amérique, Pacifique occupaient l'espace cartographique, le Vieux Monde en subissait le contrecoup. Les documents d'avant 1492 étaient organisés autour de la Méditerranée. Dès le milieu du XVIe siècle, la mer intérieure apparaît bien étriquée dans un univers soudainement élargi. L'image n'est pas trompeuse. Les pays riverains de la Méditerranée sombrent dans le déclin. Les deux plus grandes puissances, l'Espagne, à Rocroi en 1643, l'empire ottoman, à Vienne en 1683, subissent de lourds revers. On peut dater de la fin du XVIIe siècle la seconde mort du complexe mais fécond échange entre les trois cultures chrétienne, juive et musulmane. L'axe du monde est définitivement déplacé.

L'Amérique, totalement maîtrisée par les Européens, prend une place grandissante dans l'économie et les relations internationales. L'émancipation des pays du Nouveau Monde depuis la fin du XVIIIe siècle couronne le processus. Aucun pays ne pâtit psychologiquement davantage de ce mouvement que l'Espagne. Alors qu'en 1892 les États-Unis célèbrent leur formidable potentiel et expriment leurs certitudes, les commémorations espagnoles s'inscrivent dans un climat maussade. L'Espagne se raccroche à Colomb. Qui alors aurait pu rappeler la gloire de Grenade, la conquête d'un petit territoire aux dépens d'un islam désormais bien assoupi? Quant à ceux qui songeaient au sort des juifs, ils n'étaient, pour une grande part de l'opinion publique, que des étrangers ou des mauvais espagnols nourrissant la *leyenda negra*.

Aujourd'hui, où en sommes-nous? A coup sûr, loin du « patriotisme archéologique » espagnol que Clarin, l'auteur de *La Régente*, dénonçait il y a un siècle. Et loin des fermes assurances de New York et de Chicago. Dans un article du 12 octobre 1989, publié par le quotidien *El pais*, l'un des plus grands écrivains espagnols contemporains, Francisco Ayala, s'attachait au sens de l'aventure colombine. Un voyage qui a duré près de cinq siècles, disait-il. Il a fallu attendre 1969 et les premiers pas d'Armstrong sur la lune pour repousser l'horizon ouvert par le Génois. Ni l'événement ni ses conséquences, innombrables et contradictoires, ne peuvent en aucune façon être minimisés. Mais il est certain qu'Ayala n'oublie ni la reddition de Grenade, ni l'expulsion des juifs, ni la grammaire de Nebrija. Comment pourrait-il en être autrement alors que ce prince des lettres, né aux pieds de l'Alhambra, a vécu pendant une quarantaine d'années l'amère expérience de l'exil?

L'époque est propice à un retour aux sources, à une prise en compte globale des événements d'il y a cinq cents ans. Le xxe siècle a vu le réveil de l'islam. Si la grande communauté séfarade de Salonique a été emportée dans la tourmente nazie et si sa sœur d'Istanbul se meurt, l'État d'Israël a été créé. La langue espagnole est à nouveau conquérante : elle est devenue, en 1991, langue officielle de Porto Rico. L'Espagne a repris une place importante dans le concert des nations et s'apprête à commémorer 1492 avec faste, sous le triple sceau al-Andalus-America-Sefarad. Sur son sol se sont reconstituées, ces dernières décennies, de petites communautés juive et musulmane. Reprise du vieux dialogue si longtemps interrompu? En 1990, la plus haute distinction espagnole, le prix Prince des Asturies, a été décerné aux communautés séfarades du monde entier. Et l'on prête au roi Juan Carlos l'intention de promulguer un décret symbolique annulant celui de l'expulsion des juifs. Il est grand temps de rassembler tous les morceaux du puzzle de 1492, de n'en celer aucun aspect. Revenons à Santa Fe!

CARTES

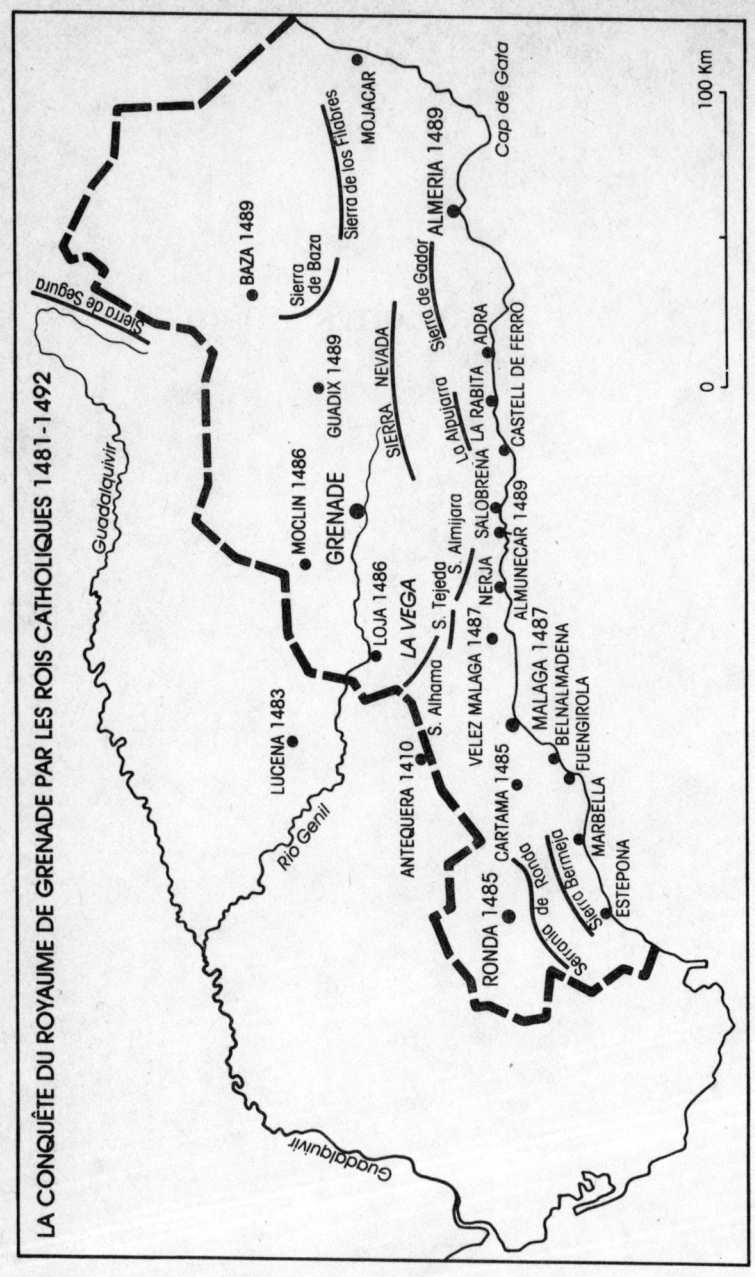

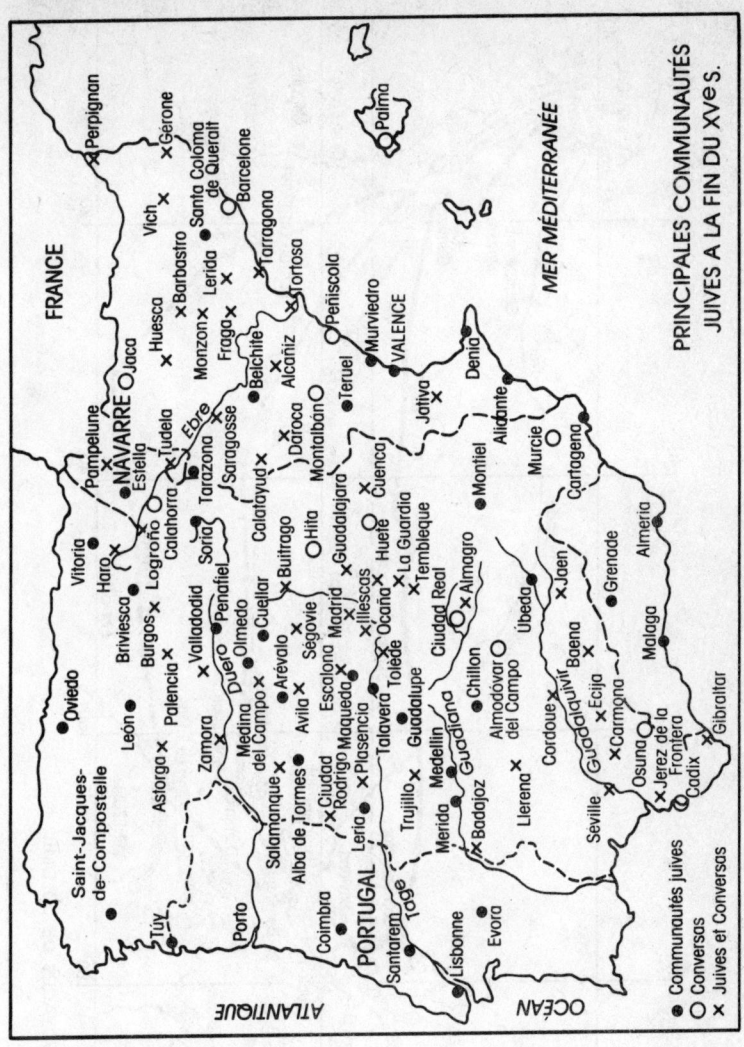

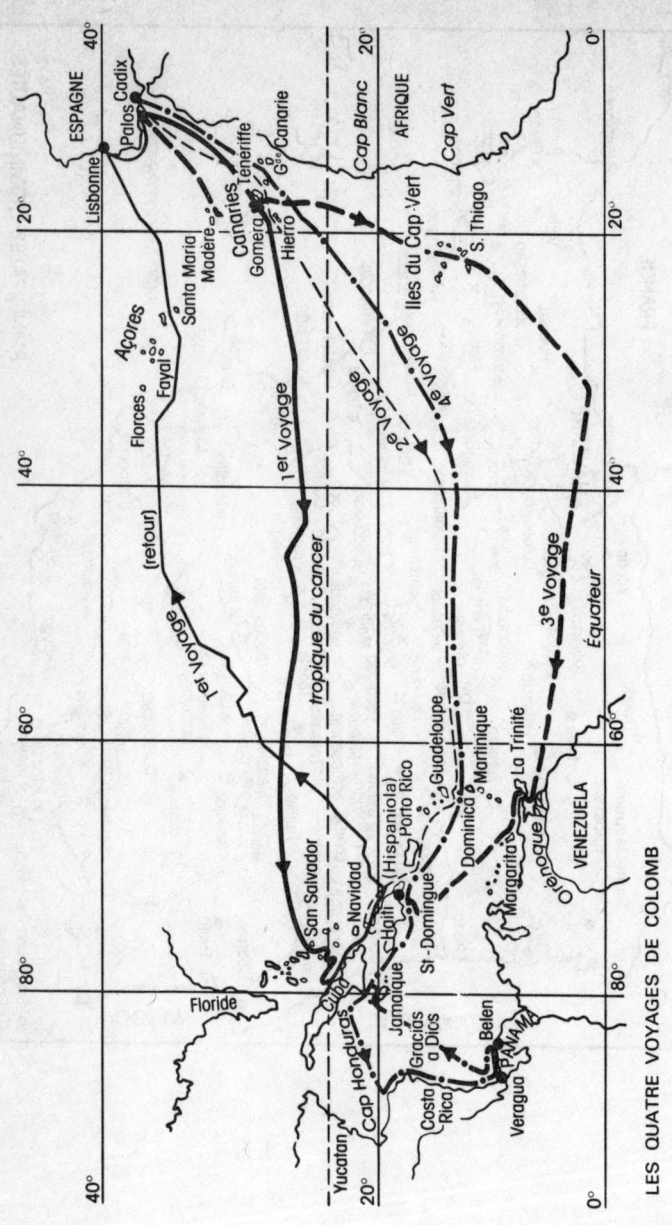

LES QUATRE VOYAGES DE COLOMB

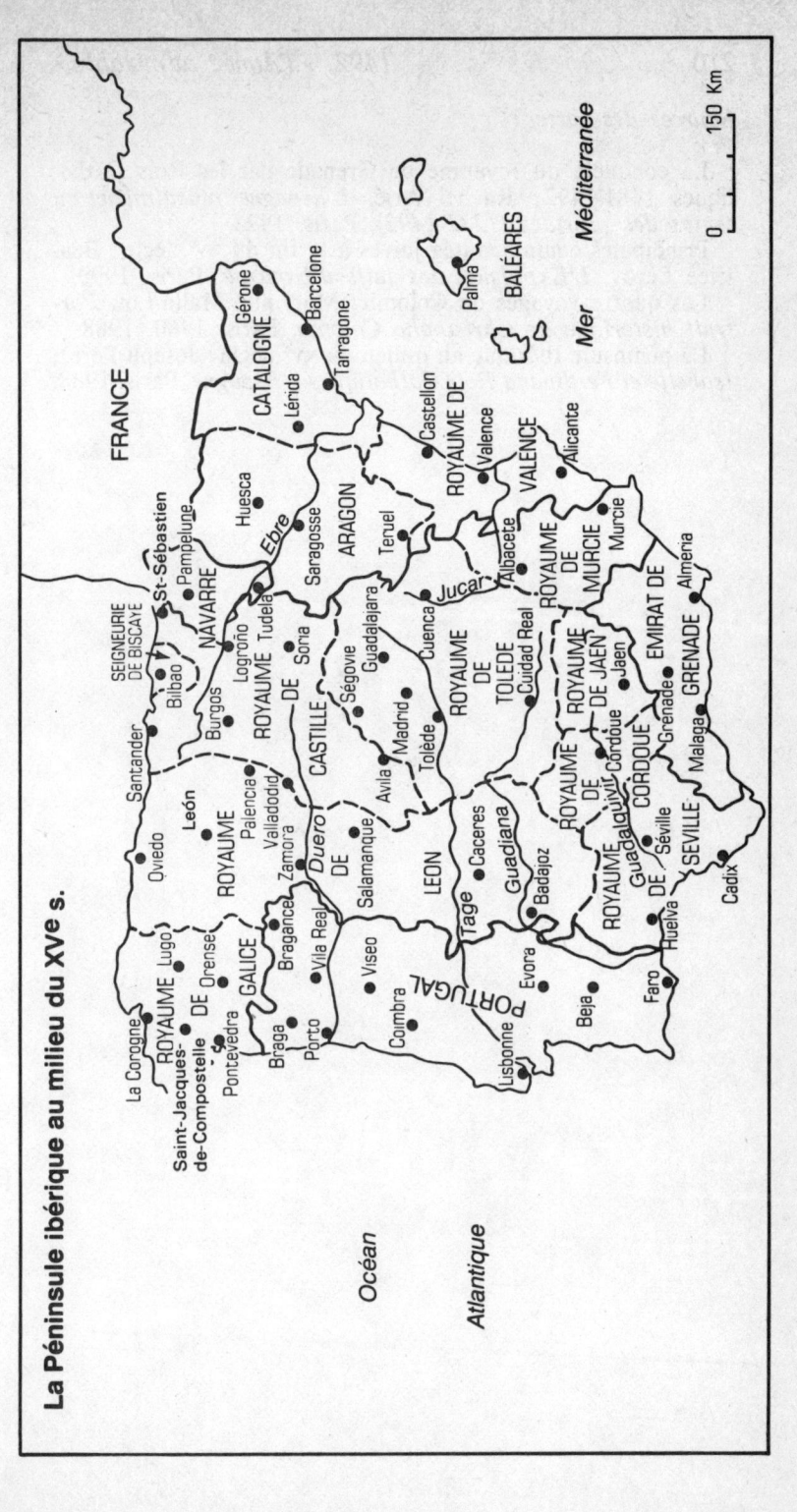

Sources des cartes :

La conquête du royaume de Grenade par les Rois Catholiques 1481-1492 : Rachel Arié, *L'Espagne musulmane au temps des nasrides (1232-1492)*, Paris, 1973.
Principales communautés juives à la fin du xve siècle : Béatrice Leroy, *L'Expulsion des juifs d'Espagne*, Paris, 1990.
Les quatre voyages de Colomb : Marianne Mahn-Lot, *Portrait historique de Christophe Colomb*, Paris, 1960, 1988.
La péninsule Ibérique au milieu du xve siècle : Joseph Pérez, *Isabelle et Ferdinand Rois Catholiques d'Espagne*, Paris, 1988.

NOTES

NOTES DU CHAPITRE I

1. Pietro Martire de Anghiera, *Opus epistolarum*, in José Lopez de Toro (ed.), *Documentos ineditos para la Historia de España*, tome IX, Madrid, 1953, lettre n° 89.
2. Rachel Arié, *L'Espagne musulmane au temps des nasrides (1232-1492)*, Paris, 1973, pp. 133-137.
3. Eladio Lapresa Molina, *Santa Fe : Historia de una ciudad del siglo XV*, Grenade, 1979, p. 42.
4. Juan de Mata Carriazo, *Los relieves de la guerra de Granada en la silleria del coro de la catedral de Toledo*, Grenade, 1985.
5. Miguel Garrido Atienza, *Las capitulaciones para la entrega de Granada*, Grenade, 1910, pp. 269-303.
6. Miguel Angel Ladero Quesada, *Los mudéjares de Castilla en tiempo de Isabel I*, Valladolid, 1969, pp. 51-53 et 165-171.
7. M. Garrido Atienza, *op. cit.*, pp. 314-315.
8. Carmen Pescador del Hoyo, « Como fue de verdad la toma de Granada a la luz de un documento inédito », *Al-Andalus*, 1955, pp. 283-344.
9. Cité par Joseph Pérez, *Isabelle et Ferdinand, Rois Catholiques d'Espagne*, Paris, 1988, p. 258.
10. Joaquin Duran y Lerchundi, *La toma de Granada y caballeros que concurrieron a ella*, Madrid, 1893.
11. M. Ladero Quesada, *Castilla y la conquista del reino de Granada*, Valladolid, 1967 ; 2ᵉ éd., Grenade, 1987, pp. 293-302.
12. Alonso de la Torre y del Cerro, *Documentos sobre relaciones internacionales de los Reyes Catolicos*, Barcelone, 1949-1966.
13. *Ibid.*, tome IV (*1492-1497*), p. 32.
14. Hernando de Baeza, « Las cosas que pasaron entre los

reyes de Granada desde el tiempo del rey Juan de Castilla, segundo de este nombre, hasta que los Católicos Reyes ganaron el reyno de Granada », *in Relaciones de algunos sucesos de los últimos tiempos del reino de Granada*, Madrid, 1868. Alonso de Palencia, *Guerra de Granada,* trad. A. Paz y Melia, Madrid, 1909.

15. Par exemple par Luis del Marmol Carvajal, *Historia de la rebelión de los moriscos del reino de Granada, in Biblioteca de autores españoles*, tome XXI, Madrid, 1946.
16. A. de la Torre y del Cerro, *op. cit.,* tome IV, p. 33.
17. Luis Suarez Fernandez, *Política internacional de Isabel la Catolica : Estudios y documentos*, tome III, Valladolid, 1969, pp. 438-439.
18. Jane Dieulafoy, *Isabelle la Grande*, Paris, 1920, p. 224.
19. Cité par R. Arié. *op. cit.,* p. 340.
20. Abd al-Basit, *in* José Garcia Mercadal (éd.), *El reino de Granada en 1465-1466 : Viajes de extranjeros por España y Portugal.* tome I, Madrid, 1952, p. 255.
21. Djomaà Cheikha, « L'écho de la chute de Grenade dans la poésie arabo-andalouse »,*Autrement*, « Grenade 1492 », Paris, à paraître.
22. Mohammed ben Abd er Rahman Sakhawi, *Et-Tibr el Mesbouk : Sur la dynastie saadienne du Maroc*, ed. Edmond-Fagnan, Alger, 1924, p. 284.
23. Ibn Iyas, *Histoire des Mamlouks circassiens*, tome II, (*872-906*), ed. Gaston Wiet, Le Caire, 1945.
24. Ahnad Al-Makkari,*Analectes sur l'histoire et la littérature des Arabes d'Espagne*, ed. Reinhart Dozy, livre VIII, Leyde, 1855-1861.
25. Machiavel, *Le Prince*, chap. XXI.
26. Baltasar Castiglione, *Le Courtisan*, livre III.
27. Luis Suarez Fernandez, *Los Reyes Catolicos : El tiempo de la guerra de Granada*, Madrid, 1989, p. 247.
28. P. Martire de Anghiera, *op. cit.,* lettre 94.
29. Jeronimo Munzer (Monetarius), *Relación del viaje, in* J. Garcia Mercadal, *op. cit.,* tome I, p. 348.
30. Antonio Rumeu de Armas, *Itinerario de los Reyes Católicos (1475-1516)*, Madrid, 1974.
31. M.A. Ladero Quesada, *Los mudéjares...*, *op. cit.,* pp. 185-188.
32. Nicolas de Popielovo, *Relación del viaje, in* J. Garcia Mercadal, *op. cit.,* tome 1, p. 319.
33. Maurice Kriegel, « La prise d'une décision : l'expulsion des juifs d'Espagne en 1492 », *Revue historique*, 1978, p. 49. Pour tout le développement qui suit, j'ai beaucoup emprunté à ce travail.
34. Alonso de Santa Cruz, *Crónica de los Reyes Católicos*, ed. Juan de Mata Carriazo, Séville, 1951, pp. 53-59.

35. Luis Suarez Fernandez, *Los Reyes Católicos, La expansión de la fe*, Madrid, 1990. Voir le fondamental chapitre III.
36. *De Sefarad : los judios de la Corona de Aragón en los siglos XIV-XV*, Valencia, 1989. Voir la contribution de Ramon Alberch Figueras, « Los judios de Girona », pp. 55-60.
37. Béatrice Leroy, *L'Expulsion des juifs d'Espagne*, Paris, 1990, pp. 29 sq.
38. Andres Bernaldez, *Memorias del reinado de los Reyes Católicos*, Madrid, 1962, p. 253.
39. M. Kriegel, *op. cit.*, p. 63.
40. B. Leroy, *op. cit.*, p. 35.
41. Ces événements ont été souvent analysés. Voir par exemple B. Leroy, *op. cit.*, pp. 77-80.
42. Adeline Rucquoi, *Valladolid en la ead media, el mundo abreviado*, tome II *(1367-1474)*, Valladolid, 1987, p. 495 sq.
43. B. Leroy, *op. cit.*, p. 82.
44. Dolors Bramon, *Contra moros i jueus*, Valence, 1981, pp. 135-144. Manuel F. Ladero Quesada, « Apuntes para la historia de los judios y los conversos de Zamora en la Edad media (siglos XIII-XV) », *Sefarad*, 1988, pp. 29-57.
45. Albert Sicroff, *Les Controverses de statuts de « pureté de sang » en Espagne du XVe au XVIIe siècle*, Paris, 1958.
46. M. Kriegel, *op. cit.*, p. 79.
47. Bartolomé Bennassar, *L'Inquisition espagnole*, Paris, 1979.
48. Archives historiques nationales de Madrid, section Inquisition, liasse 2075/1.
49. L. Suarez Fernandez, *op. cit.*, pp. 87-90.
50. *Ibid.*, p. 91. Haïm Beinart, *Andalucia y sus judios*, Cordoue, 1986.
51. J. de M. Carriazo, « Asiento de las cosas de Ronda », *Miscelanea de estudios arabes hebraicos*, 1954, document I.
52. M. A. Ladero Quesada, *Granada después de la conquista : Repobladores y mudéjares*, Grenade, 1988, p. 249.
53. Voir note 50.
54. L. Suarez Fernandez, *op. cit.*, pp. 96 sq. M. Kriegel, *op. cit.*, pp. 83 sq.
55. M. Kriegel, *op. cit.*, p. 105.
56. Voir chapitre III, « La diaspora musulmane ».
57. A. de la Torre y del Cerro, *op. cit.*, tome IV, p. 31.
58. Il s'agit de Bartolomé de Seranega, cité *in* Franco Cardini, *1492 : L'Europe au temps de la découverte de l'Amérique*, Paris, 1990, p. 182.
59. A. Bernaldez, *op. cit.*, p. 258.
60. M. Kriegel, *op. cit.*, p. 89.
61. Bibliothèque nationale de Paris, manuscrit espagnol n° 110.
62. Yolanda Moreno Koch, « La conquista de Granada y la

expulsión de Sefarad, según las crónicas hispanohebreas»,
Actas del I Congreso de historia de Andalucia, Andalucia medieval, tome II, Cordoue, 1978, p. 337.

63. Monique de la Roncière et Michel Mollat de Jourdain, *Les Portulans : Cartes marines du XIIIe au XVIIe siècle*, Paris, 1984, pp. 210 sq.

64. Cristóbal Colon, *Diaro de a bordo*, ed. Luis Arranz, Madrid, 1985, p.71.

65. Miguel Molina Martinez (ed.), *Capitulaciones de Santa Fe*, Grenade, 1989, p. 3. L'expression est d'Antonio Ballesteros Beretta, *Cristóbal Colón y el descubrimiento de América*, 2 vol., Barcelone, 1945.

66. M.M. Martinez, *op. cit.*, p. 6.

67. *Ibid.*, pp. 6-7.

68. Juan Manzano, *Colón y su secreto : El predescubrimiento*, Madrid, 1976; 3e éd., 1989.

69. Samuel Eliot Morison, *Admiral of the Ocean Sea*, 2 vol., Boston, 1942; Buenos Aires, 1945.

70. Antonio Rumeu de Armas, *Nueva luz sobre las Capitulaciones de Santa Fe de 1492*, Madrid, 1985.

71. Cristobal Colon, *op. cit.*, pp. 9-14.

72. Marianne Mahn-Lot, *Portrait historique de Christophe Colomb*, Paris, 1960; 2e éd., 1988, pp. 7-9.

73. Salvador de Madariaga, *Christophe Colomb*, Paris, 1952. Juan Gil, «Colón y la Casa Santa», *Historiografía y bibliografía Américanistas*, 1977.

74. Alain Milhou, *Colón y su mentalidad mesiánica en el ambiente franciscanista español*, Valladolid, 1983, pp. 70-90. Voir aussi J. Gil, *Mitos y utopias del Descubrimiento. I : Colón y su tierra*, Madrid, 1989.

75. Bartolomé de Las Casas, *Historia de las Indias*, Madrid, 3 vol., 1875-1876.

76. M. Mahn-Lot, *op. cit.*, p. 9.

77. Fernand Braudel, *Civilisation matérielle, Économie et Capitalisme XVIe - XVIIIe siècles*, tome I, *Les Structures du quotidien : le possible et l'impossible*, Paris, 1979, pp. 438-439.

78. F. Braudel, *La Méditerranée et le monde méditerranéen à l'époque de Phillipe II*, Paris, 2e éd., 1966, tome I, p. 312.

79. Jean Favier, *Les Grandes Découvertes : D'Alexandre à Magellan*, Paris, 1991, pp. 408, 424-425.

80. M. Mahn-Lot, *op. cit.*, p. 35.

81. Amiral Teixeira de Mota, *Christophe Colomb et les Portugais : Lisbonne hors les murs, 1415-1580. L'invention du monde par les navigateurs portugais*, Paris, 1990, pp. 147-165.

82. Cité par F. Cardini, *op. cit.*, p. 210.

83. M. Mahn-Lot, *op. cit.*, p. 51.

84. A. Milhou, *op. cit.*, p. 293. sq.

85. Cité par l'amiral Teixeira de Mota, *op. cit.*, p. 155.

86. Jacques Heers, *Christophe Colomb*, Paris, 1981.
87. Pierre Chaunu, *L'Expansion européenne du XIIIe au XVe siècles*, Paris, 1969, p. 185.
88. Alicia Gould, « Nueva lista documentada de los tripulantes de Colón en 1492 », *Boletín de la Real Academia de la Historia*, 1924, pp. 145 sq.; 1926, pp. 72 sq.; 1927, pp. 532 sq.; 1928, pp. 776 sq.
89. M. Mahn-Lot, *op. cit.*, p. 80.
90. E. L. Garcia Diez, J. L. Labajo Salazar, M. A. Martinez Rubio, J. L. Martin, *Primera traversía colombina : Aspectos meteorológicos*, Salamanque, 1990.
91. M. Mahn-Lot, *op. cit.*, p. 94.
92. *Ibid.*, p. 103. Cette citation vient de la lettre à Luis de Santangel.
93. *Ibid.*, p. 89.
94. Antonio de Nebrija, *Gramática castellana*, Salamanque, 1492; rééd. Madrid, 1980.
95. *Op. cit.*, prologue. *Voir aussi* Francisco Rico, *Nebrija frente a los bárbaros*, Salamanque, 1978.
96. Marie-France Antunes-Fernandes, « Gil Vicente : un Espagnol portugais du début du XVIe siècle », *Cahiers du Criar*, « Langues et identités dans la péninsule Ibérique », Rouen, 1989, pp. 25-50.
97. *Ibid.*, p. 36.
98. Eugenio Asensio, « La lengua compañera del imperio », *Revista de filologia española*, 1960, pp. 399-413. Rafael Lapesa, *Historia de la lengua española*, Madrid, 1980.
99. Cité par D. Bramon, *op. cit.*, p. 146.
100. J. Pérez, *op. cit.*, p. 401.
101. A. Milhou, *op. cit.*, pp. 13-29.
102. J. Pérez, *op. cit.*, p. 401.

NOTES DU CHAPITRE II

1. Alain Demurger, *Temps de crises, temps d'espoirs (XIVe-XVe siècles)*, Paris, 1990, pp. 300-302.
2. A. Milhou, *op. cit.*, p. 338.
3. *Ibid.*, pp. 293 sq.
4. Cité par F. Cardini, *op. cit.*, p. 14.
5. Pour tout ce développement, le guide indispensable est J. Pérez, *op. cit.*
6. L. Suarez Fernandez, *op. cit.*, p. 41.
7. Julius Klein, *The Mesta. A Study in Spanish Economic History, 1237-1836*, Cambridge, Mass., 1920.
8. Hilario Casado, *Señores, mercaderes y campesinos : La comarca de Burgos a fines de la Edad Media*, Valladolid, 1987.
9. « Viaje del noble bohemio León de Rosmithal de Blatna », *in* J. Garcia Mercadal, *op. cit.*, p. 271.

10. Jacqueline Guiral-Hadziiossif, *Valence, port méditerranéen au XVe siècle*, Paris, 1986.
11. J. Favier, *op. cit.*, pp. 410-414.
12. M. A. Ladero Quesada, *La Hacienda Real de Castilla en el siglo XV*, La Laguna, 1973.
13. *Ibid.*, pp. 227 sq.
14. M. A. Ladero Quesada, *Historia de América latina, España en 1492,* Madrid, 1978, pp. 115-116.
15. B. Bennassar, *op. cit.* Jean-Pierre Dedieu, *L'Inquisition*, Paris, 1987.
16. René Quatrefages, *L'Organisation militaire de l'Espagne (1492-1592)*, exemplaire dactylographié, tome I, Paris, 1989, pp. 28-60. Je remercie l'auteur de m'avoir autorisé à consulter son manuscrit.
17. *Ibid.*, pp. 61-70.
18. Joaquin Duran y Lerchundi, *La toma de Granada y caballeros que concurrieron a ellos*, tome II, Grenade, 1893, p. 148.
19. *Ibid.*, tome II, pp. 647-651.
20. J. Pérez, *op. cit.*, p. 126.
21. *Ibid.*, p. 9. Cette phrase aurait été proférée en 1473.
22. M. A. Ladero Quesada, *Historia de América latina...*, *op. cit.*, p. 110.
23. Hernando del Pulgar, *Crónica de los Reyes Católicos*, ed. J. de M. Carriazo, Madrid, 1943, 2 vol.
24. Diego de Valera, *Crónica de los Reyes Católicos*, ed. J. de M. Carriazo, Madrid, 1927. A. de Palencia, *Guerre de Granada*, ed. A. Paz y Melia, Madrid, 1909. A. de Nebrija, *Guerre de Granada*, ed. M. L. Arribas, Madrid, 1990. Pour le milieu humaniste en général, Ottavio di Camillo, *El humanismo castellano del siglo XV*, Valence, 1976.
25. J. de M. Carriazo, *op. cit.*
26. M. Garrido Atienza, *op. cit.*, pp. 292-295.
27. Maria Soledad Carrasco Urgoiti, *El moro de Granada en la literatura*, 2e éd., Grenade, 1989.
28. R. Arié, *op. cit.*, p. 152.
29. R. Quatrefages, *op. cit.*, p. 42.
30. A. Rumeu de Armas, *op. cit.*
31. On peut faire d'utiles comparaisons avec le voyage effectué par Charles IX. Cf. Jean Boutier, Alain Dewerpe, Daniel Nordman, *Un tour de France royal : Le Voyage de Charles IX (1564-1566)*, Paris, 1984.
32. A. Bernaldez, *op. cit.*, pp. 265-268.
33. J. M. Carriazo, *op. cit.*, pp. 70-71. A. Bernaldez, *op. cit.*, pp. 184-185.

NOTES DU CHAPITRE III

1. Les textes figurent dans M. A. Ladero Quesada, *Los mudéjares...*, *op. cit.*, pp. 106, 137, 141.
2. José Enrique Lopez de Coca Castañer, « Granada y el Magreb : la emigración andalusí (1485-1516) », *in Relaciones de la península ibérica con el Magreb (siglos XIII-XVI)*, Madrid, 1988, p. 419.
3. Manuel Espinar et Juan Grima, « El infante Cidi Yahya Alnayar (1435 ?-1506) », *in Boletín del Instituto de estudios almerienses*, n° 7, 1987, pp. 57-83.
4. M. A. Ladero Quesada, *Los mudéjares...*, *op. cit.*, p. 104.
5. Pietro Martire de Anghiera, *op. cit.*, pp. 248-249.
6. *Colección de documentos ineditos* (CODOIN), tome XI, pp. 490-491, 508.
7. Monetarius, « Itinerarium Hispanicum, 1494-1495 », *Revue hispanique*, 1920, p. 55.
8. M. A. Ladero Quesada, *Los mudéjares...*, *op. cit.*, p. 75.
9. La fatwa d'al-Wancharichi a fait l'objet de nombreux commentaires. Voir surtout Leila Sabbagh, « La religion des moriscos entre deux fatwas », *in Les Morisques et leur temps*, Paris, 1983, pp. 43-56, et Felipe Maillo Salgado, « Del Islam residual mudéjar en España », *in* F. Maillo (ed.), *Al Andalus. Sefarad : síntesis y nuevas perspectivas*, Salamanque, 1988, pp. 129-140.
10. J. E. Lopez de Coca Castañer, *op. cit.*, pp. 429-430.
11. M. A. Ladero Quesada, *Granada, historia de un pais islámico (1232-1571)*, 3ᵉ éd., Madrid, 1989, p. 47.
12. Pour le départ de Boabdil et son installation au Maroc, la meilleure étude reste celle de Mariano Gaspar y Remiro, « Partida de Boabdil allende con su familia y principales servidores », *Revista del Centro de estudios históricos de Granada y su reino*, 1912, pp. 57-111. Voir aussi A. al-Makkari, *op. cit.*, livre VIII.
13. John D. Latham, « The Reconstruction and Expansion of Tetuan : The Period of Andalusian Immigration », *in Arabic and Islamic Studies in Honour of Hamilton Gibb*, Leyde, 1965, pp. 393-404. Rodolfo Gil Benumeya, *Marruecos andaluz*, Madrid, 1953, pp. 146-151.
14. R. Arié, *op. cit.*, pp. 172, 378.
15. Léon l'Africain, *Description de l'Afrique*, ed. Alexis Epaulard et Théodore Monod, Paris, 1956.
16. M. A. Ladero Quesada, *Los mudéjares...*, *op. cit.*, pp. 193-195.
17. *Ibid.*, p. 204.
18. José Hinojosa, « Mudéjares granadinos en el reino de Valencia a fines del siglo XV (1484-1492) », *Actas del III Coloquio de historia medieval*, Jaen, 1984, pp. 128-130.

19. Louis Cardaillac, *Morisques et Chrétiens : un affrontement polémique (1492-1640)*, Paris, 1977, pp. 87-101.
20. J. E. Lopez de Coca Castañer, *op. cit.*, p. 414.
21. A. Bernaldez, *op. cit.*, pp. 251-264.
22. Salomon ibn Verga, *Chebet Jehudá (la Vara de Judá)*, ed. Francisco Cantera Burgos, Grenade, 1927. Josef ha Cohen, *Emeq ha Bakha,* ed. Pilar León Tello, Madrid/Barcelone, 1964. Pilar León Tello, *Judios de Toledo,* tome II, Madrid, 1979, pp. 352-357.
23. M.A. Ladero Quesada, *Los mudéjares...*, *op. cit.*, pp. 203-204.
24. José Cabezudo Astrain, « La expulsión de los judios en Ejea de los Caballeros », *Sefarad,* 1970, pp. 349-363.
25. A. Rucquoi, *op. cit.,* tome II, pp. 500-501.
26. Miguel Angel Motis Dolader, *Los judios aragoneses en la época del descubrimiento de América,* Saragosse, 1989, pp. 99-100.
27. Luis Suarez Fernandez, *op. cit.*, p. 110.
28. *Ibid.*, pp. 110-111.
29. A. de la Torre y del Cerro, *op. cit.,* tome IV, p. 71.
30. Luis Suarez Fernandez, *Documentos acerca de la expulsión de los judios,* Valladolid, 1964, pp. 403-408.
31. A. Bernaldez, *op. cit.*, p. 256.
32. Enrique Gonzalves Cravioto, « Las desventuras de un judio malagueño en Marruecos », *Jábega,* 1989, pp. 25-30.
33. M.A. Motis Dolader, *La expulsión de los judios de Zaragoza,* Saragosse, 1985.
34. J. ha Cohen, *op. cit.*, pp. 200-203.
35. L. Suarez Fernandez, *Documentos...*, *op. cit.*, pp. 487-489.
36. A. Bernaldez, *op. cit.*, pp. 260-261.
37. Abraham Ardutiel, « Sefer ha-qabbalah », *Medieval Jewish Chronicles,* 1887, pp. 111-112.
38. S. ibn Verga, *op. cit.*, paragraphe 57.
39. M.A. Motis Dolader, *op. cit.*, p. 107.
40. J. ha Cohen, *op. cit.*, pp. 18-20.
41. F. Braudel, *La Méditerranée...*, *op. cit.*, p. 144.
42. Cité par B. Leroy, *Les Menir, une famille sépharade à travers les siècles (XIIe-XXe siècles),* Paris, 1985, p. 93.
43. B. Netanyahu, *Don Isaac Abravanel Statesman and Philosopher,* Philadelphie, 1968. Moïse Schwab, *Abravanel et son époque,* Paris, 1865.
44. F. Braudel, *La Méditerranée...*, *op. cit.*, p. 146.
45. J. ha Cohen, *op. cit.*, p. 179.
46. Angel Saenz Badillos et Judit Targarona Borras, *Diccionario de autores judios (Sefarad siglos X-XV),* Cordoue, 1988, pp. 22-23.
47. *Ibid.*, p. 185. B. Leroy, *op. cit.*, p. 100.

48. B. Leroy, *L'Aventure séfarade, de la péninsule Ibérique à la diaspora,* Paris, 1986.
49. Ces chiffres sont donnés soit par F. Braudel, *La Méditerranée..., op. cit.,* p. 144, soit par B. Leroy, *Les Menir..., op. cit.*
50. B. Leroy, *ibid.,* pp. 106 sq.
51. Je suis en la circonstance A. Bernaldez et L. Suarez Fernandez.
52. Selon le dictionnaire de l'Académie espagnole, le mot *marrano* vient de l'arabe *muharram* qui veut dire *interdit.* Par extension, le terme est équivalent de *porc.*
53. J.-P. Dedieu, *L'Administration de la foi : L'Inquisition de Tolède (XVIe-XVIIIe siècles),* Paris, 1989, p. 240. Ricardo Garcia Carcel, *Origenes de la inquisición española : El tribunal de Valencia, 1478-1530,* Barcelone, 1976, p. 167.
54. Christian Hermann et Jacques Marcadé, *La Péninsule Ibérique au XVIIe siècle,* Paris, 1988, p. 332, d'après Antonio Borges Coelho, *Inquisicão de Evora; Dos primordios a 1668,* Lisbonne, 1987.
55. Yosef Hayim Yerushalmi, *De la cour d'Espagne au ghetto italien,* Paris, 1981.
56. Antonio Enriquez Gómez, *El siglo pitagórico y vida de don Gregorio Guadaña,* ed. Charles Amiel, Paris, 1977.
57. Pierre Chaunu, *Séville et l'Amérique, XVIe-XVIIe siècles,* Paris, 1977.
58. Magnus Mörner, « La emigración española al Nuevo Mundo antes de 1810. Un informe de la investigación », *in* Fredi Chiapelli (ed.), *First Images of America, The Impact of the New World on the Old,* Berkeley, 1976, pp. 737-787.
59. Antonio Dominguez Ortiz, *La sociedad española en el siglo XVII,* pp. 87-89, et *El Antiguo Régimen : Los Reyes Católicos y los Austrias,* Madrid, 1973; 7e éd., 1980, pp. 272, 429.
60. Voir également Jordi Nadal, *La población española (siglos XVI a XX),* Barcelone, 1984, pp. 54-62.
61. Principalement Peter Boyd Bowman, *Indice geobiográfico de cuarenta mil pobladores españoles de América en el siglo XVI,* tome I, *1493-1519,* Bogota, 1964, et José Luis Martinez, *Pasajeros de Indias : Viajes trasantlánticos en el siglo XVI,* Madrid, 1983, p. 174.
62. Carlos Martinez Shaw, « La emigración catalana a América (1493-1824); Un balance provisional », *in* actes des *Terceres Jordanes d'estudis catalano-americans,* sous presse.
63. Valentin Vazquez de Prada Vallejo et Juan Bosco Amores Carredano, « La emigración de Navarros y Vascongados al Nuevo Mundo y su repercusión en las comunidades de orígen », *in* Antonio Eiras Roel (ed.), *La emigración española Ultramar 1492-1914,* Madrid, 1991, p. 134.
64. Julia Gomez Prieto, « La emigración vizcaina hacia América. Los Indianos de Balmaseda : siglos XVI-XIX », *in* A. Eiras Roel, *op. cit.,* p. 159.

65. Lourdes Diaz Trechuelo, « La emigración familiar andaluza a América en el siglo XVII », *in ibid.,* pp. 189-197.
66. Jean-Paul Zuñiga, actes du *Deuxième Congrès d'histoire d'Andalousie,* Cordoue, 1991, sous presse.
67. José Luis Pereira Iglesias et Miguel Rodriguez Cancho, « Emigración extremeña a Indias (catálogo de pasajeros) », *in* A. Eiras Roel, *op. cit.,* p. 268.
68. Rocío Sanchez Rubio, « La emigración extremeña a Indias en las fuentes locales : los protocolos notariales de Trujillo durante el siglo XVI », *in ibid.,* p. 278.
69. J.L. Pereira Iglesias et M. Rodriguez Cancho, *op. cit.,* p. 265.
70. L. Diaz Trechuelo, *op. cit.,* pp. 192-193.
71. *Ibid.,* pp. 193-194.
72. Enrique Otte, *Cartas privadas de emigrantes a Indias,* Séville, 1989.
73. J. Gomez Prieto, *op. cit.,* p. 163.
74. E. Otte, *op. cit.,* pp. 14-16.
75. David Gonzalez Cruz et Manuel José de Lara Ródenas, « La carrera de Indias en la documentación testamentaria. Huelva y América en los siglos XVII y XVIII », *in* A. Eiras Roel, *op. cit.,* pp. 227-244.
76. Louis Cardaillac, « Le problème morisque en Amérique », *Mélanges de la Casa de Velazquez,* 1976, pp. 282-306.
77. Paulino Castañeda Delagado et Pilar Hernandez Aparicio, *La Inquisición de Lima,* tome I *(1570-1635),* Madrid, 1989, p. 431.
78. Solange Alberro, *Inquisition et Société au Mexique (1571-1700),* Mexico, 1988, pp. 199-222.
79. J. Nadal, *op. cit.,* pp. 35-72.

NOTES DU CHAPITRE IV

1. Cité par Mikel de Epalza, « Nouveaux documents sur les Andalous en Tunisie au début du XVIIIe siècle », *in* Slimane-Mostafa Zbiss, Abdel-Hakim Gafsi, Mohiedine Boughanmi, Mikel de Epalza (ed.), *Études sur les morisques andalous,* Tunis, 1983, p. 79.
2. *Ibid.,* pp. 81-82.
3. Haïm Vidal Sephiha, *Le Judéo-Espagnol,* Paris, 1986, pp. 16-17 et 52-57.
4. Francisco Lopez de Gomara, *Historica general de las Indias,* tome I, Madrid, 1932, p. 71.
5. Jean-Pierre Bardet, Patrice Bourdelais, Pierre Guillaume, François Lebrun, Claude Quétel (ed.), *Peurs et Terreurs face à la contagion,* Paris, 1988. Voir les contributions de Claude Quétel et André Basset, plus particulièrement pp. 286-287, 422-423,

435-439. Francisco Guerra, « The Problem of Syphilis », *in* Fredi Chiapelli, *op. cit.,* tome II, pp. 845-851.

6. Angel Rosenblat, *La población de América en 1492. Viejos y nuevos calculos,* Mexico, 1967.

7. Charles Verlinden, « La population de l'Amérique précolombienne : Une question de méthode », *Mélanges Fernand Braudel,* tome II, Toulouse, 1973, pp. 453-462.

8. Henry Dobyns, *Estimating Aboriginal Population. Comparative Studies of Cultural Change,* Dept of Anthropology, Ithaca, 1964.

9. Parmi leurs très nombreux travaux, on ne citera que le classique Woodrow Borah et Sherburne Cook, *The Indian Population of Central Mexico, 1531-1610,* Berkeley University Press, Los Angeles, 1960, et l'ultime mise au point (avec bibliographie à jour en 1988) de W. Borah, « Epidemics in the Americas : Major Issues and Future Research », *Latin American Population History,* n° 19, printemps 1991, pp. 1-13.

10. Nathan Wachtel, *La Vision des vaincus : Les Indiens du Pérou devant la conquête espagnole,* Paris, 1971, p. 140.

11. S. Cook et W. Borah, *Essays in Population History : Mexico and the Caribian,* vol. I, Berkeley, 1971.

12. N. Wachtel, *op. cit.,* p. 145.

13. Cité par N. Wachtel, *ibid.,* p. 146.

14. Cité par Miguel Martinez Molina, *La leyenda negra,* Madrid, 1990, p. 79.

15. Francisco Guerra, « La epidemia de influenza en 1493 », *Revista de Indias,* 1985, pp. 325-347.

16. Cité par Miguel Leon Portilla, *El reverso de la Conquista. Relaciones aztecas, mayas, e indias,* Mexico, 1964; traduction française, Lyon, 1977.

17. Pedro Cieza de Leon, *Primera parte de la crónica del Peru,* Madrid, 1941, p. 71. L'œuvre a été publiée pour la première fois en 1550.

18. W. Borah, « Epidemics in the Americas... », *op. cit.,* pp. 148-149.

19. N. Wachtel, *op. cit.,* pp. 78-79.

20. Cité par M. Martinez Molina, *op. cit.*

21. La traduction de cette citation est d'Emmanuel Le Roy Ladurie, « Un concept : l'unification microbienne du monde (XIVe-XVIIe siècles), *Schweizerische Zeitschrift für Geschichte,* 1972, pp. 627-694.

22. Le concept de « légende noire » a été formulé pour la première fois par Julián Juderias en 1915 dans son ouvrage *La leyenda negra y la verdad historica.* Outre le livre de M. Martinez Molina déjà cité, voir Ricardo Garcia Carcel et Lourdes Mateo Bretos, *La leyenda negra,* Madrid, 1990.

23. N. Wachtel, « La vision des vaincus », *L'Histoire,* n° 146, juillet-août 1991, p. 127.

24. F. Braudel, *Civilisation matérielle...*, *op. cit.*, tome I, pp. 136 sq.
25. Jean Meyer, *Histoire du sucre*, Paris, 1989.
26. Henri Bresc, « La canne à sucre dans la Sicile médiévale », communication au *Seminario internacional sobre la caña de azucar*, à paraître.
27. Maurice Aymard, « L'économie italienne au XVIIe siècle », *Bulletin de la Société d'histoire moderne*, 1989, p. 28.
28. Carmen Barcelo et Ana Labarta, « Le sucre en Espagne (711-1610) », *Journal d'agriculture traditionnelle et de botanique appliquée*, 1988, pp. 175-193.
29. Jacqueline Guiral Hadziiossif, *Valence, port méditerranéen au XVIe siècle (1410-1525)*, Paris, 1986, pp. 327-329. Santiago La Parra, *El ducado de Gandia en los siglos XVI y XVII*, thèse, Valence, 1990, à paraître.
30. Paul Berthier, *Les Anciennes Sucreries du Maroc et leurs réseaux hydrauliques*, 2 volumes, Rabat, 1966. Omar ben Mira, « Notes sur l'évolution de l'exploitation de la canne à sucre au Maroc », communication au *Seminario internacional sobre la caña de azucar, op. cit.*
31. Sidney M. Greenfield, « Sugar Cane in the Atlantic Islands », *in La caña de azucar en tiempos de los grandes descubrimientos (1450-1550) : Actas del I seminario internacional sobre la caña de azucar*, Motril, 1989, pp. 59-82.
32. Eduardo Aznar Vallejo et Ana Viña Brito, « El azucar en Canarias », *in ibid.*, pp. 173-188.
33. H. Bresc, *op. cit.*
34. J. Meyer, *op. cit.*, p. 63.
35. Sidney Greenfield emploie le terme de premier modèle colonial à propos de Madère (voir *op. cit.*, p. 63).
36. Humberto Lopez Morales, « Origines de la caña de azucar en Iberoamerica », *in La caña de azucar..., op. cit.*, pp. 189-190.
37. Alain Huetz de Lemps et Anne Collin-Delavaud, *La Canne à sucre en Espagne, au Pérou et en Équateur*, Bordeaux, 1983, pp. 44-45.
38. *Ibid.*, p. 99.
39. Frédéric Mauro, *Le Portugal et l'Atlantique au XVIIe siècle, 1570-1670*, Paris, 1960, pp. 183-257. Alain Huetz de Lemps, *La Canne à sucre au Brésil*, Bordeaux, 1977, pp. 49-54.
40. F. Braudel, *Civilisation matérielle...*, *op. cit.*, tome I, pp. 131 sq.
41. Arturo Warman, *La historia de un bastardo : maiz y capitalismo*, Mexico, 1988.
42. F. Braudel, *Civilisation matérielle...*, *op. cit.*, tome I, p. 133.

43. José Manuel Perez Garcia, *El maiz en el norte y noroeste de la peninsula Iberica durante el antiguo régimen,* communication au colloque de Flaran 1990, à paraître.
44. Joaquim Romero Magalhaes, *O Algarve economico,* Lisbonne, 1988, p. 184.
45. Jean Jacquart, « L'Âge classique des paysans (1340-1789) », *in* E. Le Roy Ladurie (ed.), *Histoire de la France rurale,* tome II, Paris, 1975, p. 236.
46. A. Warman, *op. cit.,* pp. 52-53.
47. John Latham, « Towards a Study of Andalusian Immigration and Its Place in Tunisian History », *Les Cahiers de Tunisie,* 1957, p. 234. Traduction française dans Mikel de Epalza et Ramon Petit, *Études sur les moriscos andalous en Tunisie,* Madrid/Tunis, 1973, p. 56.
48. Voir Théodore Monod, Raymond Mauny, Henri Lhote, Georges Duval, *De la première découverte de la Guinée-Bissau,* Paris, 1959.
49. F. Braudel, *La Méditerranée..., op. cit.,* tome I, pp. 422-432.
50. P. Chaunu, *Conquête et Exploitation des nouveaux mondes,* Paris, 1969, p. 301.
51. *Ibid.,* p. 166.
52. P. Cieza de Leon, *op. cit.,* chapitre 109.
53. P. Chaunu, *Conquête et exploitation..., op. cit.,* p. 308.
54. P. Cieza de Leon, *loc. cit..*
55. Cité par Bartolomé Bennassar, *Un siècle d'or espagnol,* Paris, 1982, p. 306.
56. Earl Hamilton,*American Treasure and the Price Revolution,* Cambridge, 1934, p. 42. Pour un dernier état de la question, voir Michel Morineau, *Incroyables Gazettes et Fabuleux Métaux : Les Retours des trésors américains d'après les gazettes hollandaises (XVIe-XVIIIe siècles),* Paris, 1985, et Antonio Garcia-Baquero Gonzalez,*Andalucia y la carrera de Indias (1492-1824),* Séville, 1986.
57. Sur l'arbitrisme, voir Pierre Vilar, *Or et Monnaie dans l'histoire (1450-1920),* Paris, 1974, et Jean Vilar, *Literatura y economia, la figura satirica del arbitrista en el siglo de oro,* Madrid, 1973.
58. Catherine Coquery-Vidrovitch évalue à 367 000 le nombre de personnes transportées d'Afrique en Amérique au XVIe siècle. Il faudrait y ajouter les transferts à destination de la péninsule Ibérique (200 000, 300 000, 400 000?) pendant la même période. Voir C. Coquery-Vidrovitch, « Traite négrière et démographie : les effets de la traite atlantique. Un essai de bilan des acquis actuels de la recherche », *in* Serge Daget (ed.), *De la traite à l'esclavage,* tome II, Nantes/Paris, 1988, p. 58.

NOTES DU CHAPITRE V

1. Voir la troisième partie, *Restos colombinos*, de Consuelo Varela (ed.), *Actas del primer encuentro internacional colombino*, Madrid, 1990, pp. 223-286.
2. Salvador Bernabeu Albert, *1892 : El IV centenario del descubrimiento de América en España*, Madrid, 1987.
3. Olga Abad Castillo, *El IV centenario del descubrimiento de América a través de la prensa sevillana*, Séville, 1989. Pour La Havane, voir James Durnerin, « Le IV centenaire du *descubrimiento* dans la presse de La Havane », *in L'Évolution de l'idée de Découverte de l'Amérique en Espagne et en Amérique latine*, Le Mans, 1991, pp. 205-215.
4. *Ibid.*, p. 66.
5. S. Bernabeu Albert, *op. cit.*, p. 104.
6. *Ibid.*, pp. 97-101.
7. *Il secolo XIX*, 10-11 juillet 1982.
8. *Ibid.*, p. 1.
9. O. Abad Castillo, *op. cit.*, pp. 174-175, 187, 236-237.
10. Luis Seco de Lucena, *Mis memorias de Granada*, Grenade, 1941, pp. 195-203. Juan C. Gay Armenteros et Christina Viñes Millet, *Granada en 1892*, Grenade, 1987.
11. Martine Lemoine, « El doctor Pulido y los " españoles sin patria " », *El olivo*, 1979, pp. 91-95.
12. *La Victoire des Rois Catholiques sur les musulmans de Grenade* de Luca Giordano n'est pas mentionné dans l'ouvrage capital de Jonathan Brown et John Elliott *A Palace for a King : The Buen Retiro and the Court of Philip IV*, Yale, 1980.
13. Carlos Reyero, *Imagen histórica de España (1850-1900)*, Madrid, 1987. Précisons que parmi les thèmes historiques abordés dans la peinture de l'époque, Colomb est le plus récurrent, suivi de la guerre de Grenade, des Rois Catholiques et du Cid.
14. *Ibid.*, pp. 281-282.
15. *Ibid.*, p. 253.
16. *Ibid.*, pp. 264-265. Voir aussi le catalogue de l'exposition *La Inquisición*, Madrid, direction générale des Beaux-Arts, 1982.
17. N. Wachtel, *La Vision...*, *op. cit.*, pp. 84-86.
18. Robert Ricard, « Otra contribución al estudio de las fiestas de " moros y cristianos " », *Miscellanea Paul Rivet, octogenario dicata*, Mexico, 1957, pp. 871-879.
19. Gisela Beutler, *La historia de Fernando y Alamar : Contribución al estudio de las danzas de moros y cristianos en Puebla (México)*, Stuttgart, 1984. Marlyse Meyer, « Charlemagne roi du Congo : Notes sur la présence carolingienne dans la culture populaire brésilienne », *Actes du 42e Congrès des américanistes*, vol. VI, Paris, 1979. Paulo de Carvalho Neto,

« La " rua ", una danza dramática de moros y cristianos en el folklore paraguayo », *Miscellanea Paul Rivet..., op. cit.,* pp. 617-644.

20. José Fernando Domene Verdú et Antonio Sempere Bernal, *Las fiestas de moros y cristianos de Villena,* Alicante, 1989. Voir aussi les actes des congrès nationaux espagnols Fêtes de maures et chrétiens (I, Villena, 1974; II, Onteniente, 1986).

21. Daniel Fabre, « Saint Vidian entre l'Église et la République », *in Les Saints et les Stars,* Paris, 1981, pp. 175-192.

22. Antonio Pasqualino, *The Sicilian Puppets,* Palerme, 1981.

23. A. Warman, *La danza de moros y cristianos,* Mexico, 1972, p. 61.

TABLE DES MATIÈRES

Introduction	7
Chapitre I : Les événements	13
La reddition de Grenade	15
L'expulsion des juifs	31
Le voyage de Colomb	52
La grammaire de Nebrija	72
Chapitre II : Pourquoi l'Espagne?	79
Rêves et réalités de l'Espagne	81
La construction de l'État	93
Isabelle, Ferdinand et leur entourage	101
Chapitre III : Une triple diaspora	111
L'émigration musulmane	113
L'émigration juive	124
L'émigration chrétienne	138
Chapitre IV : L'unification du monde	149
L'unification microbienne	153
L'unification alimentaire	162
L'or et l'argent	170
Chapitre V : Commémorations	179
1892, de Madrid à Chicago	181
1492 et l'iconographie	188
Les fêtes de maures et chrétiens	194
Conclusion	201
Cartes	205
Notes	211

Cet ouvrage a été réalisé par la
SOCIÉTÉ NOUVELLE FIRMIN-DIDOT
Mesnil-sur-l'Estrée
pour le compte des Éditions Flammarion
en octobre 1991

Imprimé en France
Dépôt légal : octobre 1991
N° d'édition : 13432 - N° d'impression : 18834